기독교 문화학
이란 무엇인가

기독교 문화학이란 무엇인가

2006년 7월 5일 초판인쇄
2006년 7월 10일 초판발행

지 은 이 | 신 응 철
펴 낸 이 | 이 찬 규
펴 낸 곳 | 북코리아
등록번호 | 제03-01240호
주 소 | 서울시 마포구 공덕2동 173-51
전 화 | 02)704-7840
팩 스 | 02)704-7848
이 메 일 | sunhaksa@korea.com
홈페이지 | www.ibookorea.com, www.sunhaksa.com

값 13,500원

ISBN 89-89316-76-6 93230

기독교 문화학
이란 무엇인가

신응철 지음

북코리아

머리말 기독교문화학이란 무엇인가?

우리는 문화의 시대를 살아가고 있다. 문화는 우리의 삶의 질을 결정하는 중요한 수단이자 목적이 되고 있다. 문화의 흐름 속에서 우리는 흘러갈 뿐이다. 문화의 흐름 속에서 우리는 자아를 망각하고, 우리를 밍각한다. 그런 삶이 편하게 느껴지기 때문이다. 삶의 편리함은 우리를 나태하게 만들었다. 손과 발의 나태함, 머리의 나태함, 생각의 나태함, 몸의 나태함, 그렇게 우리는 살아간다. 목표 있던 삶의 순간들은 이제 목적도 목표도 흐릿하게 만들고 있다. 문화가 가져다 준 흐린 자화상이다.

이제 눈을 부릅떠 보아야 한다. 머리를 흔들어 보아야 한다. 팔다리를 움직여 보아야 한다. 생각을 가다듬어야 한다. 목표를 확인해야 한다. 문화 속에서 다시 우리의 자리를 찾아야 한다. 그런데 어떻게 다가갈 것인가? 이론을 통해서, 실천을 통해서, 운동을 통해서, 그 방식은 다양할 것이다.

문화의 흐름 속에서 우리의 '자리 찾기'는 그간 '이론'의 틀을 통해서 시도한 적이 있다. 문화철학이 그것이다. 문화철학은 다양한 문화 현상들의 공통 요소를 끄집어내는 일, 그리고 그것을 설명하는 일을 담당했다. 그래도 문화철학은 자신의 목소리를 똑똑하게 내보였다.

이제 우리의 눈은 교회로 옮겨간다. 그리고 그리스도인의 삶의 현장으로 옮겨간다. 그런데 답답하다. 우리의 자리 찾기는 정확히 표현하면, 기독교적 자리 찾기이다. 그런데 그 길을 모르겠다. 안내표지판이 없다. 인도하는 사람이 없다. 그래서 우리는 다른 이들의 방식을 흘깃 들여다본다. 그것이 문화학이다. 문화학의 연구 방법론을 기독교 문화학 연구의 안내자로 삼아야 하는 이유가 거기 있다. 그러다 보니, 안내자의 말이 많다. 안내자의 표정이 다양하다. 그렇지만 그 자리를 찾을 때까지 그 안내자를 무시할 수가 없다. 우리의 현실이 그렇다. 그래서 기독교 문화학은 소위 학제적 연구 방식을 따를 수밖에 없는 것이다. 내가 안내자와 동행한다고 해서 나의 중심이 상실되는 것은 아니다. 나는 여전히 그리스도인이라는 사실, 우리는 여전히 그리스도의 삶을 그대로 따르겠다고 고백하고 결단한 그리스도인이라는 사실, 이것이 우리의 중심이다.

만나야 한다. 말해야 한다. 눈높이를 맞추어야 한다. 나의 나 됨을 고집함으로 그 일을 하는 것이 아니라, 타자에게, 안내자에게, 우리의 눈높이를 맞추는 방식이어야 한다. 그래서 느껴야 한다. 들어야 한다. 보아야 한다. 그들의 체온과 말과 얼굴을. 그리스도의 용광로 속에 그 모든 것을 담아야 한다. 그래서 녹여야 한다. 그것이 사랑이다. 그것이 샬롬이다. 그것이 기독교 문화학의 정수다.

국내 문화철학 분야의 연구는 비교적 드물었다. 최근에 4-5명의 전공자들이 배출되어 활동하고 있는 상황을 떠올려보면 더욱 그렇다. 그 전에는 여건이 더 좋지 않았다. 필자는 카시러(Ernst Cassirer, 1874~1945)의 문화철학 연구로 철학박사학위를 받았다. 그간 문화철학과 문화비평에 대한 연구를 미련 없이 해보았다. 성과도 있었다.

만족도 있었다. 어느 정도의 인정도 받았다.

이제 나는 관심을 옮겨본다. 기독교 문화학을 만나고 싶다. 그런데 아무 것도, 어떤 이도 없다. 그 만남을 주선해 줄 안내자가 없다. 그래서 이제 욕심을 내 본다. 내가 스스로 안내자가 되어 보기로 했다. 이 일은 힘들고 어려운 작업이다. 비난을 감수해야 한다. 그러나 이 일을 누군가는 시작해야 한다. 그래야 길이 생긴다. 비록 그 길이 오솔길이라도 시작해야 한다. 그 절박함이 길을 닦게 했다. 나는 희망한다. 이런 길 닦는 이가 많아지기를. 그래서 언젠가는 한국에서도 포장된 대로(大路)가 만들어지길 소망한다. 기독교 문화학이라는 대로를!

여기에 수록된 글들은 학회 학술발표를 통해서 이미 발표되었거나 학술지에 게재된 것들이 다수를 이룬다. 1장 기독교 문화학이란 무엇인가?는『해석학연구』 2006년 봄호에 게재되었다. 2장 기독교 문화학과 예술비평은『대동철학』 2006년 봄호에 게재되었다. 3장 기독교 문화학과 대중문화 비평은 2004년 기독교학문학회 추계대회에서 발표된 것이다. 4장 기독교 문화학과 정치문화비평은 2005년 가을 한국철학자대회 한국해석학회 분과 발표회에서 발표된 것이다. 5장 기독교 문화학과 기독교 주체는 기독교 문화 논의의 중심인 주체 문제를 기독교적 관점에서 논의한 것이다. 특히, 레비나스와 리차드 니버의 타자 중심의 주체 개념을 중점적으로 논의하였다. 6장 기독교 문화학과 문화관 비평은 리차드 니버의『그리스도와 문화』를 상세하게 분석하여 비판한 글이다. 이 글은 2006년 봄『철학탐구』 19집에 게재되었다. 7장 기독교 문화학과 문학비평은 수용미학과 성서 해석학의 주제를 중심으로 논의하였고 2001년『철학논총』 23집에 게재되었다.

기독교 문화학이라는 이 책이 나오기까지 많은 분들의 도움이 있었다. 먼저 기독교 문화관 전반에 대한 신학적 식견은 김영한 선생님(숭실대 기독교학대학원 원장)의 저서와 가르침에서 전적인 도움을 받았다. 기독교 문화비평과 관련해서는 강영안 선생님(서강대 철학과), 신국원 선생님(총신대 신학과), 최태연 선생님(백석대 기독교철학)의 저서와 가르침에서 도움을 받았다. 기독교 문화철학 및 예술철학과 관련해서는 김광명 선생님(숭실대 철학과)의 가르침에서 많은 도움을 받았다. 그 외에도 기독교 학자로서의 학문함의 자세와 삶의 태도에 대해서 박정신 선생님(숭실대 기독교학과)의 가르침을 결코 잊을 수가 없다.

또한 철학함의 여정에서 늘 관심과 격려를 아끼지 않는 한석환 선생님(숭실대 철학과)과 곽신환 선생님(숭실대 철학과)께 감사드린다.

그리고 한평생 막내 자식을 위해 뒷바라지 마다않은 안동의 부모님과 형님 누님 내외분들의 사랑을 기억한다. 또한 사위 사랑 끊이질 않는 광주 장모님의 사랑을 가슴에 간직한다. 마지막으로 늘 기쁨과 소망이 되어 준 채호와 채은이에게, 그리고 외롭고 고독한 인생 여정에 동반자로 선뜻 나서서 지금껏 함께 해 온 사랑하는 아내 은경에게 감사한다. 마지막으로 필자에게 관심과 격려를 주신 북코리아 이찬규 사장님과 꼼꼼하게 원고를 다듬어 준 편집부 선생님께 감사드린다.

2006년 5월

신응철

4장 기독교 문화학과 정치문화 비평 136

-인종주의와 문화의 관계-

5장 기독교 문화학과 기독교적 주체 167

-E. Levinas와 R.H. Niebuhr의 '주체' 개념을 중심으로-

6장 기독교 문화학과 문화관 비평 197

-리차드 니버의 『그리스도와 문화』 분석-

7장 기독교 문화학과 문학비평 248
-수용미학과 성서 해석학-

1장

기독교 문화학이란 무엇인가?

1. 들어가는 말

우리는 모두가 인정하듯이 문화의 시대를 살아가고 있다. 문화라는 말의 의미를 인식하든 그렇지 않든 간에, 이미 문화는 우리의 삶의 한 복판에 깊숙이 자리하고 있다. 그런 연유에서 문화는 모든 학문의 논의 장에서도 귀한 대접을 받고 있다. 문화의 그런 위상은 당분간 지속될 것으로 예상된다. 비교적 최근에 논의가 활발한 분과 학문들 가운데 우리는 문화철학(Kulturphilosophie)과 문화학(Kulturwissenschaft) 등에 관심을 둘 필요가 있다. 이 두 분야에서 이루어지는 문화 관련 논의들은 문화의 문제를 학문적 논의의 장으로 옮겨 놓은 좋은 사례이기 때문이다. 이 말은 이들 분야가 문화의 문제를 가장 체계적으로, 이론적으로 다루고 있다는 뜻이기도 하다.

그런데 우리가 문화에 대한 논의를 하다 보면 늘 부딪치는 문제가 있다. 그것은 바로 '문화와 기독교와의 상관성' 문제이다. 이런 고민은 아마도 서양 철학 사상사 밑바탕에 흐르고 있는 기독교 세계관의 영향을 떠올려 보면 쉽게 짐작할 수 있을 것이다. 문화학이나 문화철학이 하나의 분과 학문으로 정립되어 논의된 것은 동양이 아닌 서양에서의 일이다. 그런 점에서 기독교와 문화의 상관성 문제는 적어도 서양의 사상을 다루는 데 있어서는 매우 자연스러워 보인다. 문화학의 논의도 예외가 아니다. 특히 기독교 문화학이라고 할 때, 우리는 어떤 형태로든 문화학과 기독교와의 상관성을 먼저 해명할 필요가 있다.

그래서 이 글은 '學'으로서 기독교 문화학(The Christian Cultural Studies)이란 무엇인가? 라는 물음을 해명하는 데 그 목적이 있다. 현재 국내에서 기독교 문화학에 대한 심층적인 논의는 거의 이루어지지 않고 있다. 우리는 그 같은 현상을 기독교 문화학을 신학의 한 분야로 간주하는 기존의 신학 연구자들의 태도에서 그 대답을 찾을 수 있다.

나는 이 글에서 기독교 문화학을 문화학과 문화철학의 관계에서 비교 분석하고자 한다. 그래서 기독교 문화학이 결코 신학의 한 범주가 아닌 독립된 분과 학문이며, 또한 문화학과 문화철학과도 차이성을 지닌다는 사실을 입증하고자 한다. 그리하여 궁극적으로 기독교 문화학의 학적 이념과 목표를 제시해 보고자 한다. 그런 면에서 이 글은 형식상으로 볼 때, 문화학과 문화철학의 논의 연장선에 있고, 내용상으로 볼 때 기독교 세계관에 근거한 문화 해명 및 문화 비판 작업이 된다.

이러한 논의 목적을 위해서 2장에서는 문화학과 문화철학의 관계에서 본 기독교 문화학의 위치에 대해 논의할 것이다. 여기에서는 기독교 문화학의 학적 위상의 문제를 규명할 것이다. 3절에서는 '學'으로서 기독교 문화학 논의의 전제, 그러니까 기독교 세계관에 근거한 문화 이해의 입장에 대해 제시할 것이다. 4절에서는 기독교 문화학 논의의 핵심적 논변 구조 및 그 이념을 문화학과 문화철학의 논의 구조와 비교함으로써 제시하고자 한다. 5절에서는 기독교 문화학의 이념과 그 목표를 이론과 실천의 관점에서 제시할 것이다. 마지막 6절에서는 한국에서 기독교 문화학 연구의 의미에 대해 논의함으로써 글을 마무리하도록 한다.

2. 분과 학문으로서 기독교 문화학의 위치

우리가 하나의 학문 분과로서 기독교 문화학을 염두에 둔다면, 일차적으로 이것이 차지하는 학문의 위치을 고려해야 한다. 기독교 문화학은 '기독교'와 '문화학'의 합성어이다. 여기서 알 수 있는 것은 이 분과가 문화학의 여러 연구 방법론들 가운데 특별히 기독교적 관점에서 접근하고 있음을 짐작할 수 있다. 그렇다면 여기서 잠깐 문화학 논의의 연원과 특징을 개략적으로 살펴볼 필요가 있다. 그런데 뒤에서도 확인할 수 있겠지만, 문화 논의의 주변부에서 가장 가깝게 있으면서도 유사한 연구 방법론을 지니고 있는 분과가 바로 '문화학'과 '문화철학'이다. 때문에 이 두 분과의 관점에서 기독교 문화학의 위치를 고려해 본다면, 이 분과의 특징을 더욱 선명하게 확인할 수 있을 것이다.

먼저 우리가 말하고 있는 '문화학'(Kulturwissenschaft) 개념은 언제 출현한 것인가?[1] 문화학 개념이 최초로 사용된 문헌은, 사서(司書)이면서 문화사가(文化史家)였던 구스타프 프리드리히 클렘(Gustav Friedrich Klemm)이 1851년에 쓴『보편적 문화학에 관한 근본 이념』[2]에서다.

이 책에서 클렘은 "자연에 대립하여 인류를 하나의 전체로서, 하나의 개체로서 서술하는 것"을 문화학의 과제로 제시하였다. 그리고 자신의 또 다른 저서『인류의 보편적 문화사』(1843~1852)[3] 전10권에서 문화학의 목적은 인류 행위의 총체와 그 기념비들을 모든 장소와 시간에서 명백히 드러내려는 데 있다고 밝혔다.[4] 또한 클렘은 더욱 구체적으로 문화학의 3가지 과제를 제시하기도 하였다. 첫째 神의 섭리에 의해 인간에게 주어진 능력이 자연에 맞서 발전해 나가면서 나타나는 현상을 기술하고, 둘째 이러한 현상의 원인을 인간과 자연 안에서 탐구하고, 셋째 이러한 인간과 자연의 상호관계가 따르고 있는 법칙을 제시하는 것이다.[5]

1 문화학의 기원과 논의 전개 양상에 관한 보다 구체적인 자료는 신응철, 「문화철학과 문화학」, 『철학탐구』 17집, 중앙대철학연구소, 2005. 405-430쪽 참조바람. 여기서는 이 논문의 논의를 축약해서 인용함.

2 Gustav Friedrich Klemm, "Grundideen zu einer allegemeinen Cultur-Wissenschaft", In *Sitzungsberichte der kaiserlichen Akademie der Wissenschaften. Philosophische-historische Classe*, Band 7, Wien 1851.

3 Gustav Friedrich Klemm, *Allgemeine Culturwissenschaft. Die materiellen Grundlagen menschlicher Cultur*, 2Bde, Leipzig 1854-1855, Band 2. 38쪽.

4 Gustav Friedrich Klemm, *Allgemeine Culturwissenschaft*(1854-1855), 38쪽.

어쨌든 클렘이 사용한 문화학 개념은 문화현상과 인간의 본성 혹은 자연과의 관계를 체계적으로 파악하려 했다는 데 의의가 있다. 그 점에서 그가 말하는 문화학은 경험적・역사적 자료를 분석적으로 파악하고, 박물학적으로 적절하게 정리하고 종합하려는 바람에서 비롯되었다고 할 수 있다. 그렇지만 클렘이 구상했던 문화학 개념은 아직 분명한 윤곽이 잡히지 않은 상태라 할 수 있고, 현대 문화학의 논의에서 본다면, 어느 정도 문화인류학 분야에 근접해 있다고 평가할 수 있다.[6]

한편 오늘날 사용하는 문화학 개념은 "인간에 의해 만들어진 제도들, 즉 인간들 사이의 특히 매체에 의해 매개된 행위와 갈등의 형식들과 이런 제도들이 지닌 가치와 규범의 지평들을 연구하는 학문분과"[7]를 말한다. 이때 문화학은 문화들의 이론과 체계적이고 역사적으로 연구할 재료가 되는 대상 영역들을 발전시킨다. 이런 점에서 문화학은 문화 전체를 자신의 연구를 위한 대상이자 범위로 삼고 있다.

이제 문화학은 복합문화적이고 상호문화적인 중첩에 대면해 있다. 그 이유는 바로 하나의 문화가 아닌 다수의 문화들이 존재하기 때문이다. 따라서 문화학은 서로 다른 사람들이 '문화' 개념 안에서 이해하고 있는 것의 의미론(意味論)을 연구하면서, 항상 문

---

5 Gustav Friedrich Klemm(1851), 같은 책, 169쪽.

6 Hartmut Böhme・Peter Matussek・Lothar Müller, *Orientierung Kulturwissenschaft*, Rowohlt Taschenbuch Verlag GmbH, Reinbek bei Hamburg, 2000. (번역본은, 『문화학이란 무엇인가』(손동현・이상엽 역, 성균관대 출판부, 2004). 이후부터는 『문화학』으로 표기하고, 쪽수는 번역본을 기준으로 함.) 55쪽 참조.

7 『문화학』, 149쪽 참조.

화 비교의 방식을 취하고 있다. 그러면서도 문화학은 문화적 현상들이 변화하는 조건들에 의존하고 있음을 분석하기 때문에 문화 비판적 태도를 취하고 있다.

그렇다면 서구 문화학과 문화철학에서 논의되는 '문화' 개념은 어떤 의미로 사용되어 온 것일까? 원래 '문화'를 지칭하는 kultur라는 단어는 라틴어 colere(양육하다, 경작하다, 육성하다)에서 파생되었고, 라틴어 cultura가 독일어화된 것이다. 독일어 kultur는 17세기말부터 등장하고 있는데, 이것은 여러 제도들, 행위들, 과정들, 상징형식들의 총체를 지칭한다.[8] 니더만(Joseph Niedermann)은 이 말의 의미를 다음과 같이 부연하고 있다. 이런 것들은 합목적적 기술을 통해 '주어진 자연'을 사회적 삶의 공간으로 변형시키고 이를 보존하고 발전시킨다. 또한 이를 위해 요구되는 숙련 도구들(문화기술, 지식)을 만들고 발전시키며, 지도적 가치들(가치의 차원)을 특수한 의식(儀式), 세련된 예식으로 거행하고 확고히 하며(종교, 축제, 교육 등), 그 결과로 의사소통적 형식들을 장기적으로 보존하는 사회적 질서와 의사소통적 상징세계를 창출해낸다.[9]

라틴 세계에서 cultura라는 말은 농경문화를 넘어서 또한 개인들의 인격적인 문화, 혹은 역사의 각 시기들의 문화와 관련해서 사용되었다. 이후 많은 영향을 미친 키케로의 cultura animi라는 관용어는 그리스어 paideia에 조응하는데, 그것은 인간의

---

8 『문화학』, 149쪽 참조.

9 Joseph Niedermann, *Kultur. Werden und Wandlungen eines Begriffs und seiner Ersatzbegriffs von Cicero bis Herder*, Firenze 1941. Wilhelm Perpeet, "kulturphilosophie", In *Archiv für Begriffsgeschichte 20*(1976), 42-99. 『문화학』, 149쪽. 170쪽 참조.

'양육(養育)'과 '교양(敎養)'을 가리킨다. 이때부터 사물 차원의 문화 외에 '인격'의 문화가 의식되었고, cultura 개념은 외부의 자연에 대한 작업에서 '내부의 자연'에 대한 작업으로 옮겨갔다.[10]

본격적으로 문화학과 문화철학의 논의에 등장하는 근대적 의미의 '문화' 개념은 칸트(Immanuel Kant, 1724~1804)와 헤르더(Johann Gottfried von Herder, 1744~1803) 이후부터이다. 칸트는 '자연(自然)' 개념을 보편적 법칙에 따라 규정되는 한에서의 사물의 존재로 규정한다. 그리고 문화는 "자연의 보호 상태로부터 자유 상태로의 이행"[11]이라 규정하였다. 신칸트학파의 리케르트(Heinrich Rickert, 1863~1936)의 경우 칸트의 생각을 이어받아 '자연'과 '문화'를 대립 개념으로 설정하였다. '자연(Natur)'은 저절로 발생한 것, 탄생된 것, 스스로의 고유한 성장에 맡겨진 것들의 총체이다. 이 '자연' 개념은 '문화' 개념과 대립된다. 문화(Kultur)는 가치 있는 목적에 따라 행동하는 인간이 직접 생산한 것, 또는 그것이 이미 존재하고 있는 경우 적어도 그것에 담겨있는 '가치(價値)' 때문에 의식적으로 가꾸어 보존한 것을 말한다.[12] 그러므로 모든 문화 현상에는 인간이 인정한 어떤 가치가 구현되어 있다. 리케르트의 경우 가치와 무관한 '자연'과 가치와 관련되는 '문화' 개념을 구별하고 있고, 그런 이미에서 그가 파악한 문화학은, 종교학, 법률, 사학, 문헌학, 국민 경제학 등 말하자면 모든 정신과학의 대상을 포괄하고

10 『문화학』, 150쪽 참조.

11 임마누엘 칸트, 『칸트의 역사철학』(이한구 편역), 서광사, 1993. 83쪽 참조.

12 하인리히 리케르트, 『문화과학과 자연과학』(이상엽 역), 책세상, 2004. 55쪽 참조.

있다.[13]

인간으로 존재한다는 것은 '문화적 조건' 속에서 산다는 것을 의미한다. 그러므로 문화학의 연구 대상은 인간 행위의 전체 영역이다. 이것은 문화학이 단지 현실에 대한 상징적 가공인 언어적 텍스트만이 아니라, 언어적 텍스트가 일정 부분 참여하고 관여하는 물질, 매체, 사유의 질서들까지도 연구하는 것을 의미한다.[14]

이상의 논의를 정리해 보면, 문화학은 문화 개념의 의미론을 고찰하고 문화 비교의 방식과 문화 비판의 태도를 취하고 있음을 확인하게 된다. 그런데 필자의 선행 연구였던 "문화철학과 문화학"[15]을 통해 확인할 수 있었던 점은, 현대 문화학 연구의 중심 주제들 가운데, '상징', '문화적 기억', '생명' 등의 주제가 상당 부분 두 학문 분과 영역에서 중첩되고 있다는 사실이다. 그리고 문화철학자들이 제시한 '문화' 개념, 학제 간의 비교 연구 방법론, 문화 비판의 이념 등은 두 분과 모두 공유하고 있는 부분이었다.

이렇게 본다면, 문화철학은 넓은 의미에서 문화학의 논의와 별 차이가 없어 보인다. 다만 차이를 강조해 본다면, 문화철학은 문화학의 연구 대상인 모든 정신과학의 대상들을 연구하지만, 그 연구 목적의 방향이 문화학과는 다르다는 사실을 확인할 수 있다. 그러니까 문화철학은, 적어도 최초의 문화철학자 카시러(Ernst

13 하인리히 리케르트, 같은 책, 61쪽 참조.

14 『문화학』, 151-152쪽 참조.

15 신응철, 「문화철학과 문화학」, 『철학탐구』 17집, 중앙대철학연구소, 2005.

Cassirer, 1874~1945)의 논의를 빌리면, 다양한 인간 문화의 현상들을 체계적으로 파악하기 위해서 문화의 기원, 문화의 전개, 문화의 미래 등을 집중적으로 논의한다. 문제는 이러한 문화 연구가 문화의 속성 그 자체를 밝혀내는 데 있기보다는 그와 같은 문화를 창조하고, 향유하고, 감상하는 인간, 바로 그 인간을 제대로 이해하고 해명하는 데 궁극적인 관심이 있는 것이다. 그러니까 문화철학은 문화라는 우회로를 통해서 문화적 주체로서의 '나', '우리', 나아가 '인간'을 인식하고 이해하려는 것이다. 그 점에서 문화철학과 문화학은 차이점이 분명해진다고 할 수 있다.

이제 우리에게 던져질 수 있는 물음은 이것이다. 그렇다면 문화학과 기독교 문화학의 관계는 어떻게 설정되어야 하는가? 적어도 문화를 논의하는 연구 방식에서는 기독교 문화학도 문화학과 문화철학의 입장과 대단히 유사하다. 문제는 기독교 문화학만이 지니고 있는 독특성을 제시하는 일이다.

3. '學'으로서 기독교 문화학 논의의 前提 및 특징

우리가 문화학의 논의 가운데 특히 기독교 문화학을 다룰 때는 반드시 전제해야만 하는 한 가지 사실이 있다. 그것은 바로 기독교 세계관이다. 기독교 세계관에 근거한 문화학의 논의는 전통적으로 받아들여지고 있는 '문화' 개념에 상당한 수정을 요구한다. 왜, 어떤 부분 때문인가? 문화학과 문화철학에서 통용되는 '문화'

개념은 인간에 의해 만들어진 일련의 삶의 총체를 뜻한다. 이때 문화는 인간에 국한된, 인간이 만든, 인간을 위한 문화만을 논의의 대상으로 한다. 그런데 기독교 세계관에 근거한 문화 논의는 이 점에 동의하지 않는다. 그러니까 문제의 핵심은 문화의 기원을 어떻게 보느냐이다.

기독교 세계관은 한 마디로 '하나님의 창조', '인간의 타락', '예수 그리스도의 구속'이라는 관점에서 문화를 바라본다. 때문에 기독교 세계관에 따르면, 문화는 인간에게서 비롯되는 것이 아니라, 하나님의 말씀에서 기원한다. 성서의 창세기 편에 나타난 다음의 구절이 근 근거이다.

> "하나님이 자기 형상 곧 하나님의 형상대로 사람을 창조하시되 남자와 여자를 창조하시고, 하나님이 그들에게 복을 주시며 그들에게 이르시되 생육하고 번성하여 땅에 충만하라, 땅을 정복하라, 바다의 고기와 공중의 새와 땅에 움직이는 모든 생물을 다스리라 하시느라."(창1:27-28)[16]

기독교계에서는 바로 이 구절을 하나님의 '창조명령'이자 곧 '문화명령'으로 받아들인다. 하나님의 창조행위가 근원적이고 문화적인 행위였다면, 인간의 문화적 사명이야말로 하나님이 창조하신 原문화적 창조의 질서를 개간하고, 다스리고, 그 위에서 살기 좋은 공동체를 만드는 것이 된다. 문화적 사명은 하나님의 창

16 한영 성경전서(개역 한글판), Korean-English Bible, The New King James Version, 1989.

조명령이요, 축복이다. 이러한 창조명령은 동시에 인간이 하나님 앞의 피조물이라는 사상을 말하고 있다.[17] 그런 점에서 인간은 문화적 존재요, 하나님은 초문화적 존재이다. 하나님은 창조자로서 인간의 문화 위에 계시고, 하나님의 창조 섭리와 경륜은 인간 문화 활동의 목표이다. 하나님은 인간에게 문화 활동을 할 수 있는 은사를 부여하셨다. 그것이 곧 하나님의 형상성(Imago Dei)이다.[18]

이와 대조적으로, 문화학과 문화철학에서는 에덴동산에서의 선악과 사건 이후, 다시 말해 하나님으로부터 아담과 하와가 에덴동산에서 쫓겨 나온 이후에 이루어진 인간의 활동 전체를 문화로 보고 있다. 그러니까 문화의 기원은 에덴동산에서의 인간의 선악과 사건이며, 문화는 그 이후에 인간에 의해 일어난, 토지를 갈아엎는, 즉 경작하는 행위에서 찾을 수 있다. 그것의 성서적 근거는 다음에 있다.

> "여호와 하나님이 에덴동산에서 그 사람을 내어 보내어 그의 근본된 토지를 갈게 하시니라."(창3:23)[19]

성서의 위 구절 "토지를 갈게 하시니라"라는 표현에서, '토지를

17 김영한, 『기독교와 문화』, 숭실대 한국기독교문화연구소, 1987. 30쪽 참조.

18 김영한(1987), 같은 책, 31쪽. 김영한, 『한국기독교 문화신학』, 성광문화사, 1995. 33쪽 참조.

19 한영 성경전서(개역 한글판), Korean-English Bible, The New King James Version, 1989. 창3:23.

갈다'(to til)라는 의미, '땅을 갈아업다'(to cultivate)라는 의미에 해당하는 라틴어 colere가 문화를 나타내는 kultur의 원래 의미였다는 사실을 우리는 이런 맥락에서 이해할 수 있다.

기독교 세계관에 근거해서 본 문화 이해는, 한마디로 하나님의 말씀에 의해서 문화가 시작되었으며, 인간은 하나님의 창조명령에 따라 문화행위를 지속한다고 간주하는 입장이다. 이에 반해 문화학과 문화철학에서 바라보는 문화의 시작은 바로 선악과 사건에서 비롯된다. 선악과 사건은 하나님과 인간의 단절을 가져온 최초의 사건이기도 하다.

> "여자가 그 나무를 본즉 먹음직도 하고, 지혜롭게 할 만큼 탐스럽기도 한 나무인지라 여자가 그 실과를 따먹고, 자기와 함께한 남편에게도 주매 그도 먹은지라."(창3:6)[20]

물론 창세기 3장 6절(선악과 사건)이전에도 인간이 스스로 자유의지를 행사한 사건이 한 군데 더 나타난다. 그것은 창세기 2장 20절 "아담이 모든 육축과 공중의 새와 들의 모든 짐승에게 이름을 주니라"에서다. 그런데 문화학과 문화철학에서 창세기 3장 6절까지 있었던 인간의 자유의지의 활동의 결과들 가운데 굳이 선악과 사건을 정점으로 하여 그 이후의 일련의 일들을 인간 문화의 기원으로 보는 이유는 무엇인가? 그것은 바로 하나님과 인간 사이의

20 한영 성경전서(개역 한글판), Korean-English Bible, The New King James Version, 1989.

관계 설정 때문이다. 다시 말해 인간의 자유의 측면이다. 먼저 일어난 '이름을 부여하는 행위'가 전적으로 하나님과의 관계 속에서 이루어진 자유에의 활동이라면, 두 번째 일어난 '선악과 사건'은 하나님과의 관계가 단절된 가운데 일어난 자유에의 활동인 셈이다. 두 번째의 경우에 주목할 필요가 있다. 인간과 하나님과의 관계가 단절되었다는 것은 역설적으로 들릴지 모르만, 인간이 이제 스스로 문화의 주체가 되었다는 것을 의미한다. 바로 이런 맥락에서 칸트는 문화를 자연의 보호 상태에서 자유상태로의 이행으로 간주하고 있는 것이다. 그러니까 문화학과 문화철학에서는 '인간의 자유', '자유에의 활동'을 문화의 원동력으로 간주하고, 이를 특별히 강조하고 있다고 해야 할 것이다.

정리하자면, 기독교 세계관에 근거해 문화를 논의한다는 것은 넓은 의미에서는 창조, 타락, 구속의 관점에서 문화를 파악하는 것이다. 이는 문화의 진행과정에 끊임없이 하나님의 섭리와 계시, 은총과 구속의 역사가 들어있다는 사실을 전제하는 것이 된다. 이와 달리, 문화를 인간의 자유에의 활동으로 규정하는 입장은 문화 창조의 원동력이 궁극적으로 인간에, 인간의 창조적 활동에만 의존하고 있다는 사실을 전제하는 것이다. 따라서 양자의 입장은 근원적으로 다를 수밖에 없다. 한마디로 기독교 문화학이 문화학과 문화철학과 구별되는 독특성은 이와 같이 기독교 세계관에 근거하여 문화 이해를 시도하고 있다는 점이다.

4. 기독교 문화학의 핵심 논의 구조 및 그 목표

1) 기독교와 문화의 관계를 어떻게 볼 것인가?

기독교와 문화의 관계를 가장 명시적으로 설득력 있게 제시하고 있는 입장의 하나로 변혁주의적 관점을 주장하는 김영한을 들 수 있다. 그는 『한국기독교 문화신학』(1995) 서문에서 다음과 같이 말한다.

> 기독교는 계시종교이며 동시에 문화종교이다. 계시와 문화는 떼려야 뗄수 없는 기독교의 두 본질적 요소다. 계시는 하나님의 영원한 말씀이고, 이 계시는 무시간적인 처소에 주어지는 것이 아니라 구체적인 역사적인 정황, 즉 문화적 정황 속에 주어진다. (중략) 계시는 문화를 심판하고 조명하며, 그 궁극적 의미를 드러내는데 반해서 문화는 계시가 드러나는 場이며, 계시가 드러나는 形式이고 통로이다.[21]

이런 관점에서 김영한은 예수 그리스도의 성육신 사건을 계시가 문화 속에 들어 온 원형적 사건으로 파악한다. 이 원형적 사건의 기본 구조는 "말씀이 육신이 되셨다"(요1:14)이다. 그는 계시는 문화 속에 들어와 그 문화의 옷을 입을 뿐만 아니라, 문화 속에 거하고, 문화와 혼연일체가 되어야 한다고 주장한다.[22] 그러면서 말씀이 문화에 혼합되어 그 정체성을 상실하지 아니한 것처럼,

---

21 김영한, 『한국기독교 문화신학』, 성광문화사, 1995. 5쪽 참조.

22 김영한(1995), 같은 책, 5쪽 참조.

계시는 문화와 혼합되거나 그 정체성을 상실해서는 안 된다고 말한다.

> 계시는 문화에 대하여 그 부패성을 들추어낸다. 계시는 한편으로는 문화의 옷을 입으나 다른 한편으로는 문화의 부조리한 구조-이기성, 폐쇄성, 불신성, 자아인격성, 영합성, 퇴폐성, 독단성-을 심판한다. 그리고 계시는 문화의 부조리한 구조를 변혁시킨다.[23]

김영한의 주장의 핵심은 여기에 있다. 하나님의 말씀과 성령의 능력으로써 계시는 문화를 구조적으로 새롭게 한다. 따라서 문화에 대한 기독교 신앙의 올바른 관계는 문화의 형식을 취하면서 그 형식과 내용의 부조리한 구조를 하나님의 말씀의 빛 속에서 드러내고 비판하는 것이다. 그리하여 기독교 신앙은 인간의 문화를 변혁시키고, 병든 구조를 말씀으로 치유하여 새롭게 하는 것이다. 이것을 그는 계시가 문화에 대하여 수행하는 변혁주의적 기능이라고 주장한다.[24]

김영한의 이상과 같은 관점은 계시와 문화를 기독교의 본질적인 두 요소로 파악하는 가운데 문화에 대한 변혁주의적 모델을 제시하는 것으로 평가할 수 있다. 그런데 김영한의 관점에 제기되는 문제는 이런 것이다. 김영한에 따르면, 기독교 신앙은 문화적 형식으로 표출되어야 하고, 신앙은 문화를 통하여 비로소 이

23 김영한(1995), 같은 책, 6쪽 참조.

24 김영한(1995), 같은 책, 7쪽 참조.

세상에서 그 구체적인 기능을 갖는다고 한다. 그런데 특정한 문화적 형식을 띤 신앙이 어떻게 자신이 속한 특정한 문화의 부조리한 구조를 스스로 비판할 수 있겠는가? 하는 점이다.

다음으로 우리는 기독교와 문화의 관계에서 김영한의 입장과 구분되는 또 다른 설득력 있는 주장으로 임성빈의 입장을 들 수 있다. 임성빈은 『21세기 문화와 기독교』(2004)에서 기독교적 문화관을 제시하고 있다. 임성빈의 논의에 따르면, 기독교와 문화의 관계는 두 가지의 관점에서 살펴볼 수 있다. 첫째, 아테네와 예루살렘이 무슨 상관이 있느냐?의 입장, 둘째, 복음은 문화 안에서, 문화를 통해서만 의미를 갖는다는 입장이다. 그런데 첫째 입장은 복음의 정체성을 지키기 위해 문화를 위협적인 존재로 파악한다. 그 결과 하나님의 문화에 대한 주권을 약화시켜버리는 경향성을 갖게 된다. 그리고 두 번째 입장은 하나님의 온 우주에 대한 주권을 강조한다. 그 결과 惡의 존재와 복음의 초월성을 상실하게 되는 위험에 처하게 된다.[25]

그러므로 우리가 항상 전제해야 할 문화와 복음의 관점의 초석은 복음의 진정성의 기준으로서 보편성(catholicity)과 맥락성(contextuality)이라고 임성빈은 말한다. 창세기로부터 시작되는 성서의 증언에 따르면, 문화는 하나님의 은혜의 결과이자 인간의 자유와 창의성의 열매이기도 하다.[26] 그러므로 임성빈은 문화는 본

25 임성빈, 『21세기 문화와 기독교』, 장로회신학대학교 출판부, 2004. 48쪽 참조.

26 Christoph Durasingh, *Called to One Hope: The Gospel in diverse Cultures*, Geneva: WCC publication, 1998. 31쪽.

질적으로 그 자체가 善하거나 惡한 것이 아니라고 주장한다. 단지 잠재적으로 양자 모두가 될 수 있는 것이다. 그러므로 문화에는 모호성이 항상 존재한다는 것이다.[27]

마지막으로 문화의 의미를 복음주의적 시각에서 제시하는 웨버(Robert E. Webber)의 입장을 들 수 있다. 웨버의 입장은 문화학과 문화철학에서 논의한 문화의 기원의 문제를 새로운 각도에서 볼 수 있게 하는 안목을 제시하고 있다. 웨버는 *The Secular Saint*(1979)[28]에서 문화는 인간 활동의 산물이라고 잠정적으로 간주한다.[29] 그 이유는 만일 인간이 창조되지 않았다면 문화라는 것도 없었을 것이기 때문이다. 이런 의미에서 문화란 자연을 인간의 목적에 따라 변형하는 것이다. 그것은 인간의 정신과 손을 통한 활동의 결과와 관계된다.

그런데 웨버는 여기에 그치지 않는다. 우리가 비록 위에서 말한 것 같이, 문화는 인간의 활동에서 비롯되었다고 하더라도, 자연 없이는 문화라는 것도 있을 수 없다고 그는 주장한다. 그러니까 사람은 경작하고 변형하여 문화로 발전시킬 소재를 가져야만 한다는 것이다. 그래서 웨버는 문화학이나 문화철학의 논의를 염두에 둔 듯 이렇게 말한다. "피조된 세계를 인간 자신이 부여하는 질서의 체계라고 보는 일반적인 오해가 있다"[30]라고.

---

27 임성빈(2004), 같은 책, 48쪽 참조.

28 Robert E. Webber, *The Secular Saint*, Zandervan Publishing House, 1979. (번역서 『기독교 문화관』(이승구 역), 도서출판 엠마오, 1989.)

29 Robert E. Webber, 같은 책, 13쪽 참조.

30 Robert E. Webber, 같은 책, 13쪽 참조.

웨버에 따르면, 사물의 질서는 하나님 자신에 의해서 창조된 것이다. 인간의 문화적 활동이란, 이미 주어져 있는 것 안에서의 조성 행위일 뿐이다. 즉 모든 문화란, 그것에 기초해서 인간 행위가 수행되는 선험적 조건에 종속한다는 말이다. 그렇기 때문에 웨버는 문화를 "하나님의 피조 세계 내에서의 인간 활동의 결과"[31]라고 주장한다. 사람은 피조된 세계를 개발하고 자기 헌신의 반영인 문화를 창조하는 것이다. 그러므로 그리스도인의 문화 활동은 하나님의 뜻에 따라 하나님의 피조계를 개발하여, 모든 문화 영역이 기독교적 가치를 반영하도록 하는 것이어야 한다.

2) 문화의 전개 양상과 그것의 윤리적 함의

인간의 문화가 어떤 형태로 전개되고 있는가의 문제를 설명할 때, 기독교 문화학이나 문화학 그리고 문화철학 각 분과 사이의 입장 차이를 찾아내기가 쉽지 않다. 다만, 인간의 문화 현상 속에 등장하는 문화의 부정적 요소나 비윤리적 요소 등을 설명하는 개념상의 차이는 있지만 논의 내용은 대동소이하다고 할 수 있다. 문화는 어떻게 전개되는가? 라는 물음은 문화의 원동력은 무엇인가? 라는 물음과 문화 속에 드러나는 악의 문제를 어떻게 볼 것인가? 라는 물음으로 나누어 생각해 볼 수 있다.

우선 이 물음과 관련하여 문화학이나 문화철학의 입장부터 살펴보도록 하자. 이 입장에서는 성서의 창세기 편에 나타나는 에

31 Robert E. Webber, 같은 책, 14쪽 참조.

덴동산에서의 선악과 사건을 자유상태로의 진보 과정으로 파악한다. 그러니까 '自然'에서 '文化'로 이행하기 위한 필연적인 과정으로 간주한다. 이는 자연의 영역과 자유의 영역을 구분하는 관점에서 비롯된 것이다. 말하자면 자연의 역사는 하나님의 작품이기에 善으로부터 시작하고, 자유의 역사는 인간의 작품이기에 惡으로부터 시작한다는 관점이다.[32]

이런 관점에서 본다면, 인간의 문화의 기원은 선악과를 따먹은 인간의 타락사건, 그러니까 '죄를 범함'이 인간 문화의 원동력이 되는 셈이다. 따라서 인간의 문화 활동 속에는 근원적으로 죄의 요소, 악의 요소, 비윤리적 요소가 들어있게 되는 것이다. 이처럼 문화의 원동력이 된 '죄를 범하는 행위'를 칸트는 인간의 '反社會性'(Ungeselligkeit)[33]으로 규정한다. 인간의 반사회성이란, 타인과 끊임없이 경쟁하고, 투쟁하려는 마음, 그리고 소유욕, 지배욕, 명예욕을 일컫는다. 인간에게서 나타나는 이러한 반사회성의 요소들 때문에 문화는 발전(혹은 진보)하게 된다는 것이다.

한편 기독교 문화학에서는 인간 문화의 원동력이나 인간 문화의 근원적 불행을 인간의 '권력의지'에서 찾고 있다. 하나님은 인간을 향해서 명령하셨다. "동산의 각종 나무와 실과는 임의로 따먹되, 선악을 알게 하는 나무의 실과는 먹지 말라. 네가 먹는 날에는 정녕 죽으리라."(창2:16-17) 하나님께서 인간의 삶의 보금자리와 문화활동의 터전으로 부여하신 에덴동산에서 인간은 피조

32 임마누엘 칸트, 『칸트의 역사철학』(이한구 역), 서광사, 1993. 83-84쪽 참조.
33 임마누엘 칸트, 같은 책, 29쪽 참조.

물의 한계를 넘어서 창조자의 자리에 오르려고 하였다. 이것을 본훼퍼(Dietrich Bonhöffer 1906~1945)는 인간의 근원적인 죄, 곧 '권력의지'(Macht zum Willen)[34]라고 말한다. 권력의지란 하나님의 형상을 부정하고, 하나님처럼 됨이다. 이 원죄로 인해 인간은 하나님의 형상으로 지음 받은 영광으로부터 떨어져 神으로부터 소외되고, 자기로부터 소외되고, 이웃으로부터 소외되었다. 이 권력의지가 인간의 문화적 활동에 표출되고 있는 것이다.

한편 에밀 브룬너(Emil Brunner, 1889~1966)는 문화 속에 나타나는 원죄와 관련하여 '현실적 인간'(der wirklichen Mensch)과 '참된 인간'(der wahre Mensch)을 구분하고, 현실적 인간을 창조 본연의 참된 인간에게서 소외된 '모순 속의 인간'(der Mensch in Widerspruch)으로 묘사하고 있다.[35] 그러니까 참된 인간은 하나님의 말씀 속에서 자기 근원을 가지고, 이 말씀에서부터 이 말씀을 향해서 존재하는 책임성을 가진 존재다. 이에 비해 현실적 인간은 神적 말씀에 그 근원을 가졌으나 이것을 거부하고 그의 책임성을 도착시키고, 스스로의 자율성을 추구하는 존재다. 이런 현실적 인간을 브룬너는 모순 속의 인간으로 규정하고 있다. 그리고 브룬너는 인간의 원죄를 스스로 주인이 되고자 하는, 먼저 스스로 영화롭게 되려는 '의지의 죄'라고 파악한다.

---

34 D. Bonhöffer, *Schöpfung und Fall-Versuchung*, (번역서로 『創造 · 落 · 誘惑』, 문희석 역, 대한기독교서회, 현대신서71,) 109-116쪽 참조. 김영한(1995), 같은 책, 34쪽 재인용.

35 Emil Brunner, *Der Mensch in Widerspruch*, Berlin, 1937. 292쪽. 김영한(1995), 같은 책, 35쪽 재인용.

인간들은 神의 규정 속에 구속된 자주성에서 구속되지 않은 구속성을, 참된 책임성 속에서 가상적인 자기책임성을 만든다. 자기 자신에 대한 이성의 오해, 원리는 자주성의 오해이다.[36]

바로 이것이 죄의 근원이다. 즉 神에 대항하는 인간의 자주성의 주장, 인간의 자주권을 神의 의지에서 불간섭적인 것으로 선언함, 자율적 이성, 도덕, 문화의 구성, 더 이상 받으려고 하지 않고 스스로 주며, 가지려고 하며, 추후적으로 생각하려 하지 않고 먼저 생각하며, 근본적으로 생각하며, 창조적이고자 하는 그러한 이성의 자기 자신과 함께 오해, 스스로의 힘을 소유한 인간으로서의 인간의 자기 창조이다.[37]

우리는 이상의 논의를 통해서 문화 전개 속에 나타나는 문화의 부정적 요소와 윤리적 문제의 상관성을 확인할 수 있었다. 그렇다면 인간이 만든 문화 속에는 부정적 요소만 들어있는 것인가? 인간의 영혼을 고양시키는, 의식을 교화시키는 선한 요소는 없다는 말인가? 만일 그렇다면 인간의 문화의 미래는 어떻게 되는 것인가?

3) 문화의 미래와 이성 혹은 신앙

인간의 문화의 미래상에 대한 논의와 관련하여 기독교 문화학의 논의를 부각시키기 위해 먼저 문화학과 문화철학에서의 논의

36 Emil Brunner(1937), 같은 책, 292쪽 참조. 김영한, 『바르트에서 몰트만까지』, 대한기독교 출판사, 2001. 83쪽 재인용.

37 Emil Brunner(1937), 같은 책, 122쪽 참조. 김영한(2001), 83-84쪽 재인용.

부터 살펴보도록 하자. 자유의지론에 근거해 문화를 논의하는 칸트는 인간 문화의 문명화보다는 도덕화를 추구한다.[38] 칸트의 논리대로 인간의 반사회성에 근거한 문화 창조라면, 그 문화는 문명화 일변도로 치달을 것이 자명하다. 칸트는 인간이 문화의 미래까지도 통제할 수 있음을 내비친다. 그것은 인간의 이성 능력에 대한 신뢰에서 비롯한다. 인간이 문화를 통제할 수 있는 길은 '교육'을 통해서다. 그러니까 인간의 반사회성을 사회성으로 회복시키기 위해 그는 도덕적 훈련과 교육을 강조하고 있는 것이다.

칸트는 이와 같은 교육의 목표를 네 가지로 제시하였다. 첫째, 동물성을 제어하기 위한 훈련, 둘째, 자신이 설정한 목적을 위해 수단을 찾아낼 수 있는 능력의 배양, 셋째, 시민으로서 적합하게 살수 있는 능력 배양, 넷째, 단지 목적을 위해 수단을 선택할 수 있는 능력뿐만 아니라 항상 성한 목적만을 선택할 수 있는 심성을 갖는 도덕적 훈련이다.[39] 자유의지론에 근거한 문화철학자들은 이상과 같은 교육을 인간이 지속적으로 훈련받게 되면, 인간이 만들어내는 문화는 통제될 수 있고, 문화의 미래는 도덕화된 상태를 유지할 수 있다고 주장한다.

하지만 문화결정론에 근거한 문화학 연구자들의 생각은 이와 다르다. 한마디로 인간은 결코 문화를 통제할 수 없다는 것이다.

---

38 이와 관련된 상세한 논의는 신응철, 『문화철학과 문화비평』, 철학과현실사, 2003. 제1장 "문화를 어떻게 해석할 것인가"를 참조하기 바람.

39 임마누엘 칸트, 같은 책, 37쪽 참조.

그 이유는 무엇 때문인가? 이들은 모든 개인은 인간 역사의 가장 초기부터 어떤 종류의 문화 또는 문명 속에서 태어난다고 말한다. 그렇기에 문화 자체가 거기에 속한 인간으로 하여금 어떻게 생각하고, 느끼며, 행동하는지를 결정한다고 그들은 간주한다.

문화결정론을 주장하는 대표적인 문화학 연구자인 레슬리 화이트(Leslie A. White, 1900~1975)는 *The Science of Culture*(1969)에서 문화는 도구, 기구, 관습, 신앙의 거대한 흐름으로서 그것들은 그 속에서 끊임없이 서로 작용하여 새로운 조합과 종합을 창조해 낸다고 주장한다.[40] 그런 점에서 현재의 문화는 과거에 의해 결정되었고, 미래의 문화는 현재 진행되고 있는 경향의 연속이다. 바로 그 점에서 문화는 스스로 만들어진다고 할 수 있다. 인간이 무엇을 생각하고, 느끼는지는 그의 문화에 의해 결정된다. 결과적으로 문화는 그 자체의 법칙들에 따라 활동한다는 것이다. 이들의 관점에서 보면, 인간의 이성은 문화라는 거대한 힘에 따라 조정되는 것에 불과한 것이다.

한편 기독교 문화학에서는 인간 문화의 미래상과 관련하여 문화의 '잠정성'과 신율적(神律的) 문화의 '궁극성'을 제시한다. 성서는 인간 문화의 부패성과 더불어 그것의 잠정성을 말한다. 인간의 문화는 소외된 이 세계 속에서 하나님의 왕국을 향해서 나아가는 잠정적인 과정이다. 인간 문화의 의미란 인간의 소외이전에는

40 Leslie A. White, *The Science of Culture: A study of Man and Civilization*, Revised Edition, New York: Farrar, Straus and Giroux, 1969.(번역서로 『문화과학』(이문웅 역), 아카넷, 2002. 434쪽 참조.

하나님의 창조명령의 실현이었고, 신율적 왕국의 수립에 있었다. 그러나 인간의 타락이후에는 이 신율적 왕국의 축복이 거두어지고, 인간에게는 소외되고 분열된 자율적 왕국 내지 타율적 왕국만 주어지게 되었다.[41]

인간 문화는 그 부패성에도 불구하고, 하나님의 창조명령을 그 비본래적인 모습이기는 하지만 수행한다. 인간은 이 지상에서 번성할 뿐만 아니라, 기계기술을 발전시키고, 고도의 문명사회를 이룩했다. 그러나 이 인간 문화는 절대화 할 수 없는 잠정적인 것이요, 필연적으로 쇠퇴하고 소멸한다. 따라서 역사 속에서 인간의 문화는 다가오는 신율적 왕국을 증언함으로써 그 잠정성 속에서 궁극적 의미를 갖는다.[42]

인간 문화는 신율적 문화를 실현시킬 때, 그 진정한 문화의 가치성을 갖게 된다. 그 점에서 인간 문화는 구속을 필요로 한다. 이 구속의 힘은 인간성 자체로부터 오지 않고, 미래에서 다가오는 하나님 나라로부터 온다. 이 대목에서 우리는 기독교 문화학이 인간의 이성에 대한 신뢰보다는 오히려 하나님의 구속에 대한 신앙의 필요성 내지 요청을 강조하고 있음을 확인하게 된다. 판넨베르크(W. Pannenberg, 1928~)는 이 하나님 나라를 다음과 같이 기술하였다. "하나님 나라는 인간 문화를 그 부패성, 소멸성, 잠정성, 병적 상태에서 치유하시고, 구속하시는 신율적 문화 왕국이요, 모든 생명을 통일시키고, 쇄신시키는 새 창조의 능력이다."[43]

41 김영한(1995), 같은 책, 35쪽 참조.
42 김영한(1995), 같은 책, 36쪽 참조.

마지막 날에 완성될 궁극적인 문화를 바라보며 이 세상에서 그리스도인이 추구해야할 문화의 이상은 하나님 나라의 비전이다. 이와 관련하여 기독교철학자 월터스토프(Nicholas Wolterstorff, 1932~)는 구약시대의 성도들이 바라본 하나님 나라의 본질은 '샬롬', 즉 '공의와 화평'(시 85:10)이 조화된 완전한 사회에 있었다고 말한다. 그리고 신약은 이를 '의와 평강과 희락'(롬14:7)으로 묘사했다고 말한다. 그렇기에 그리스도인의 문화 변혁 운동은 이 큰 그림인 샬롬의 문화를 바라는 비전을 바탕으로 해야 한다는 것이다.[44]

5. 기독교 문화학의 이념과 목표

앞에서 우리는 기독교 문화학의 핵심적인 논변 구조와 목표를 살펴보았다. 이제는 그 모든 논의들을 떠받쳐 주기 위해 學으로서 기독교 문화학의 이념(理念)을 제시해야 할 순간이다. 나는 기독교 문화학의 이념을 한마디로 말해 '기독교 정신을 통한 문화의 변혁과 이를 통한 인간의 변화'라고 말하고자 한다. 기독교 문화학의 이 이념은 이론적인 차원에 머무는 것이 아니라 실천적 차원을 확보할 때 진정으로 성취된다고 할 것이다. 이를 구체적으로

43 W. Pannenberg, *Glaube und Wirklichkeit*, München, 1975. 31-56쪽 참조. 김영한(1995), 같은 책, 37쪽 재인용.

44 Nicholas Wolterstorff, *Until Justice and Peace Embrace*, Grand Rapids: Eerdmans, 1983. 69-72쪽 참조. 신국원, 『변혁과 샬롬의 대중문화론』, IVP, 2004. 342쪽 참조.

말해서, 기독교 문화학의 이념에는 첫째 문화 변혁의 원리와 목표가 제시되어야 하고, 둘째 이를 뒷받침할 수 있는 세계관이 제시되어야 한다.

이제 이 이념의 이론적 차원인 문화 변혁의 원리와 변혁적 문화론에 대한 살펴보기로 하자. 문화 변혁의 원리는 창세기에서 요한계시록에 이르기까지 전개되는 성서의 문화 비전에 뿌리를 두고 있다. 다시 말하면, 창조에서 영원한 완성에 이르는 하나님의 계획과 섭리에 기초한다. 이러한 원리를 적용한 변혁적 문화론은 어거스틴과 칼빈을 거쳐 카이퍼에 이르는 역사적 개혁주의의 문화 비전에 근거하고 있다. 한국에서 개혁주의 문화론을 대표하는 이근삼, 손봉호, 서철원, 김영한, 이정석, 강영안, 신국원 모두 이러한 전통에 서 있다고 할 수 있다.[45]

우리는 문화 변혁의 원리를 기독교와 전통문화와의 관계에서 명쾌하게 제시하는 김영한의 입장을 적극 수용할 수 있을 것이다. 김영한은 문화 변혁의 원리를 기독교철학자이자 해석학자인 폴 리쾨르(Paul Ricoeur, 1913~2005)의 용어를 도입하여 설명한다. 이른바 '소격화'와 '친숙화'의 원리가 그것이다. 김영한에 따르면, 소격화란 전통의 토착문화가 복음의 빛과 능력과 만나는 갈등과 자기소외를 말하는 것이고, 친숙화란 전통문화가 이러한 갈등과 자기소외를 통해서 복음적 주체성으로 변모되는 것을 말한다.[46] 김영한에 따르면, 기독교적 토착화란 소격화를 수행하면서 기독

45 신국원, 『변혁과 샬롬의 대중문화론』, IVP, 2004. 340쪽 참조.
46 김영한(1995), 같은 책, 471쪽 참조.

교 복음과 전통문화 사이의 긴장과 갈등을 진지하게 받아들이기에 여기에서는 혼합주의적 사고를 배제한다. 동시에 기독교적 토착화란 친숙화를 수행하면서 기독교적 복음과 전통문화 사이의 상관성과 연결성을 진지하게 받아들이기에 대립주의적 사고 또한 배제한다.

이상과 같은 문화 변혁의 원리는 궁극적으로 어떤 목표를 지니고 있는 것인가?[47]

첫째, 이 원리는 '자율적 문화의 변혁(變革)'에 목표가 있다. 그러니까 이 세상을 향한 하나님의 구속사에 대한 신앙을 가지고, 하나님을 떠나 인간 스스로의 뜻과 의지에 따라 살고자 하는 '자율적인 문화'를 변혁시키는 데 있다. 자율적 문화란 인간의 권력의지에 의해 지배되는 문화를 지칭한다. 둘째, 이 원리는 '타율적 문화의 변혁'에 목표가 있다. 이러한 문화는 신의 창조의 은총으로서 인간에게 부여하신 이성과 윤리성과 도덕성을 거부하고, 인간을 전적으로 초월자의 규례 속에서만 얽매인 존재로 파악한다. 그래서 역사적인 삶의 세계, 곧 문화의 영역 안에서의 인간의 삶에 대해 무관심하고 도피성이 강하게 나타난다. 마지막으로, 이 원리는 '신율적 문화의 창조(創造)'에 목적이 있다. 신율적 문화란 인간과 신과 우주가 완전하게 조화로운 상태를 이룬 문화를 말한다. 신율적 문화는 신이 창조시에 의도하셨던 창조본연의 질서에 있어서 인간의 자기회복과 자기실현, 그리고 자연과 우주의 자기실현이다. 이러한 신율적 문화의 이념은 바울의 증언 속에서 찾

47 김영한(1995), 같은 책, 37-43쪽 참조.

아볼 수 있다.

"만물이 너희 것임이라, 바울이나 아볼라나 게바나 세계나 생명이나 사망이나 지금 것이나 장래 것이나 다 너희 것이요, 너희는 그리스도의 것이요, 그리스도는 하나님의 것이니라."(고전:22-23)

이러한 신율적 문화를 형성하는 과제는 인간에게 주어져 있다. 인간이 개인과 공동체에 있어서 그 부패성으로부터 치유되고, 구속받아야만 이러한 창조본연의 질서 회복이 가능하게 된다. 따라서 신율적 문화 창조의 전제는 인간의 변화, 중생, 구원 및 성화이다. 인간 자신의 진정한 인간됨이 신율적 문화의 출발점이다.

다음으로 문화 변혁을 통해서 궁극적으로 인간을 변화시키고자 할 때, 기독교 문화학에서는 어떤 세계관을 제시할 수 있는가? 이 문제는 기독교 문화학이 앞서 살펴보았듯이, 적어도 학제간의 연구 방법론을 수용해야 한다는 점을 감안한다면, 어떤 형태로든 새로운 세계관을 제시할 필요가 있는 것이다. 통상적으로 기독교적 세계관은 분과 학문의 연구 방법론의 차원에서 고려할 때 神學이라는 특정 분과 학문에만 적용되고 그 이유로 여타의 분과 영역으로부터는 배제되거나 제한되는 한계성를 지니고 있었다. 때문에 나는 이를 보완할 필요가 있다고 생각한다. 이런 의미에서 이제 나는 기독교 문화학의 이념을 잘 구현시켜 줄 수 있는 하나의 세계관을 제시하고자 한다. 기독교 세계관과 대립되지 않고 이를 계승하면서도 방법론적으로나 전략적으로 보다 설득력을 지닐 수 있는 '상모적(相貌的) 세계관'(the Physiognomical view-point)이 그것이다.

상모(相貌)라는 말은 '相'과 '貌'가 합해진 말이다. 相이라는 한자에는 '서로'라는 뜻 외에도 '얼굴'이라는 뜻이 있다. 貌라는 한자에는 '얼굴'이라는 뜻이 있다. 그렇게 본다면, 相貌的 관계는 서로 서로 얼굴을 마주보는 관계, 혹은 얼굴과 얼굴을 마주하는 관계이다. 여기서 중요한 것은 얼굴이다. 얼굴은 한 개인의 건강상태나 인격과 인품 그리고 지적 능력이 드러나는 장소요, 또한 그 사람의 다양한 감정들이 표출되는 통로이기도 하다. 요약해 보면, 내가 얼굴을 가지고 있듯이 타인도 얼굴을 가지고 있다고 간주하는 태도가 바로 상모적 태도이다. 내가 얼굴을 가지고 있다는 말 속에는 내 자신이 생명을 지닌 존재라는 의미가 들어있다. 현대인들은 인간과 생물의 몇몇 종들만이 얼굴을 가지고 있는 것으로 간주하겠지만, 인류의 조상들은 이 세상의 모든 존재자들이 얼굴을 가지고 있는 것으로 생각하였다. 문화철학자 카시러[48]는 신화적 사유를 간직했던 원시인들의 삶이 대부분 그와 같았다고 말한다. 원시인들의 관점에서라면 길가의 풀 한 포기, 바닷가의 조약돌, 거리의 가로수 한 그루, 이름모를 들꽃, 바위, 나무, 해, 달 그리고 별 이 모든 것들은 얼굴은 가지고 있다. 얼굴을 가지고 있다는 말은 이 세상의 모든 것 속에는 생명이 들어있다는 의미가 된다.[49]

48 Ernst Cassirer, *An Essay on Man: An Introduction to a Philosophy of Human Culture*, New Haven: Yale University Press. 1944. 72-108쪽 참조

이러한 상모적 태도를 지니게 되면 인간이 이 세계 속에서 특별한 위치를 차지하지 않게 된다. 생명의 연대의식으로 말미암아 모든 생명체들은 혈연관계로 간주된다. 동물이나 식물의 생명이 인간의 생명과 분리되거나 차별되지 않으며 서로 넘나드는 것으로 생각된다. 이러한 세계관 안에서 자연은 하나의 큰 사회, 즉 생명사회를 이루고 있다. 이러한 생명의 사회에서는 가장 낮은 형태의 생명도 가장 높은 형태의 생명과 똑같은 종교적 존엄성을 갖는다. 인간과 동물, 동물과 식물은 모두 동일한 수준에 있다. 이러한 상모적 태도는 인류의 조상인 원시인들의 자연관을 통해서 잘 나타난다. 이들의 자연관은 한마디로 공감적이라고 할 수 있다. 그렇다면 이와 같은 상모적 태도나 세계관은 원시인에게서만 볼 수 있는 고유한 것인가?

카시러는 오늘날에도 '어린 아이들'과 '詩人'에게서 상모적 태도를 찾아볼 수 있다고 말한다. 천진난만한 어린 아이의 장남감은 어른들의 눈에는 한갓 플라스틱 조각에 지나지 않는다. 하지만 어린 아이는 그 장난감 인형에게 말을 걸고 함께 놀이한다. 여자 아이들은 목욕할 때조차도 인형을 품안에 꼭 품고 함께 목욕한다. 목욕이 끝난 후에는 인형에게 예쁜 옷으로 갈아입히고 머리를 가지런히 빗겨준다. 어린 아이들은 그림과도 대화한다. 어린 아이의 눈에 비친 이 세상은 모두가 동무요 친구이다. 시인의 세계도 마찬가지이다. 시인의 눈에 들어오는 모든 사물은 생명을

49 신응철, 『카시러의 문화철학』, 한울출판사, 2000. 25-26쪽. 『문화철학과 문화비평』, 철학과현실사, 2003. 61-62쪽. 『철학으로 보는 문화』, 살림출판사, 2004. 70-72쪽 참조.

지닌 존재로 탈바꿈한다. 시정시를 읽어갈 때 우리는 세계와 나 자신이 동화됨을 경험한다. 시인은 자연 사물에 공감적 전이를 가장 잘 할 수 있는 부류의 사람이다. 시인의 눈에 비친 세상의 모든 사물은 아름다운 빛을 발하는 고귀한 생명체들이다.

문화철학자 카시러는 우리 현대인들, 현대인들이 만들어 놓은 문화에서 그 동안 망각되었거나 잃어버렸던 상모적 세계관을 다시금 돌이켜 회복할 것을 바라고 있다. 모두가 하나의 생명체라는 태도에는 나와 他人, 나와 사물 간에는 단절이나 분리보다는 '연결'과 '연속', 그리고 '소통'이 들어있다. 이 말은 나나 타인, 사물이 모두 똑같이 인격적 동등성을 가지게 된다는 의미가 된다. 기독교 문화철학자 C.A. 반 퍼슨이 인간들 사이의 더욱 벌어진 사회적 거리를 얼굴과 얼굴을 맞대는 Face-to-Face 관계의 회복을 강조하고 있는 것 또한 같은 맥락이라 할 수 있다.[50]

우리는 상모적 세계관의 기독교적 근거를 성서에서 발견하게 된다.

> "예수께서 한 어린 아이를 불러 저희 가운데 세우시고 가라사대, 진실로 너희에게 이르노니 너희가 돌이켜 어린 아이들과 같이 되지 아니하면 결단코 천국에 들어가지 못하리라."(마18:2-3)

예수께서 인간들을 향하여 너희가 '돌이켜'(converted) 어린 아이들처럼 '되라'(become)고 말씀하셨다. 여기서 '돌이켜'라는 말은 기

50 C.A. 반 퍼슨, 『급변하는 흐름 속의 문화』(강영안 역), 서광사, 1994. 250쪽 참조.

존의 가치관, 의식구조, 문화관을 과감히 변혁하라는 의미로 해석할 수 있다. 그리고 어린 아이들이 생각하고, 느끼고, 행동하는 그런 세계관을 지니라는 의미인 것이다. 이렇게 볼 때, 기독교 문화학에서 제시한 상모적 세계관은 이 땅에서 신율적 문화를 창조할 수 있는 설득력 있는 세계관의 모델이 될 수 있을 것으로 예상한다. 이 상모적 세계관은 하루하루의 일상적 삶 속에서 실천할 때 비로소 유효해 지는 특성을 가지고 있다. "그러므로 누구든지 이 어린 아이와 같이 자기를 낮추는(humble) 그이가 천국에서 큰 자니라."(마18:4) 여기서 자기를 낮추는 일은 인간의 이성 능력의 한계성과 인간 존재의 불완전함에 대한 철저한 인식에서 가능하다.

6. 한국에서의 기독교 문화학 연구의 의의

學으로서 기독교 문화학은 분명 문화신학과는 거리가 있다. 문화신학은 조직신학의 영역 내에서 기독교와 문화의 문제를 체계적으로 연구하지만, 기독교 문화학은 신학의 범위를 넘어서 문화에 관한 인접 분과 학문들, 그러니까 철학, 문화학, 인류학, 사회학, 종교학, 예술학 등의 연구 주제와 방식을 기독교 정신에 근거해서 수용하여 비판하고 대안을 찾는 분과학문이다.

나는 기독교 문화학이라는 분과 영역이 한국에서 아직 체계화되어 있다고 보지 않는다. 앞서 문화학에 관한 논의에서도 언급되었듯이, 기독교 문화학은 문화학과 문화철학의 논의 방식에 상당 부분 의존해 있는 것이 사실이다. 국내에서는 1990년 이후로 인문학의 침체 및 위기 현상이 더욱 심화되었다. 이런 위기 상황에서 인문학은 문화학 내지 문화연구를 통해 출구를 찾았다. 이런 맥락에서 기독교계도 기독교 문화학 분야를 통해 새롭게 진흥할 수 있는 다채로운 대안을 제시할 수 있을 것으로 예상된다.

기독교 문화학은 급변하는 시대의 문화상을 어떻게 읽어낼 것이냐의 문제, 특히 교회와 그리스도인이 이런 상황에서 어떤 역할을 할 수 있느냐의 문제를 고민하고 그 해결책을 모색하려는 바람에서 태동했다고 할 수 있다. 그런데 현재 국내의 상황은 아쉽게도 기독교 문화학에 관한 길라잡이가 대단히 부족하다. 이 분과 학문과 관련하여 공식적으로 논의된 자료는 추태화의 『대중문화시대와 기독교 문화학』(2004)이 유일할 정도이다. 그런데 이 책은 기독교 문화학의 필요성과 연구 방향에 대해 한 장에 걸쳐 시론적으로 언급하고 있을 뿐, 구체적으로 기독교 문화학의 이념과 목표 그리고 원리에 대한 고찰은 들어있지 않다.

그렇다면 이제 한국에서 기독교 문화학을 연구하여 교육한다는 것은 어떤 의미가 있는가?

첫째, 기독교 문화학은 문화학과 문화철학의 논의 형식을 빌려오지만, 기독교 정신에 근거해서 문화를 해석하고, 그 대안을 제시하는 특징을 가지고 있다. 말하자면, 문화철학에서 인간의 자유의지론에 근거해 문화의 기원을 설명하고, 교육을 통한 문화의 도덕화를 지향하는 방식에 대해 이를 어느 정도 수용하면서도 이를 비판한다. 그러니까 자연에서 자유로의 이행 과정을 문화라고 할 때, 자유의지론자들이 놓치고 있는 부분, 즉 '주어진 자연' 혹은 '존재하고 있는 나'의 문제를 이들은 설명할 길이 없다는 것이다. 인간의 활동의 결과로서 문화를 논의하기 이전에, 그 인간 존재에 대한 해명이 선결문제가 되는 것이다. 결국 피조된 세계, 피조된 존재자로서의 인간을 이해하고 해석하기 위해서는 기독교의 창조의 관점이 요청될 수밖에 없다는 사실이다.

마찬가지로 기독교 문화학은 문화학에서 문화결정론에 근거해 문화의 전개 양상을 설명하는 입장에 대해서도 어느 정도 인정하면서도 이를 비판한다. 그러니까 만들어진 문화는 그 자체의 역동적인 힘에 의해, 문화 자체의 발전 법칙에 의해 운행되며, 인간은 문화의 힘과 영향에서 벗어나지 못한다고 문화결정론자들은 주장한다. 그런데 인간은 문화결정론자들이 파악하듯이 한갓 수동적 존재로만 머무르는 것이 아니라, 주어진 환경을 극복할 수 있는 가능성의 존재이기도 하다. 그 가능성의 원천은 문화 자체에 있기보다는, 문화의 운행과정까지도 간섭하시는 신의 구속의 섭리에 들어있다. 인간이 자신의 문화의 한계를 넘어 미래를 예측하고 비전을 가질 수 있는 것은 바로 하나님의 구속 때문에 가능한 것이다.

둘째, 기독교 문화학은 다원화된 사회의 특징을 가장 정확하게 읽어낼 수 있는 구체적인 연구 방법론을 지향하고 있다. 이른바 학제간의 연구 방식을 철저하게 유지하는 것이 그 특징이다. 문화신학이 조직신학의 테두리 안에서, 그러니까 창조, 타락, 구속의 관점에서 문화의 문제 전체를 연구한다면, 기독교 문화학은 넓은 의미에서 문화학과 문화철학, 인류학과 사회학, 종교학과 예술학 등의 세분화된 영역에서 이루지는 연구 방식들을 차용하고, 이를 적극 활용할 수 있다는 것이다. 이는 교회와 세상간의, 그리스도인과 세상간의 대단히 복잡한 문화적 콘텍스트를 비교적 상세하게 분석하고 이해할 수 있는 통로를 마련해 줄 수 있다. 우리는 기독교 문화학이 지닌 현장성 있는 연구 방식을 각 대학의 기독교 문화학과의 교과과정표에서 일차적으로 확인해 볼 수 있다.[51]

셋째, 기독교 문화학은 기독교 세계관에 근거하여 문화 변혁의 원리를 제시한다. 나아가 문화 형성의 주체인 인간의 변화를 추구하는 특징이 있다. 기독교 문화학은 학문 분야에서도 그리스도의 주권을 인정하는 신앙 고백적 자세를 전제한다. 때문에 문화신학자들과의 공동 연구를 수행할 수 있으며, 상호 협력할 수 있다. 이런 점을 감안 한다면, 그리고 한국의 인문학계의 배타적인 풍토를 고려한다면, 기독교 문화학은 기독교 정신에 근거한 문화학을 다양한 분야의 구성원들이 참여하는 학술 토론의 장에서 공론화 시킬 수 있는 실질적인 분과 학문이 될 수 있을 것이다.

51 각 대학의 기독교 문화학과에 개설되어있는 세부적인 교과과정 현황은 추태화, 『대중문화시대와 기독교 문화학』, 고람데오, 2004. 283-291 참조바람.

:: 참고문헌

김영한, 『기독교와 문화』, 숭실대 한국기독교문화연구소, 1987.

_____, 『한국기독교 문화신학』, 성광문화사, 1995.

_____, 『바르트에서 몰트만까지』, 대한기독교 출판사, 2001.

리케르트, 하인리히, 『문화과학과 자연과학』(이상엽 역), 책세상, 2004.

반 퍼슨, C.A., 『급변하는 흐름 속의 문화』(강영안 역), 서광사, 1994.

성경전서(개역 한글판), Korean-English Bible, The New King James Version, 1989.

신국원, 『변혁과 샬롬의 대중문화론』, IVP, 2004.

신응철, 『카시러의 문화철학』, 한울출판사, 2000.

_____, 『문화철학과 문화비평』, 철학과현실사, 2003.

_____, 『철학으로 보는 문화』, 살림출판사, 2004.

_____, 「문화철학과 문화학」, 『철학탐구』 17집, 중앙대철학연구소, 2005.

임성빈, 『21세기 문화와 기독교』, 장로회신학대학교 출판부, 2004.

추태화, 『대중문화시대와 기독교 문화학』, 고람데오, 2004.

칸트, 임마누엘, 『칸트의 역사철학』(이한구 편역), 서광사, 1993.

Bonhöffer, D., *Schöpfung und Fall-Versuchung*, (『創造・落・誘惑』, 문희석 역, 대한기독교서회, 현대신서 71.)

Böhme, Hartmut.・Matussek, Peter.,・Müller, Lothar., *Orientierung Kulturwissenschaft*, Rowohlt Taschenbuch Verlag GmbH, Reinbek bei Hamburg, 2000. (『문화학이란 무엇인가』(손동현・이상엽 역, 성균관대출판부, 2004).

Brunner, Emil., *Der Mensch in Widerspruch*, Berlin, 1937.

Cassirer, Ernst., *An Essay on Man: An Introduction to a Philosophy of Human Culture*, New Haven: Yale University Press. 1944.

Durasingh, Christoph., *Called to One Hope: The Gospel in diverse Cultures* (Geneva: WCC publication, 1998.

Klemm, Gustav Friedrich., "Grundideen zu einer allegemeinen Cultur-Wissenschaft", In *Sitzungsberichte der kaiserlichen Akademie der Wissenschaften. Philosophische-historische Classe*, Band 7, Wien 1851.

_____, *Allgemeine Culturwissenschaft. Die materiellen Grundlagen menschlicher Cultur*, 2Bde, Leipzig 1854-1855, Band 2.

Niedermann, Joseph., *Kultur. Werden und Wandlungen eines Begriffs und seiner Ersatzbegriffs von Cicero bis Herder*, Firenze 1941. Wilhelm Perpeet, "kulturphilosophie", In *Archiv für Begriffsgeschichte* 20, 1976.

Pannenberg, W., *Glaube und Wirklichkeit*, München, 1975.

Webber, Robert E., *The Secular Saint*, Zandervan Publishing House, 1979. (『기독교 문화관』, 이승구 역, 도서출판 엠마오, 1989.)

White, Leslie A., *The Science of Culture: A study of Man and Civilization*, Revised Edition, New York: Farrar, Straus and Giroux, 1969.(『문화과학』(이문웅 역), 아카넷, 2002.)

Wolterstorff, Nicholas., *Until Justice and Peace Embrace*, Grand Rapids: Eerdmans, 1983.

2장

기독교 문화학과 예술비평

1. 들어가는 말

이 장은 문화를 논의하는 다양한 영역들 중에서도 예술의 분야, 특히 예술비평의 문제와 관련하여 "기독교적 예술비평은 가능한가?"의 문제를 해명하는 데 목적이 있다. 기독교적 예술비평이 가능하다면, 우리는 그 근거로서 어떤 원칙과 방법을 제시해야만 한다. 그리고 그것이 철학이나 예술 일반에서 통용되는 비평의 방식과 비교하여 어떤 차이점이 있는지, 나아가 어떤 설득력을 지닐 수 있는지가 설명되어야만 한다.

그래서 나는 이 문제를 기독교 철학자이자 신학자인 프란시스 쉐퍼(Francis A. Schaeffer, 1912~1984)와 기독교 문화비평가인 윌리엄 로마노프스키(William D. Romanowski)의 견해를 중심으로 논의하고자 한다. 그 이유는 이들의 관점이 철저하게 기독교 세계관과 성경적 관점에 근거하고 있기 때문이다. 현재 국내에 소개된 기독교적 예술비평에 관한 전문적인 연구가 거의 없는 상황을 감안한다면, 이 논의는 나름의 의의를 충분히 가질 수 있을 것으로 판단한다.

2. 예술의 종교적 기능, 기독교와 예술

기독교적 예술비평에 대한 본격적인 논의에 들어가기 전에 우선 종교(기독교)와 문화 그리고 예술의 관계에 대해 잠시 살펴보고자 한다. 이들 관계에 대한 개략적인 통찰은 기독교적 예술비평을 보다 심도 있게 논의할 수 있는 토대가 될 것이다.

먼저 종교와 문화의 관계에 대해서, 폴 틸리히(Paul J. Tillich, 1886~1965)는 *Theology of Culture*(1959)에서 "종교는 문화에 의미를 주는 실체이며, 문화는 종교의 근본적인 관심이 그 자신을 표현하는 형식의 전부"[1]라고 말하였다. 그러니까 종교는 문화의 실체이며, 문화는 종교의 형식이다. 모든 종교적 활동은 조직화된 종교 안에서만이 아니고, 또한 영혼의 가장 깊은 운동에서도 문화적으로 형성된다는 것이다. 이러한 실체와 형식으로서의 종교와 문화의 관계를 생각하면, 재래적인 성속(聖俗)의 이분법이 사라지게 되는 것이다.

대표적인 문화비평가 중의 한 사람인 한스 로크마커(Hans R. Rookmaaker, 1922~1977)는 *Modern Art and The Death of a Culture*

1 폴 틸리히, 『문화의 신학』(김경수 역), 現代思想社, 1974. 52쪽 참조.

(1970)에서 기독교와 문화의 관계를 밝힌다는 것은 두 가지 사항에 대해 답하는 것이라고 말하였다. 하나는, 기독교인은 주변 문화, 그러니까 세속적인 문화에 대해 어떤 태도를 취해야 할 것인가, 다른 하나는 과연 어떤 식의 문화가 기독교적인 삶의 방식의 결정체로서 형성되어야 하는가 이다. 이 둘에 대한 대답은 서로 밀접하게 연관되어 있다.[2]

그리고 콜링우드(Robin G. Collingwood, 1889~1943)는 예술과 종교의 공동 과제를 설명하면서 예술은 순수한 상상력이고, 종교는 믿음에 의거한 상상력이라고 말하였다. 예술은 그가 상상하는 것을 실재한다고 보지 않지만, 종교는 그가 상상하는 것을 실재한다고 본다. 예를 들면 허깨비와 선녀를 보는 것은 예술이고, 그것을 믿는 것은 종교이다. 고대로 올라갈수록 양자의 구별이 힘들지만, 예술의 지도 원리가 미(美)인데 반해, 종교의 지도 원리는 '성스러움'이다. 그러나 이 양자가 모두 '진리'(眞理)로 향하는 상징성을 지니고 있다는 것이다.[3] 이런 점에서 예술과 종교는 같은 뿌리에서 나왔다고 할 수 있다. 그러니까 미적 경험과 종교적 경험이 어떤 공통적인 뿌리를 갖고 있다는 것이다.[4]

그렇다면 기독교를 포함한 종교 예술은 어떤 기능을 가지고 있는 것일까? 한국의 대표적인 예술철학자였던 조요한(1926~2002)에 따르면, 감정의 움직임이 있는 일체의 유정중생(有情衆生)이 색

---

2 Hans R. Rookmaaker, *Modern Art and the death of a Culture*, Inter Varsity Press, 1970. 번역서로 『현대 예술과 문화의 죽음』(김유리 역), IVP, 1993. 40쪽 참조.

3 Robin George Collingwood, *Speculum Mentis*, Clarendon Press, 1924. 128쪽 참조.

4 조요한, 『예술철학』, 미술문화, 2003. 381쪽 참조.

상(色相)만 보고 실상(實相)을 보지 못하는 것을 예술작품에 담아 사람의 가슴에 깨우치게 하는 것이 종교 예술의 기능이다. 다시 말해, 인간이 진리에의 길을 찾아가도록 교리나 신조로써 밖에서 강조하는 것이 아니라, 내부의 정신적 힘에 의해 찾아가도록 도와주고 뒷받침해주는 것이 종교 예술의 사명인 것이다.[5]

유한한 인간이 무한한 세계를 동경하고, 그곳을 향해 창을 여는 정신활동은 상징적 매개로써만 이루어질 수 있다. 일시적인 것을 통하여 영원한 것을 불투명하게나마 표현하는 상징은 단순한 '전달'이 아니라, 인간의 깊은 '통찰'이다. 그것은 의미세계를 열어준다는 뜻에서 세계 개방성이다. 종교가 예술에서 가장 충족하게 표현되고, 위대한 예술작품이 종교적인 까닭은 인간이 희구해마지 않는 의미세계를 열어주기 때문이다. 아름다움에 대한 예술가의 창조적 체험은 원래 신(神)으로의 향상이었다. 절대자를 향해 창을 여는 일이었다.[6]

그렇다면 기독교와 예술의 관계는 어떠한가? 기독교는 예술에 대해 어떤 입장을 취할 수 있는가? 그리스도인은 예술에 대해 어떤 태도를 취해야 하는가?

예술에 대한 기독교적 논의를 다루다 보면 크게 두 가지 입장에 직면하게 된다. 하나는 성경의 말씀에 근거해서 예술작품 및 예술 활동에 대해서 부정적인 측면에서 접근하는 경우다. 다른 하나는 역시 성경에 근거하여 그와 같은 활동에 대해 긍정적이면서

5 조요한(2003), 같은 책, 404쪽 참조.

6 조요한(2003), 같은 책, 398쪽 참조.

도 적극적인 측면에서 접근하는 경우이다.

먼저, 예술작품 및 예술활동에 대해 부정적인 측면에서 접근하는 경우를 보자. 이 입장은 성경의 다음의 구절을 그 근거로 제시한다.

"너를 위하여 새긴 우상을 만들지 말고 또 위로 하늘에 있는 것이나 아래로 땅에 있는 것이나 땅 아래 물 속에 있는 것의 아무 형상이든지 만들지 말며 그것들에게 절하지 말며 그것들을 섬기지 말라 나 여호와 너의 하나님은 질투하는 하나님인즉 나를 미워하는 자의 죄를 갚되 아비로부터 아들에게로 삼 사대까지 이르게 하거니와"(출 20:4-5)

이 성경 구절에 근거해 본다면, 새긴 우상(carved image)을 만드는 행위, 즉 조형 예술작품을 제작하는 행위는 계명을 거역하는 행위가 된다. 따라서 예술 창작 활동에 대해 소극적이며 부정적인 태도를 취하게 되는 것이다.

다른 한편, 후자의 경우는 성경의 다음의 구절을 근거로 제시한다.

"너희는 자기를 위하여 우상을 만들지 말지니 목상(carved image)이나 주상(sacred pillar)을 세우지 말며 너희 땅에 조각한 석상(engraved stone)을 세우고 그에게 경배하지 말라 나는 너희 하나님 여호와임이니라"(레 26:1)

이 입장에서는 계명이 금하고 있는 것은 조형 예술작품을 만드는 것 자체에 있기보다는, 하나님 이외의 다른 것, 특히 예술작품을 숭배하는 것이라고 파악한다. 그러니까 문제는 예술작품의 창작의 의도나 목적이 하나님을 경배하기 위한 것에 있기보다는, 인간 자신을 위한 것, 이를테면 인간의 안위나 욕구의 충족을 위한 것에 있을 때 잘못이 있다는 것이다. 나는 기독교적 예술비평은 전적으로 후자의 관점에서 진행되어야 한다고 생각한다. 때문에 이 글에서의 논의도 그와 같은 입장에서 전개할 것이다.

3. 기독교적 예술비평의 토대

- 프란시스 쉐퍼(F.A. Schaeffer)의 예술의 성경적 근거 -

1) 예술의 성경적 근거: 예술작품의 原제작자로서 하나님

우리가 예술의 성경적 근거나 성경 속에 나타나는 예술에 대한 논의를 할 때, 프란시스 쉐퍼(Francis A. Schaeffer, 1912~1984)의 견해는 예술에 대한 긍정적 입장을 대변할 수 있는 매우 유익한 관점을 제공해 준다고 필자는 판단한다. 그래서 그의 입장에 근거해서 기독교적 예술비평을 위한 기본 토대를 네 부분으로 나누어 살펴보고자 한다.

예술의 성경적 근거에 대해서 살펴보면서 우리의 관심은 이제 예술 창작의 장본인인 인간에 대해서 생각하게 된다. 이 말은 인간의 손을 통해서 만들어진 예술작품이기에 예술작품의 제작자는 자연스럽게 인간 자신이라고 할 수 있을 것이다. 그렇다면 이런 생각은 성경적 관점과 일치하는 것이라 할 수 있을까? 이 부분과 관련하여 쉐퍼의 대답은 흥미롭다. 쉐퍼는 예술작품의 가장 근원적인 예로서 구약 성경에 나오는 성막의 제작 과정을 들어 예술작품의 原제작자는 '인간'이 아니라 '神', 바로 '하나님'이라고 주장한다.[7] 쉐퍼는 어떤 근거에서 그와 같은 주장을 하는 것일까?

모세가 시내 산 위에 있는 동안에 하나님은 그에게 성막을 어떻게 지어야 할 것인가에 대해 특별히 가르쳐 주셨다. 하나님은 모세에게 이스라엘 사람들의 금과 은, 비단 옷감과 염색한 양 가죽, 질 좋은 목재와 보석들과 같은 것들을 모으도록 명하셨다. 그리고 하나님은 다음과 같이 말씀하셨다.

> "무릇 내가 네게 보이는 대로 장막의 식양(pattern of the tabernacle)과 그 기구의 식양을 따라 지을지니라"(출 25:9)

여기서 우리가 주목해야 하는 점은, 그 양식이 어디서 온 것인가? 하는 점이다. 그것은 인간이 창안해 낸 것이 아니라, 바로 하나님이 주신 것이다. 그러니까 사람이 아니라 하나님이 성막의 건축가였다. 우리는 이 사실을 성경의 다음의 구절에서 확인할 수 있다.

---

7 Franscis A. Schaeffer, *The Complete Works of Franscis A. Schaeffer Vol. 2: A Christian View of the Bible as Truth*, Inter-Varsity Press, 1972. (『프란시스 쉐퍼 전집』 2권: 기독교 성경관 (권혁봉 역), 생명의 말씀사, 1994. 번역본 쪽 수 인용함.) 520쪽 참조.

"너는 삼가 이 산에서 네게 보인 식양대로 할지니라"(출 25:40)

"너는 성막을 만들되 양장 열 폭을 가늘게 꼰 베실과 청색 자색 홍색실로 그룹(cherubim)을 공교히 수 놓아 만들지니"(출 26:1)

"너는 산에서 보인 식양대로 성막을 세울지니라"(출 26:30)

성막이 어떻게 지어져야 하는가를 거듭해서 설명하실 때마다 "너는 이렇게 만들지니……"라는 구절이 등장한다. 그러니까 모세가 해야 할 일을 하나님께서 자세하게 말씀하셨던 것이다.

2) 예술의 성경적 근거: 예술작품의 양식(樣式)의 창안자로서 하나님

다음으로, 하나님께 예배를 드리는 장소인 성막에 사용되었던 예술작품에 주목해 보자. 먼저 지성소의 예술작품에 관한 내용을 찾아볼 수 있다.

"금으로 그룹 둘을 속죄소(the mercy seat) 두 끝에 쳐서 만들되"(출 25:18)

여기서 그룹(cherubim)은 어떤 예술작품인가? 이것은 천사들 가운데 한 무리를 말한다. 그리고 이것을 만드는 데 사용된 예술양식은 조형예술로서 환조(丸彫)[8]로 표현된 것이다. 천사를 나타내는 조상(彫像)을 오직 한 사람 대제사장이 일년에 단 한번 들어가는 지성소에 두어야 했던 것이다. 그리고 이것은 하나님 자신의 명령에 의한 것이었다.

8 물체의 형상을 완전히 입체적으로 새기는 조각 기법의 한 가지.

이렇듯 구약 성경에 나타나는 예술작품은 우선 '종교적인 기능'을 수행하게끔 만들어졌음을 알 수 있다. 말하자면 예술작품으로서의 기능이 한정되어 있었다는 사실이다. 그런데 우리는 구약 성경에서 예술작품이 종교적 기능이외에도 자연적인 아름다움을 재현하는 순수 미적 기능을 수행하도록 만들어진 경우도 또한 찾아볼 수가 있다. 지성소 바깥에 위치한 등대(燈臺)가 그 경우다.

"너는 정금으로 등대를 쳐서 만들되 그 밑판과 줄기와 잔과 꽃받침과 꽃을 한 덩어리로 연하게 하고 가지 여섯을 등대 곁에서 나오게 하되 그 세 가지는 이편으로 나오고 그 세 가지는 저편으로 나오게 하며 이편 가지에 살구꽃 형상의 잔 셋과 꽃받침과 꽃이 있게 하고 저편 가지에도 살구꽃 형상의 잔 셋과 꽃받침과 꽃이 있게 하여 등대에서 나온 여섯 가지를 같게 할지며"(출 25:31-33)

"등대 줄기에는 살구꽃 형상의 잔 넷과 꽃받침과 꽃이 있게 하고 등대에서 나온 여섯 가지를 위하여 꽃받침이 있게 하되 두 가지 아래 한 꽃받침이 있어 줄기와 연하게 하며 또 두 가지 아래 한 꽃받침이 있어 줄기와 연하게 하며 또 두 가지 아래 한 꽃받침이 있어 줄기와 연하게 하고 그 꽃받침과 가지를 줄기와 연하게 하여 전부를 정금으로 쳐 만들고"(출 25:34-36)

위의 인용 구절에 묘사된 등대는 하나의 예술작품이다. 그런데 이 등대는 어떻게 장식되었는가? 그것은 천사들을 표현한 것이 아니라 '자연적인 것들', 즉 꽃, 꽃봉오리와 같은 자연적인 아름다움을 표현하는 것으로 장식되었음을 알 수 있다.[9] 그리고 이런 것들을 하나님의 명령에 따라 예배를 드리는 장소 안에 두었던 것이다.

한편, 구약 성경 출애굽기 후반부에서 우리는 제사장의 '의복'에 관한 묘사를 볼 수 있다. 이 부분은 우리에게 예술 혹은 예술작품의 본질이 무엇인지에 대해 암시해 주고 있다.

> "그 옷 가장자리로 돌아가며 청색 자색 홍색실로 석류를 수놓고 금방울을 간격하여 달되"(출 28:33)

여기에서 알 수 있는 사실은 대제사장이 지성소에 들어갈 때에는 자신의 의복에 '자연'을 묘사하는 장식을 달고 나아갔다는 점이다. 쉐퍼는 이 대목을 주목한다. 통상적으로 석류는 자연 상태로는 붉은 색이지만, 그러나 이 석류는 파란색, 자주색, 주홍색도 될 수 있다. 자주색과 주홍색은 석류가 자라면서 자연적으로 색깔이 변하는 것이라고 생각할 수 있지만, 파란색은 그렇지 않다는 것이다. 그러니까 이 말에 담겨있는 뜻은, 자연의 어떤 것에서 자극을 얻어 원래의 모습과는 다른 무엇을 만들 자유가 있으며, 또한 그것을 하나님 앞에 바칠 수 있다는 것이다. 바꾸어 말해서, 예술은 있는 그대로를 묘사한다는 부정적 의미의 '사진'과 같은 것일 필요가 없다는 말이다.[10]

이러한 논의를 통해서 우리는 성경 속에 등장하는 예술작품이

9 『프란시스 쉐퍼 전집』 2권, 521쪽 참조.

10 『프란시스 쉐퍼 전집』 2권, 522쪽 참조.

'종교적인 기능' 이외에도 자연의 아름다움을 드러내는 '미적 기능'도 수행했다는 사실을 엿볼 수가 있다. 동시에 하나님께서 이런 예술작품을 만들라고 명령했을 때에는 반드시 어떤 예술가들이 그것들을 만들어야만 했다는 사실도 볼 수가 있다. 이것은 예술의 두 측면을 말해 주는 것이다. 그러니까 예술작품은 '창조성'의 측면과 '기술'의 측면을 동시에 가지고 있다. 출애굽기 37장 7절에 "금으로 그룹 둘을 속죄소 양편에 쳐서 만들었으되"라고 할 때, 언약궤(the ark) 위에 있는 그룹은 별안간 하늘에서 나타난 것이 아니다. 그 누군가의 손을 더럽혀 가면서 만들어야 했고, 또 누군가는 그것을 만들기 위해 기술적인 문제들을 해결해야만 했다. 그래서 쉐퍼는 현대의 예술가들이 씨름하고 있는 바로 그 문제를 구약 성경 시대의 그들도 씨름해야만 했다고 설명한다.[11]

또한, 성막과 마찬가지로 성전도 인간이 설계한 것이 아니다. 구약 성경은 그 설계가 하나님에게서 나온 것임을 입증하고 있다.

---

11 예술에서의 '창조성' 개념과 '기술' 개념의 관련성 문제는 타타르키비츠(Wladyslaw Tatarkiewicz 1886-1980)의 논의에서도 잘 확인할 수 있다. 타타르키비츠에 따르면, '예술'(art)이라는 말은 라틴어 '아르스'(ars)에서 유래되었는데, 아르스는 희랍어 '테크네'(τέχυη)를 번역한 것이다. 희랍시대의 '테크네'는 솜씨, 즉 물품, 가옥, 동상, 배, 침대, 단지, 옷 등을 만드는 데 필요한 솜씨뿐만 아니라 군대를 통솔하고 토지를 측량하여 청중을 사로잡는 데 필요한 솜씨까지를 뜻했다. 이 모든 솜씨들이 '아트'라 지칭되어, 건축가, 조각가, 도공, 양복장이, 전략가, 기하학자, 변론가 등이 '아트'라 불렸던 것이다. 솜씨는 규칙들에 대한 지식에서 발휘되는 것이어서, '규칙'과 '법칙'이 없이는 아트도 없었다. 말하자면 건축가의 아트는 조각가, 도공, 기하학자, 전략가 등의 아트와는 다른 그 나름의 규칙을 갖고 있었던 것이다. 그렇게 해서 '규칙' 개념이 '예술' 개념과 정의 속으로 들어왔다. 규칙없이 단순히 영감이나 환상으로부터 무언가를 하는 일이란 고대인이나 스콜라 철학자들에게 있어 예술이 아니었다. W. 타타르키비츠, 『미학의 기본 개념사』(손효주 역), 미진사, 1990, 25쪽 참조.

"다윗이 전의 낭실과 그 집들과 그 곳간과 다락과 골방과 속죄소의 식양을 그 아들 솔로몬에게 주고 또 성신의 가르치신 모든 식양 곧 여호와의 전의 뜰과 사면의 모든 방과 하나님의 전 곳간과 성물 곳간의 식양을 주고"(대상 28:11-12)

그리고 계속해서 다음과 같은 표현이 있다.

"다윗이 가로되 이 위의 모든 것의 식양을 여호와의 손이 내게 임하여 그려(the Road made me understand in writing by His hand upon me) 나로 알게 하셨느니라"(대상 28:19)

성전과 관련하여 다윗이 하나님에 대하여 경험한 것은 단순히 종교적 체험만이 아니었다. 다윗의 경험 중 일부는 성전을 어떻게 만들어야 하는가를 보여주는 명제적인 계시를 포함하고 있었다. 그러니까 다윗은 성전을 어떤 모양으로 만들어야 할지에 대해 하나님이 글로 써서 알게 해 주셨다고 말하고 있다.[12] 이로써 우리는 예술작품의 양식의 원래 창안자는 인간이 아니라 하나님 자신이라는 사실을 다시 한번 확인하게 된다.

3) 예술의 성경적 근거: 아름다움의 原形으로서 하나님

기독교와 예술의 관계에 눈을 떴던 네덜란드의 개혁신학자 아브라함 카이퍼(Abraham Kuyper, 1837~1920)는 예술가가 추구하는

12 『프란시스 쉐퍼 전집』 2권, 523쪽 참조.

'아름다움'의 원천은 하나님이라고 주장한다.[13] 그리고 구약 성경에서 다윗은 다음과 같이 노래한다. "내가 여호와께 청하였던 한 가지 일, 곧 그것을 구하리니, 곧 나로 내 생전에 여호와의 집에 거하여 여호와의 아름다움을 앙망하며, 그 전에 사모하게 하실 것이라."(시: 27:4) 다윗의 소원은 여호와의 집, 즉 성막에서 '여호와의 아름다움을 경험하는 일이었다.[14] 이와 관련하여 조직신학자 웨인 그루뎀(Wayne Grudem)은, 하나님의 아름다움은 하나님의 성품 가운데 가장 최종적이고 궁극적인 것, 즉 '완전성'과 연결된 속성이라고 말한다. 이 아름다움은 온 우주에서 바라고 기대할 수 있는 가장 최상의 것이 성취된 상태를 의미한다.[15]

이와 같은 맥락에서 다시 성경으로 돌아가 보자. 그러면 성전 안에는 무엇이 있었는가? 거기에는 예술작품이 가득 차 있었다. 성전은 아름답게 보이기 위하여 보석들로 온통 장식되었다.

> "또 보석으로 전을 꾸며 화려하게 하였으니 그 금은 바르와임 금이며"(대하 3:6)

사실상 보석들을 사용할 실용적인 이유는 없었다. 보석들은 공리적인 목적도 가지고 있지 않다. 하나님은 단순히 성전이 아름

13 Abraham Kuyper, *Lectures on Calvinism*, Grand Rapids: Eerdmans, 1994, 156쪽. (번역서로 『칼빈주의 강연』(김기찬 역), 크리스챤다이제스트, 2002, 190쪽 참조.

14 최태연, 「예술은 어떻게 성립하는가」, 『성경과 신학』 제36권, 기독교연합신문사, 2004, 17쪽 참조.

15 Wayne Grudem, *Bible Doctrine*, ed. by Jeff Purswell, Leicester, IVP, 100쪽. 최태연(2004), 같은 글, 17쪽 참조.

답기를 원하셨던 것이다. 그러니까 하나님은 아름다움에 관심을 가지고 계신다.

"또 금으로 전과 그 들보와 문지방과 벽과 문짝에 입히고 벽에 그룹들을 아로새겼더라"(대하 3:7)

우리는 앞서 지성소의 그룹은 환조로 표현된 예술작품이었다는 사실을 살펴보았다. 그런데 위 구절은 양각(陽刻)으로 얕게 새긴 부조(浮彫)로 된 작품에 관한 것이다.[16] 그러니까 보이는 곳곳에 부조 작품이 있었다. 그리고 "지성소 안에 두 그룹의 형상을 새겨 만들어 금으로 입혔으니"(대하 3:10)라는 구절로 보아, 성전에는 또한 환조로 된 작품도 있었음을 알 수 있다. 그리고 하나님이 아름다움에 관심을 갖고 계신다는 측면을 결정적으로 보여주는 구절을 찾아볼 수 있다.

"성소같이 사슬을 만들어 그 기둥머리에 두르고 석류 일백 개를 만들어 사슬에 달았으며 그 두 기둥을 외소 앞에 세웠으니 좌편에 하나요 우편에 하나라 우편 것은 야긴이라 칭하고 좌편 것은 보아스라 칭하였더라"(대하 3: 16-17)

위 구절을 통해 보면, 성전에는 지주없이 독립해서 서 있는 두 기둥이 있었다. 그 기둥들은 무게를 지탱해야 하는 건축학적 역할이 전혀 없었고 공리적인 공학적 중요성도 전혀 없었다. 그 기

16 『프란시스 쉐퍼 전집』 2권, 524쪽 참조.

둥들은 순전히 하나님께서 아름다움을 위하여 그 곳에 두라고 명하셨기 때문에 건축한 것이었다. 그 기둥의 머리 부분에는 사슬에 매달린 석류가 있었다. 그것은 예술작품 위에 또 예술작품을 만들어 놓은 것이라 할 수 있다. 이것은 넋이 나갈 정도로 아름다운 것이다.[17]

> "그 가장자리 아래에는 돌아가며 소 형상이 있는데 매 규빗에 소가 열씩 있어서 바다 주위에 둘렸으니 그 소는 바다를 부어 만들 때에 두 줄로 부어 만들었으며 그 바다를 열 두 소가 받쳤으니 셋은 북을 향하였고 셋은 서를 향하였고 셋은 남을 향하였고 셋은 동을 향하였으며 바다를 그 위에 놓았고 소의 뒤는 다 안으로 두었으며"(대하 4:3-4)

이 구절에서 우리는 다시금 환조로 된 조형 예술작품이 성전에 놓여진 사실을 알게 된다. 천사들은 양각으로 얕게 새겨진 그룹으로 표현되었다. 움직이지 않는 것은 꽃과 석류를 새긴 것으로 나타내고, 움직이는 것은 황소처럼 생긴 모양으로 표현되었다. 그러므로 비종교적인 주제를 다룬 조형 예술작품이 예배를 드리는 곳의 중심에 놓여졌던 것이다.[18] 그밖에도 우리는 열왕기상 6장 29절("내외소 사면 벽에는 모두 그룹들과 종려와 핀 꽃 형상을 아로새겼고")와 7장 29절("변죽 가운데 판에는 사자와 소와 그룹들이 있고 또 변죽 위에는 놓는 자리가 있고 사자와 소 아래에는 화환 모양이 있으며")에서도 실용적인 기능 때문

17 『프란시스 쉐퍼 전집』 2권, 524쪽 참조.
18 『프란시스 쉐퍼 전집』 2권, 525쪽 참조.

이 아니라 단지 아름다움을 위하여 예술작품을 두었던 사실을 확인해 볼 수 있다.

하나님이 아름다움에 관심을 보이는 것은 하나님이 아름다움의 원천이며, 동시에 모든 미적 가치의 근원이라는 사실을 보여주는 것이라 할 수 있다. 구약 성경 창세기 1장 31절("하나님이 그 지으신 모든 것을 보시니 보시기에 심히 좋았더라(Then God saw everything that he had made, and indeed it was very good)")은 이 사실을 더욱 명료하게 제시해 주고 있다.

4) 성경 속의 예술: 성경에 등장하는 예술 장르

한편 성경 속에 등장하는 조형예술 이외의 예술 장르로는 '시'(詩), '음악', '드라마', '춤'이 있다. 먼저 구약 성경의 시편은 대표적인 경우라 할 수 있다. 그 외에도 사무엘하 1:19-27은 세속적인 찬양으로서 사울과 요나단을 국가의 영웅으로 찬양하기 위하여 다윗이 지은 시이다. 그리고 성경에서 가장 두드러지게 나타나는 세속적인 시로는 솔로몬의 아가서가 있다. 쉐퍼는 그리스도인들이 이 시를 교회에 대한 그리스도의 사랑을 나타내는 것으로만 생각하는 것은 편협하다고 지적한다. 남자와 여자 사이의 모든 올바른 관계는 그리스도와 교회 사이의 관계에 대한 예표이므로 아가서는 그리스도와 교회의 관계를 묘사한다고 볼 수가 있다. 그렇지만 아가서는 여기에서 더 나아가 성적인 관계, 즉 한 여자에 대한 한 남자의 놀라운 관계도 포함되어 있다는 것이다.[19]

---

19 『프란시스 쉐퍼 전집』 2권, 533쪽 참조.

음악 역시 성경이 무시하지 않는 예술의 한 장르다. 가장 멋진 음악 작품 가운데 하나는 히브리인들이 바로의 군대로부터 구원을 얻은 후 불렀던 노래일 것이다. 구약 성경 출애굽기 15장에는 수백만에 달하는 거대한 이스라엘 백성들의 무리가 홍해 저편에 모여 서로 돌아가면서 노래를 하는 광경이 있다. 그것은 하나의 예술작품이다.

> "아론의 누이 선지자 미리암이 손에 소고를 잡으매 모든 여인도 그를 따라 나오며 소고를 잡고 춤추니 미리암이 그들에게 화답하여 가로되 너희는 여호와를 찬송하라 그는 높고 영화로우심이요 말과 그 탄자를 바다에 던지셨음이로다 하였더라"(출 15:20-21)

여기서 우리는 남자들이 운율에 따라 노래를 부르고(출 15:1-19) 미리암이 인도하는 여자들은 합창을 하는 장면을 본다.

한편 성전 안에도 음악이 있었음을 알 수 있다. 역대상 23:5에는 "사천은 문지기요 사천은 다윗의 찬송하기 위하여 지은 악기로 여호와를 찬송하는 자라"고 기록되어 있다. 이어서 6절에 보면 "다윗이 레위의 아들 게르손과 그핫과 므라리의 각 족속을 따라 그 반열을 나누었더라"고 덧붙이고 있다. 이것을 달리 표현하면, 다윗이 오늘날 우리가 '합창'이라고 부르는 형태를 만들려고 파트별로 노래하는 자들을 구분하였다는 말이다.[20]

다음으로 드라마의 경우도 성경에서 찾아 볼 수 있다. 구약 성

20 『프란시스 쉐퍼 전집』 2권, 534쪽 참조.

경 에스겔서 4장 이하에서이다.

> "너 인자야 박석을 가져다가 네 앞에 놓고 한 성읍 곧 예루살렘을 그 위에 그리고 그 성읍을 에워싸되 운제를 세우고 토둔을 쌓고 진을 치고 공성퇴를 둘러 세우고 또 전철을 가져다가 너와 성읍 사이에 두어 철성을 삼고 성을 향하여 에워싸는 것처럼 에워싸라 이것이 이스라엘 족속에게 징조가 되리라" (겔 4:1-3)

위 구절은 무엇을 말해 주는가? 쉐퍼에 따르면 이것은 드라마였다. 박석에는 예루살렘의 윤곽을 그린 그림이 간단한 배경으로 그려져 있었기 때문에, 사람들은 에스겔 선지자가 묘사하는 내용이 무엇인지를 모를 수가 없었다. 하나님의 명령에 따라 예루살렘이 포위될 것을 드라마의 형식으로 백성들에게 가르친 것이다.[21]

마지막으로 구약 성경에 등장하는 춤의 경우는 다음의 성경 구절 속에서 잘 확인해 볼 수 있다.

> "아론의 누이 선지자 미리암이 손에 소고를 잡으매 모든 여인도 그를 따라 나오며 소고를 잡고 춤추니"(출 15:20)
> "춤추며 그의 이름을 찬양하며 소고와 수금으로 그를 찬양할지어다"(시 149:3)
> "소고 치며 춤 추어 찬양하며 현악과 퉁소로 찬양할지어다"(시 150:4)
> "여호와 앞에서 힘을 다하여 춤을 추는데 때에 베 에봇을 입었더라"(삼하 6:14)

21 『프란시스 쉐퍼 전집』 2권, 536쪽 참조.

"여호와의 궤가 다윗성으로 들어올 때에 사울의 딸 미갈이 창으로 내다보다가 다윗왕이 여호와 앞에서 뛰놀며 **춤추는** 것을 보고 심중에 저를 업신여기니라" (삼하 6:16)

이상의 구절들 가운데 하나님께서 백성들의 춤추는 것을 즐거워하셨던 사실을 보여주는 역사적인 기록은 출애굽기와 사무엘하 편의 내용이다. 이중 사무엘하 편의 다윗왕의 경우를 살펴보자. 하나님의 언약궤를 자기의 성(城)으로 옮겨오던 일은 유대인들에게는 대단히 중요한 순간이었다. 그때까지 성 밖에 있었던 언약궤가 이제 성 안으로 옮겨지고 있고, 하나님께 경배를 드리면서 다윗은 기쁨에 넘치고 있다. 그런데 다윗이 에봇(ephod)[22]을 입고 있었다는 사실이 흥미롭다. 그 말은 곧 다윗이 이교도들의 풍습처럼 벌거벗고 춤을 춘 것이 아니었다는 뜻이다. 그럼에도 불구하고 다윗의 아내는 그것을 보고 싫어했다. 하지만 하나님은 그것을 기뻐하셨으며, 다윗의 아내는 다윗을 비난했기 때문에 하나님의 책망을 받았다.[23]

이상에서 우리는 예술의 성경적 근거와 성경 속에 나타난 예술에 대해 쉐퍼의 견해를 중심으로 살펴보았다. 이를 통해서 우리는 예술의 근원적인 쓰임새와 목적 그리고 그 기능에 대해 성경적 관점을 확인할 수 있었다. 이제는 그와 같은 성경적 관점에 근거해서, 우리의 현대적인 삶의 한 가운데서 일어나고 있는 대중문

22 베로 만든 에봇은 유대 제사장의 제의(祭衣)를 일컬음.

23 『프란시스 쉐퍼 전집』 2권, 537쪽 참조.

화, 대중예술의 문제를 살펴보고자 한다.

4. 기독교적 예술비평의 원리와 방식

- 로마노프스키(W.D. Romanowski)의 대중예술비평 -

1) 성경에 근거한 문화, 문화로서 대중예술

윌리엄 로마노프스키(William D. Romanowski)[24]는 대중문화를 하나의 대중예술의 차원으로 인식한다. 그리고 기독교적 관점에서 대중문화를 어떤 식으로 이해하고 수용하고 비판해야 하는지의 문제를 고민한다. 우선 로마노프스키는 문화란 무엇인가의 문제를 논의한다.

로마노프스키에 따르면, 문화는 신앙과 깊은 관계가 있다. 즉 문화는 하나님의 형상 안에서 "오묘하고 놀랍게" 지어진 존재의 일부이다. 그는 그 근거로 시편 139장을 인용한다.

> "내가 주께 감사하옴은 나를 지으심이 신묘막측 하심이라 주의 행사가 기이함을 내 영혼이 잘 아나이다"(I will praise You, for I am fearfully and wonderfully made; Marvelous are Your works)(시 139:14)

24 윌리엄 로마노프스키(William D. Romanowski)는 미국 미시간 주 그랜드 래피즈에 있는 칼빈대학교의 언론학과 교수로 재직 중이며, 기독교 문화비평가로 명성이 높다. 국내에 소개된 저서로는 *Pop Culture Wars: Religion & the Role of Entertainment in American Life*, Inter Varsity Press, 1996.(『대중문화전쟁』(신국원 역), 예영커뮤니케이션, 2001.)과 *Eyes Wide Open*, Brazos Press, 2001.(『맥주 타이타닉 그리스도인: 기독교 세계관으로 대중문화 읽기』(정혁현 역), IVP, 2004.)가 있다.

문화는 하나님이 인간에게 내린 첫 명령이자 기본명령, 즉 "생육하고 번성하여 땅에 충만하라, 땅을 정복하라"(창 1:28)는 명령에 대한 인간의 응답이다. 하나님은 평범한 인간들에게 창조의 과정을 이어가는 임무를 맡기셨다. 그러므로 우리가 하나님의 '창조의 동역자'라는 사실은 성경에서 가장 우선시 하는 주제이며, 그리스도인이 문화에 접근하는 기본 전제가 되어야 한다고 로마노프스키는 주장한다.[25]

성경은 하나님이 존재하는 모든 것을 창조하셨을 뿐만 아니라 그 모든 창조물에 대한 소유권도 주장하신다는 사실을 분명히 하고 있다.

> "믿음으로 모든 세계가 하나님의 말씀으로 지어진 줄을 우리가 아나니 보이는 것은 나타난 것으로 말미암아 된 것이 아니니라"(히 11:3)
> "이스라엘 자손에게 고하여 이르라 너희는 내가 너희에게 주는 땅에 들어 간 후에 그 땅으로 여호와 앞에 안식하게 하라"(레 25:2)
> "내가 가령 주려도 네게 이르지 않을 것은 세계와 거기 충만한 것이 내 것임이로다"(시 50:12)
> "여호와께서 이 같이 말씀하시되 하늘은 나의 보좌요 땅은 나의 발등상이니 너희가 나를 위하여 무슨 집을 지을꼬 나의 안식할 처소가 어디랴 나 여호와가 말하노라 나의 손이 이 모든 것을 지어서 다 이루었느니라 무릇 마음이 가난하고 심령에 통회하며 나의 말을 인하여 떠는 자 그 사람은 내가 권고하려니와" (사66:1-2)

25 윌리엄 D 로마노프스키, 『맥주 타이타닉 그리스도인』(정혁현 역), IVP, 2004. 47쪽 참조.

이상의 구절들을 통해서 우리는 모든 창조물들이 하나님의 영역 안에 있다는 사실을 알 수 있다. 그러므로 '만물', 즉 모든 피조물들은 하나님의 종(servant)이다.(시 119:91) 이 사실은 그리스도인이 문화에 어떻게 접근해야 하는지를 다시 한번 보여주는 기본 전제가 된다고 로마노프스키는 말한다. 그러니까 인간은 하나님이 창조한 것들에 대한 '소유자'가 아니다. '관리인'(steward)일 따름이다. 하나님이 소유권을 가지며, 인간은 의무와 책임을 지니고 있을 뿐이다.[26]

그렇다면 인간은 어떤 의무와 책임을 가지고 있는 것인가? 모든 사물은 하나님 나라에서 '섬기는 역할'을 하도록 지음 받았다. 그러한 목적은 그 사물의 의미이자 존재이유이다. 인간이라는 피조물은 고유하고도 특별한 목적을 갖고 하나님의 형상대로 창조되었다. 창세기 1장 28절 이 구절은 앞에서도 언급했듯이 문화명령이며, 창조 때 하나님이 인간에게 '문화를 수행하라'고 내리신 명령을 의미한다.[27]

하나님이 인간에게 내린 첫 명령은 인간의 타락과 죄에 빠진 창조 세계로 인해 쉽게 퇴색되었다. 따라서 구속사에서 성경의 초점은 그리스도에게 중점적으로 맞춰진다. 그러나 구속의 의미는 '회복'이며, 창조된 실재에 그 '본래의 자유를 부여'하는 것이다. 이때 자유는 죄에서 빗어난 것이고, 섬김으로 나아가는 것을 말한다. 그리스도의 사역은 우리에게 주어진 분야에의 임무를 회복

26 윌리엄 D 로마노프스키(2004), 같은 책, 48쪽 참조.
27 윌리엄 D 로마노프스키(2004), 같은 책, 49쪽 참조.

하는 것이고. 그 분의 주권은 본래의 명령을 다시 확증하는 것이다. 그러므로 성경은 창조 세계를 충만하게 하고 경작하라는 하나님의 명령에 믿는 자와 믿지 않는 자 모두가 어떻게 응답해야 하는지를 자세하게 열거하고 있다. 그것이 하나님의 세계 안에서 수행하는 인간의 모든 활동의 의미이자 목적이다.[28]

성경은 문화명령을 수행해야 하는 인간의 삶의 의무와 목적을 청지기의 삶에 비유한다. '**청지기**'(steward)는 집을 관장하는 사람, 혹은 어떤 임무를 수행하도록 권위와 힘을 부여받은 책임자이자 통치자를 말한다. 청지기 또는 관리인은 책임을 위임받아 어떤 일을 주관하고, 그 직무를 완수하면서 누군가에게 책임을 지는 사람이다. 성경에서 말하는 청지기의 직분은 하나님의 모든 창조 세계를 관리하는 인간의 소명을 가리킨다. "하늘은 여호와의 하늘이라도, 땅은 사람에게 주셨도다."(시 115:16) 이것은 엄청난 책임이다. 왜냐하면 우리는 그 분의 것인 세상의 모든 피조물의 복지와 그 잠재력에 대해 하나님 앞에서 책임을 져야하기 때문이다.[29]

이제 성경은 문화명령을 수행하는 인간 최초의 '문화적 행위'를 보여준다. 사물들의 '**이름을 짓는 행위**'가 그것이다. 구약 성경 창세기에서 아담은 피조물들에게 이름을 지어 줌으로써 최초로 창조 세계를 경작하기 시작한다.(창 2:19-20) 아담은 상상력을 동원하여 하나님의 창조 세계 안에 있는 사물들을 표상하는 '말'을 고

28 윌리엄 D 로마노프스키(2004), 같은 책, 50쪽 참조.
29 윌리엄 D 로마노프스키(2004), 같은 책, 51쪽 참조.

안해 낸다. 말은 '상징'(symbol)이다.[30] 다시 말해, 말은 관념이나 사물을 대신하는 것이다. '상징'이라는 말은 '함께 두다'는 의미의 헬라어 심발레인(symballein)에서 유래한다. 우리는 말과 그것이 표상하는 실재를 함께 둠으로써 상징을 만든다. 상징과 그것이 표상하는 것 사이의 관계는 매우 밀접해서 마치 동일한 사물을 두 개로 나눈 것과도 같다. 인간의 최초의 문화적 행위로서 이름을 짓는 행위에는 '상상력', '상징', '언어' 등이 필요했다. 이와 같이 문화적 행위에 등장하는 요소들이 예술의 행위에도 그대로 적용된다는 사실을 생각해 본다면, 문화와 예술은 대단히 밀접한 관계에 놓여있다고 할 수 있다.[31]

기독교철학자 월터스토프(Nicholas Wolterstorff, 1932~)는 예술의 본질에 대해 언급한 적이 있다. 그는 '세계 투영(投影)'과 '행위'로서의 예술을 강조하였다. 말하자면, 예술의 본질은 창작이나 공연을 통해서 세계와 삶의 비전을 제시하는 '세계 투영'에 있다. 그리고 예술은 비전을 제시할 뿐만 아니라 '행위'라고도 말한다. 그러니까 그는 예술을 작가의 행위일 뿐 아니라 수용자로 하여금 행위를 하게 하는 수단으로 보았다.[32] 예술은 창작자가 주변 세계의 실재와 작용하는 행위이며, 나아가 다른 사람들에게도 그런 행위를 같이 하도록 만드는 작업이다. 예술 창조의 근본 가치는

---

30 윌리엄 D 로마노프스키(2004), 같은 책, 54쪽 참조.

31 특히 문화철학의 논의에서 '예술'과 '상징'의 관계, '문화'와 '상징'의 관련성, '상징적 존재'로서 인간에 대한 문제는 신응철, 『카시러의 문화철학』, 한울출판사, 2000. 제3장과 제6장을 참조하기 바람.

32 Nicholas Wolterstorff, *Works and Works of Art*, Oxford: Clarendon Press, 1980, 198-247쪽 참조.

창조 그 자체가 아니라 행위의 수단과 대상을 제공하는 것이다. 그런 점에서 예술은 세계 투영적 본질에서 그 기능을 발휘한다는 것이다.

2) 대중예술과 고급예술의 벽 허물기

한편 로마노프스키는 예술 자체의 논의에 초점을 맞추기보다는, 언론학과 교수답게 대중문화라는 하나의 카테고리를 대중예술의 차원에서 논의한다. 그는 대중예술의 네 가지 주요 기능을 다음과 같이 보고 있다. 첫째, 교화와 오락의 기능, 둘째, 공동체의 경험과 전통을 보존하며 전수하는 기능, 셋째, 사회를 비판하는 기능, 넷째, 문화를 전달하고 신념과 가치관을 소통하여 사회적 연대의식을 형성하여 공동체를 만들어내는 기능이다. 앞서 월터스토프가 언급했던 예술의 기능을 염두에 둔다면, 로마노프스키가 말하고 있는 대중예술 역시 예술의 본질적 기능을 그대로 이어간다고 할 수 있다. 그렇다고 이 말이 곧장 대중예술이 다른 예술과 질적으로 동등하다는 주장은 아니다. 모든 예술이 그러하듯, 대중예술도 본질적으로 세계 투영의 기능을 가진다는 것을 강조하는 것이라 할 수 있다.[33]

이제 본격적으로 대중예술의 문제를 논의하기로 하자. 도대체 대중예술이란 무엇인가? 로마노프스키에 따르면, 대중예술은 우리의 문화적 가치를 다른 이들에게 알릴 수 있으며, 그것들을 성

33 신국원, 『변혁과 샬롬의 대중문화론』, IVP, 2004. 92-93쪽 참조.

찰하도록 이끌 수도 있다. 다시 말해 대중예술은 인간이 어떻게 살고 있는지, 그리고 어떻게 살아야 하는지를 보여 준다. 그래서 로마노프스키는 대중예술을 '문화적'인 가치와 관점에 내용을 제공하는 '문화적인 재현', 혹은 '텍스트'로 간주한다. 그런 점에서 그는 대중예술을 '현실의 지도'(maps of reality)로 본다.[34] 그러니까 대중예술은 인간의 관점에서 읽고, 해석하고, 평가한 현실의 지도인 셈이다. 로마노프스키는 우리 각자가 이러한 지도 제작에 있어서 제작자와 비평가 혹은 청중으로서 참여할 수 있다고 본다. 그래서 그는 대중예술이 인간들 사이에 문화적인 대화를 이끌어갈 수 있다고 보는 것이다.

이제 대중예술을 바라보는 기독교적 시각이 우리의 궁극적 관심사이다. 이와 관련하여 로마노프스키는 먼저, 일반인들을 포함하여 그리스도인들이 가지고 있는 편견에 대해서 지적한다. 그것은 다름 아닌 '대중예술'과 '고급예술'을 구분하는 편견이다. 사람들은 대체로 '예술'이라는 용어를 고급문화나 전통적인 순수예술, 즉 회화, 조각, 연극, 교향악, 오페라, 시 그리고 특정한 형태의 문학을 가리키는 데 사용한다. 반면, 영화나 대중음악, 텔레비전 또는 연애소설이나 탐정소설에 대해서 말할 때는 '오락'이라는 용어를 더 선호한다. 베토벤과 바흐, 셰익스피어, 디킨스, 렘브란트, 르누아르, 피카소의 작품은 예술이다. 반면에 마돈나, 스프링스틴, 루카스, 스필버그 등의 작품은 오락이다. 이를 우리식으로 이해하면, 윤이상, 백남준, 조수미, 정명훈의 작품은 고급예술이

34 윌리엄 D 로마노프스키(2004), 같은 책, 79쪽 참조.

고, 조용남, 나훈아, 남 진, 이미자의 작품은 대중예술이라고 말하는 것과 같다.

이와 같은 구별은 고급예술과 대중예술의 형태 사이의 분명한 차이가 있다는 것을 암시한다. 많은 사람들은 고급예술이 뚜렷한 목적을 갖는 대중예술보다 더 고매하고 훨씬 가치 있는 것이라고 생각한다. 그러나 사회적 실천으로서 고급예술과 대중예술은 실제로 많은 것을 공유한다. 더불어 예술적 가치에 근거해서 고급예술과 대중예술을 구별하는 것은 점점 더 어려운 일이라고 로마노프스키는 주장한다.[35]

그렇다면 고급예술과 대중예술의 구별은 어떤 이유에서 생겨난 것일까?[36] 로마노프스키의 설명은 흥미롭다. 고급예술과 대중예술은 역사적 기원부터 다른 뿌리를 가지는 예술에 관한 사유방식에서 비롯한다. 부유하고 교양 있으며, 사회적 지위가 높은 미국 앵글로 색슨계 백인 개신교인(White-Anglo-Saxon Protestant)들은 영국과 유럽에서 그들과 비슷한 지위에 있는 사람들처럼 자신의 특권적인 사회적 지위를 정당화하기를 원하였다.[37] 그래서 20세

---

35 윌리엄 D 로마노프스키(2004), 같은 책, 102쪽 참조.

36 고급예술과 대중예술의 구별 그리고 고급문화와 대중문화의 구별과 관련하여 프래그마티스트들의 예술에 대한 논의는 그리스도인들에게도 생산적인 관점을 제공하고 있다. 이런 관점은 궁극적으로 로마노프스키의 관점과 맥을 같이 한다고 할 수 있다. 프래그마티스트들이 사용하는 '예술' 개념에는 전통적 의미의 고급예술을 넘어서서 대중예술을 포함시킬 수 있는 계기가 들어 있다. 특히 수잔 손탁(S. Sontag)과 리차드 슈스터만(R. Shusterman)의 예술에 대한 해석은 결국 고급예술이 지닌 고립된 난해성과 절대화된 주장들에 대한 비판일 뿐만 아니라, 고급예술의 산물들과 대중문화의 산물들 사이에 놓은 본질적인 구분 자체를 무력하게 만들어 놓았다. 나아가 대중문화나 대중예술에 대한 긍정적인 평가를 할 수 있는 계기를 마련해 주었다. 이에 대한 상세한 논의는, 신응철, 『문화철학과 문화비평』, 철학과현실사, 2003. 제8장 참조바람.

기의 전환기에 미국으로 이주해 온 대중들과 자신들을 구분하기 위해서 자신들의 문화적 전통이 우월하다는 주장을 표명한 것이라고 로마노프스키는 진단한다.[38]

그런 맥락에서 로마노프스키는 실제로 교양 있는 예술과 교양 없는 예술의 구별은 예술 자체보다는 '계급'과 관련 있으며, 그 이상도 이하도 아니라고 주장한다.[39] 그런 맥락에서 그는 대중문화 '전쟁'이라는 표현을 쓰고 있다. 문화는 특권 계급의 독점적인 영역이 되었으며, 오직 특권 계급에만 관련된 모든 일들에 대해 가장 최선의 것을 인식하는 수단을 가지고 총체적으로 완전을 추구하는 것이다. 그래서 이제 문화를 추구하는 것은 많은 사람들에게 일종의 종교가 되었다고 로마노프스키는 말한다.

고급문화를 구원의 길로 생각하는 관념은 철저하게 인본주의적이라고 로마노프스키는 판단한다. 우리가 고급문화를 추구한다면, 그것은 신성의 분담자가 될 수 있다고 추정하기 때문에 그런 태도가 가능하다는 것이다. 그런 의미에서 문화는 하나님의 형상을 간직한 우리 인간에게 주어지는 보편적인 과제가 아니다. 오히려 문화에 대한 추구, 특히 고급문화에 대한 추구는 '하나님과 같아지려는' 피할 수 없는 유혹의 또 다른 형태에 불과하다.[40]

---

37 William D. Romanowski, *Pop Culture Wars: Religion & the Role of Entertainment in American Life*, Inter Varsity Press, 1996. 번역본으로 『대중문화전쟁』(신국원 역), 예영커뮤니케이션, 2001. 78쪽 참조.

38 윌리엄 D 로마노프스키(2004), 같은 책, 104쪽 참조. 신국원, 『변혁과 샬롬의 대중문화론』, IVP, 2004. 54-55쪽 참조.

39 윌리엄 D 로마노프스키(2004), 같은 책, 104쪽 참조.

40 윌리엄 D 로마노프스키(2004), 같은 책, 105쪽 참조.

결국 문화 자체가 우리를 구원할 수는 없으며, 비록 아무리 세련된 미학적, 지적 감수성을 개발한다 할지라도 우리는 결코 죄에서 벗어날 수가 없는 것이다.

3) 기독교적 대중예술의 소명

기독교 대중예술은 매일 우리와 함께하시는 하나님에 대한 성경적인 설명을 제공하는 유쾌한 '현실의 지도'를 공급해 주어야 한다. 기독교적 대중예술의 소명과 관련하여 월터스토프의 견해는 좋은 지침이 된다. 즉, 예술가의 신앙과 목표, 확신과 관심사의 복합체인 '예술작품 이면의 세계'는 작품의 실존과 성격에 대해 설명하는 역할을 해야 한다. '예술작품 이면의 세계'라는 개념은 예술작품이 어떤 신념 체계와 당대적 가치, 즉 세계관과 문화적 태도를 재현하고 있다는 것을 보여 줌으로써 대중예술의 조망적인 본질을 보여주는 것이다.[41]

그렇다면 기독교 대중예술은 어떤 특징을 가져야만 하는가? 로마노프스키는 **기독교적 확신과 관점, 태도와 정서 등이 예술적 노력의 바탕이 되어야** 한다고 주장한다. 예술가와 비평가는 일상생활에서 일어난 선(善)과 악(惡) 사이의 우주적인 투쟁 속에서 길을 찾도록 노력해야 하며, 다른 사람들이 그 길을 볼 수 있도록 도와주어야 한다. 기독교적 특징을 갖는 예술작품은 하나님의 세상에서 사는 삶이 어떤 것인지에 대한 실마리가 되어야 한다. 그리고

41 윌리엄 D 로마노프스키(2004), 같은 책, 122쪽 참조.

작품의 성격이나 표현 방식은 그와 같은 주제와 어울려야만 한다. 다시 말해, 예술가 자신의 기독교적 신념과 관점, 그리고 태도와 감정 등이 작품의 양식, 구성, 접근 방식 등에 영향을 미쳐야만 한다.[42]

그리스도인들은 신앙에 기초한 삶의 비전을 긍정하고 재현함으로써 대중예술과 문화를 새롭게 만들어가야 한다. 대중적인 예술작품을 기독교적으로 만드는 것은 '주제'가 아니라, 오히려 주제에 담긴 '관점'이라고 로마노프스키는 말한다. '성경적인 관점'을 예술가와 비평가 그리고 후원자 모두에게 적용하여 현실의 지도 속에 펼쳐 놓아 그것을 문화적인 의미로 구성해야 한다. 여기서 말하는 성경적 관점이란, 하나님이 세상을 선하게 창조하셨지만, 타락해 버린 세계에서 사람들이 어떤 모습인지를 나타내 주는 이상(理想), 신념, 가치, 태도 그리고 전제 등을 말한다.

로마노프스키는 대중예술에 대한 성경적 관점을 아래의 네 가지로 요약해서 제시한다.

첫째, 하나님은 세계 가운데 활동하신다. 그리고 눈에 보이지 않는 영적 영역이 존재한다.

둘째, 믿는 사람들은 이러한 풍경 속에 거한다. 그러므로 신앙은 모든 삶에 필수적이다.

셋째, 인간의 죄(罪)는 실재하며, 따라서 악(惡)은 존재한다.

넷째, 하나님은 용서를 베푸시고, 구속(救贖)의 기회를 주신다.[43]

42 윌리엄 D 로마노프스키(2004), 같은 책, 126쪽 참조.

4) 대중예술의 기독교적 전망

로마노프스키에 따르면, 대중예술에서도 '용서'와 '구속'의 능력은 심금을 울리는 강력한 흡인력이 있다. 그래서 그는 대중예술에 대한 기독교적 전망은 타락한 세계에도 구속의 근원이 필요하다는 것을 보여주는 데 있다고 주장한다.[44]

성경이 가르치는 바와 같이 구속(救贖)은 가장 암울한 곳에서, 가장 가능성이 없어 보이는 사람들을 통해서 온다. "죄가 더한 곳에 은혜가 더욱 넘쳤나니".(롬 5:20) 구속은 혼란을 일으킨다. 그리고 은혜는 침입해 들어온다. 구속은 한 사람의 삶의 흐름과 방향을 깨뜨린다. 구속은 사람의 성격을 바꾸며, 사람들에게 다른 시야를 열어줄 수 있다. 사람들은 변화된 마음과 새로운 관점을 갖는다. 자신에게 회개(悔改)를 일으킨 새로운 방식으로 자신과 타자(他者) 그리고 인생을 보기 시작하기 때문이다.

로마노프스키는 기독교적 대중예술비평이 단순히 '신앙 고백적'이거나 '도덕주의적' 특색에 머무는 것이 아니라 여기에서 벗어나기 위해서 ① 대중예술의 역할과 활용, ② 대중예술의 관점과 비전, ③ 대중예술의 구성에 기반하여 비평할 것을 제안한다.[45] 이러한 로마노프스키의 제안은 철저하게 성경적 관점에 근거해서 나온 것이라 할 수 있다.

---

43 윌리엄 D 로마노프스키(2004), 같은 책, 134쪽 참조.
44 윌리엄 D 로마노프스키(2004), 같은 책, 149쪽 참조.
45 윌리엄 D 로마노프스키(2004), 같은 책, 200쪽 참조.

"마지막으로 형제들아 무엇에든지 참되며 무엇에든지 경건하며 무엇에든지 옳으며 무엇에든지 정결하며 무엇에든지 사랑할만하며 무엇에든지 칭찬할만하며 무슨 덕이 있든지 무슨 기림이 있든지 이것들을 생각하라"(빌 4:8)

로마노프스키는 빌립보서 4장의 위 덕목을 기독교적 분별을 위한 지침으로 삼고 있는 것이다. 어떤 연구 영역에서든 기독교적 비평의 독특한 관심은 우리의 삶과 사회에 작용하는 지배적인 종교와 문화의 영향력을 벗겨내는 데 있다. 대중 예술작품들은 문화의 현실적 상황을 분명하게 밝혀내고, 각기 다른 관점을 가진 사람들이 어떻게 사물의 의미를 파악하고 있는지를 알 수 있게 해 준다. 따라서 대중예술의 기독교적 비평의 결정적인 역할은, 신앙의 중심성과 죄의 해악과 책략 그리고 개인 뿐 아니라 삶과 사회에도 '구속'이 필요하다는 사실을 두루 밝히는 데 있다. 또한 이런 일반적인 틀 안에서 특정 예술작품이 지닌 가장 중요한 특성에 따라 독특한 접근 수단, 그러니까 성(性) 정체성, 인종(人種), 소명(召命) 등을 재현할 필요가 있다고 로마노프스키는 주장한다.[46]

5. 기독교적 예술비평의 실제적 관점들

이제 그리스도인들이 예술작품을 감상하고 비평할 수 있는 실질적인 관점에 대해 언급하고자 한다. 쉐퍼는 예술에 대해 기독

46 윌리엄 D 로마노프스키(2004), 같은 책, 210쪽 참조.

교인들이 취할 수 있는 11가지 관점을 제시한 바가 있다.

첫째, 예술작품은 그 자체로 가치가 있다고 보는 관점이다.[47] 예술은 단순히 지적인 내용을 분석하거나 평가할 대상이 아니다. 예술은 즐기는 것이다. 성경은 성막과 성전에 있었던 예술작품들이 아름다움을 위한 것이었다고 말한다. 그렇다면 예술작품은 왜 가치 있는가? 먼저 예술작품은 '창조성'에서 나온 것이며, 창조성은 하나님이 창조주이시므로 가치가 있다. 다음으로 예술작품은 창조물로서 가치가 있다. 왜냐하면 인간은 하나님의 형상으로 창조되었으므로 인간은 사랑하고 생각하고 감정을 느낄 수 있을 뿐만 아니라 창조할 능력도 가지고 있다. 창조주의 형상을 지닌 인간은 창조성을 발휘할 소명이 있다. 창조적으로 되거나 혹은 창조성을 발휘한다는 것은 하나님의 형상의 일부이다. 그러므로 창조성은 우리의 인간됨의 본질에 속한다. 그렇지만, 여기서 한 가지 사실에 유의해야 한다. 즉 창조성은 그 자체로 좋은 것이지만, 인간의 창조성에서 나온 모든 것이 좋은 것은 아니라는 사실이다. 왜냐하면 인간은 하나님의 형상대로 창조되었지만 타락했기 때문이다.

둘째, 예술로 표현된 것은 그 세계관이 무엇이든지 간에, 그 세계관이 진리이든 거짓이든 간에, 그 세계관을 강화해 준다는 사실을 주목할 필요가 있다.[48] 이 점은 기독교적 예술 비평이 작품 비평에 있어서 수용할 부분과 비판할 부분을 가려내는 데 중요

47 『프란시스 쉐퍼 전집』 2권, 542쪽 참조.
48 『프란시스 쉐퍼 전집』 2권, 545쪽 참조.

한 역할을 할 수 있을 것이다.

셋째, 시(詩)든 산물이든 간에, 모든 형태의 글에서 통상적인 구문 속에 있는 단어들의 통상적인 정의가 '연속성'을 지니고 있는가 아니면 '단절'되고 있는가의 여부가 커다란 차이를 만들어 낸다는 사실이다.[49] 만일 통상적인 언어 사용 방법에 단절이 생기면, 저자가 말하는 내용을 독자나 청중이 알아들을 방법이 전혀 없게 된다.

넷째, 예술작품이라는 사실이 곧 그것을 신성(神聖)하게 만들지는 않는다.[50] 이 말은 위대한 예술가들이 글이나 그림으로 세계관을 묘사했다고 해서 그 세계관을 자동적으로 받아들여야 한다는 것은 아니라는 사실을 그리스도인들이 인식해야 한다.

다섯째, 예술작품을 평가하는 데에는 4가지 기본적인 기준이 있다. ① 기교의 우수성(technical excellence), ② 타당성, ③ 지적인 내용, 전달하고 있는 세계관, ④ 내용과 수단의 통합성이 그것이다.[51] 이 네 가지 기준이 통합성의 관점에서 적용되어야 한다. 먼저, 기교의 우수성은 특히 회화의 경우에 해당하며, 만일 예술가의 세계관이 기독교적 세계관과 다를지라도 그의 기교가 뛰어나다면 그것 자체를 공정하게 인정하고 평가해 주어야 한다. 창조적 능력과 기교의 우수성은 중요한 척도이기 때문이다. 다음으로, 타당성은 예술가가 자신과 자신의 세계관에 정직한가 아니면

49 『프란시스 쉐퍼 전집』 2권, 546쪽 참조.
50 『프란시스 쉐퍼 전집』 2권, 548쪽 참조.
51 『프란시스 쉐퍼 전집』 2권, 549-555쪽 참조.

돈을 위해서 인정받기 위해서 예술 활동을 하는가를 평가하는 기준이다. 그리고 예술가의 세계관을 반영하는 내용과 관련해서는, 그리스도인에 관한 한 예술작품을 통해 나타나는 세계관은 궁극적으로 성경적인 관점으로 제시되어야 한다. 예술가의 세계관은 하나님의 말씀의 판단에서 자유로울 수 없다. 이런 점에서 예술가는 과학자와 마찬가지이다. 마지막으로, 예술작품을 평가하는 척도는 예술가가 전달하려는 메시지에 어울리는 표현 수단을 얼마나 잘 사용하였는가 하는 점이다. 왜냐하면 참으로 위대한 예술작품들은 그 내용과 양식이 서로 연결되어 있기 때문이다.

여섯째, 예술 형태는 순수한 공상에서부터 자세한 역사에 이르기까지 모든 종류의 메시지에 사용될 수 있다는 사실이다.[52] 어떤 예술작품이 환상의 형태나 서사시 혹은 그림의 형태로 존재한다는 사실이 예술작품에는 아무런 명제적 진술도 없다는 의미는 아니다. 산문으로 명제적 진술을 할 수 있는 것처럼, 시나 회화에서도, 또한 실질적으로 모든 예술 형태에서 명제적 진술은 가능한 것이다.

일곱째, 예술의 양식은 변화한다. 그리고 그 변화가 잘못된 것은 아니라는 사실이다.[53] 시간의 흐름에 따라 예술 형식과 언어에 변화가 생길 뿐 아니라, 다양한 지리적 요인과 서로 다른 문화 때문에 예술 형식의 차이가 생겨나게 된다.

여덟째, 경건한 표현양식 혹은 불경건한 표현양식과 같은 구별

52 『프란시스 쉐퍼 전집』 2권, 555쪽 참조.
53 『프란시스 쉐퍼 전집』 2권, 556쪽 참조.

은 전혀 없다는 사실이다.[54] 그런 구별은 하면 할수록 점점 더 혼란스러워질 뿐이다. 그러니까 표현양식과 메시지를 구별할 필요가 있는 것이다. 표현양식 자체는 특정한 세계관이나 메시지를 전달하기 위한 상징적 체계 혹은 전달수단으로 발전되어 왔을 뿐이다.

아홉째, 기독교 세계관은 장조(長調)적 주제와 단조(短調)적 주제로 구분할 수 있다.[55] 단조적 주제는 반역한 세상에의 비정상적인 모습이다. 이를테면 하나님께 반역하고 그리스도께 돌아오지 않는 사람들의 모습이다. 그리고 그리스도인의 생활에도 패배와 죄악의 측면이 있다. 반면 장조적 주제는 삶의 충만한 의미와 목적성을 말한다. 이를 형이상학의 측면에서 설명해 보면 이와 같다. 즉, 하나님이 존재하고 계신다. 그러므로 모든 것은 불합리하지 않다. 인간은 하나님의 형상대로 창조되었고 따라서 중요한 존재이다. 그리고 도덕적 측면에서 설명하면 이와 같다. 즉, 하나님은 우주법칙이 되는 인격을 가지고 계신다. 거룩하신 하나님 앞에서 인간은 죄인이라는 사실이다. 그렇지만 하나님께서 그리스도의 지상 생활과 죽음과 부활을 통하여 이 문제의 해결책을 주셨다는 사실이다. 이렇듯, 그리스도인들이 만들어내는 예술에는 장조적 주제만이 있는 것이 아니라, 단조적 주제들도 들어있다는 사실을 인식할 필요가 있는 것이다.

열 번째, 기독교 예술은 언제나 종교적인 주제만을 다루는 종

---

54 『프란시스 쉐퍼 전집』 2권, 559쪽 참조.

55 『프란시스 쉐퍼 전집』 2권, 563-566쪽 참조.

교 예술이 결코 아니라는 사실이다.[56] 인간은 하나님의 형상으로 창조되었기 때문에 가치 있는 존재이며, 따라서 인간 그 자체가 기독교 예술의 중요한 주제이기도 하다. 감정과 육체와 생명을 가진 인간 그 자체는 시와 소설의 중요한 주제이다. 하나님이 지으신 세계에서 개인은 가치 있는 존재이다. 따라서 기독교 예술은 개인을 다루어야 한다. 이런 점에서 기독교 예술은 한 그리스도인 개인의 삶 전체의 표현이다. 그리스도인이 예술로 표현하는 것은 삶의 총체성이다.

마지막으로, 모든 예술가는 개개의 예술작품을 만드는 문제뿐만 아니라 자신의 작품 전체를 확립해야 하는 문제를 안고 있다.[57] 그러니까 그리스도인의 삶이 예술작품이 될 수 있고, 또한 그렇게 되어야만 한다. 그리스도인의 삶은 상실과 절망의 세상 한 가운데서 진실되고 아름다운 것이 될 수 있다.

이상에서 우리는 기독교적 예술비평의 실제적인 관점 11가지에 대해 쉐퍼의 관점에서 살펴보았다. 나는 이러한 쉐퍼의 관점이 예술비평에 그대로 활용될 수 있다고 본다. 다만, 쉐퍼의 관점에서 아쉬운 점이 있다면 이런 것들이다. 예술과 자본의 결탁, 예술과 권력의 유착, 예술의 이데올로기화 현상 등의 문제는 다루어지지 않고 있다는 점이다.

56 『프란시스 쉐퍼 전집』 2권, 567-569쪽 참조.
57 『프란시스 쉐퍼 전집』 2권, 569-571쪽 참조.

6. 맺음말: 기독교적 예술비평과 타 학문과의 소통

지금까지 우리는 기독교적 예술비평의 원리와 방식에 대해 집중적으로 살펴보았다. 그런데 이와 같은 기독교적 예술비평은 일반 분과 학문에서 벌어지는 비평의 영역과 어떻게 소통될 수 있을까? 세계관이든, 가치든, 이념이든, 인간관이든 간에, 서로 소통할 수 있는 지점을 확보할 때, 비로소 기독교적 예술비평은 더욱 확고한 분과 학문의 위치를 점할 수 있을 것이다.

우리에게 기독교 문화비평가로 잘 알려져 있는 한스 로크마커(Hans R. Rookmaaker, 1922~1977)는 *Modern Art and the death of a Culture*(1970)에서 '예술의 규범과 구조'에 대해 다음과 같이 말한 바 있다.

> 예술가는 모름지기 자기 자신의 통찰력, 그 자신의 시각, 그 자신의 깨달음을 제시해야 한다. 소위 불후의 명작이라고 일컬어지는 작품들에는 실상 그러한 것들이 담겨있다. 진리는 실재와의 개념적 합일-이성주의적 진리관-을 의미하지 않는다. 성경은 진리를 '행하는 것'에 대해 말하고 있다. 진리를 행함은 곧, 하나님께서 인간에게 요구하시는 관계성에 부합되게 사랑과 자유 안에서 행동하는 것이다. 어떤 면에서 예술은 그것이 개념적인 실재에 부합되는 실재를 묘사한다는 의미에서 '참된 것' 이상으로 진리를 '행하는' 편에 위치한다. 예술은 그 본연의 예술적 방식으로 진리를 행한다.[58]

58 한스 로크마커(1993), 같은 책, 297쪽 참조.

이와 같은 맥락에서 로크마커는 '진실성', '품격', '적법성', '사랑할 만한 미(美)점', '기릴만하고 찬탄할 만한 미(美)점' 등이 삶을 위한 규범이라면, 그에 못지않게 예술을 위한 규범이기도 하다고 말한다.[59] 그러므로 예술 행위를 하면서 이러한 규범들을 무시하는 것은 관람자를 부당하게 대우하는 것과 마찬가지가 된다. 그런데 그와 같은 삶의 규범, 예술의 규범은 왜 사라지게 되었는가? 오늘날의 사상적, 환경적, 문화적, 예술적 상황을 감안해 볼 때, 예술의 규범적 요청을 강하게 주장하는 로크마커의 입장은 우리에게 더욱 긴요하게 와 닿는다.

나는 앞에서 살펴본 쉐퍼나 로마노프스키의 기독교적 예술비평의 원리와 방식이 그리스도인들을 포함한 우리 현대인들에게 왜 필요한지, 그리고 어떤 측면에서 타 분과 학문과도 소통될 수 있는지를 잠시 생각해 보면서 글을 맺고자 한다.

이 대목에서 나는 기독교적 관점이 아닌 미술사학자였던 제들마이어(Hans Sedlmayr, 1896~1985)의 시각을 말하고자 한다. 굳이 내가 제들마이어의 관점을 얘기하는 것은 '미학' 혹은 '미술사학'이라는 분과 학문의 관점이지만 이것이 기독교적 관점과 연결되고 소통될 수 있는 공통의 요소를 제공해 주고 있기 때문이다.

제들마이어는 『현대 예술의 혁명』(*Die Revolution der modernen Kusnt*, 1957)에서 현대 예술은 "무성한 해석의 숲 속에서 대책 없이 길을 잃고 헤맬 것"[60]이라고 예견하였다. 그는 무엇 때문에 그와 같은

---

59 한스 로크마커(1993), 같은 책, 303쪽 참조.

60 Hans Sedlmayr, *Die Revolution der modernen Kunst*, Rowohlt Taschenbuch Verlag GmbH,

전망을 하고 있는 것일까? 제들마이어는 예술에서의 '중심(中心)의 상실'을 보았던 것이다.

> 자율적인 인간이란 없으며, 있을 수도 없는 것으로 이해된다. 그것은 자율적인 예술, 자율적인 건축, 자율적인 회화 등이 있을 수 없는 것과 마찬가지이다. 자연이며 초자연으로 존재한다는 것은 인간의 본질에 속한다. 인간 속에 있는 인간적인 것과 神적인 것은 인간적인 것에 피해를 주지 않고서는 분리되지 않는다. 인간은 神적인 정신을 지니는 자일 때만 완전한 인간이다.[61]

제들마이어가 '중심의 상실'이라고 표시하고 있는 예술에서의 여러 장애는 인간에게서 본질적으로 불가능한 神적인 것과 인간적인 것의 '분리'에서 찾을 수 있다. 그러니까 인간과 神 사이의 '균열'과 인간과 神, 神人을 이어주는 '중재자의 상실'에서 찾을 수 있다. 인간이 잃어버린 중심이라는 것은 바로 神이다. 그리고 질병의 가장 깊은 핵심은 허물어진 神과의 관계이다.[62] 그렇다면 어떻게 중심의 상실을 극복할 수 있는가?

제들마이어에 의하면, 그 처방은 새로운 상태 안에서 인간의 영원한 상(像)을 확립해 재형성시키는 것이다. 그러나 이런 영원한 상은 인간 자신이 생각해 낼 수 있는 것이 아니다. '인간적인 것'이

Reinbek bei Hamburg, 1957. 번역서로 『현대 예술의 혁명』(남상식 역), 한길사, 2004, 38쪽 참조.

61 Hans Sedlmayr, *Verlust der Mitte*, Otto Müller Verlag, Salzburg Wien, 1948. 번역서로 『중심의 상실』(박래경 역), 문예출판사, 2002. 323쪽 참조.

62 Hans Sedlmayr, 『중심의 상실』, 323쪽 참조.

라는 것은 인간이 잠재적으로 神의 닮은꼴이며, 하나의 세계 질서에 편입되어 있다는 신념 없이는 확립될 수가 없다고 제들마이어는 보았다.[63] 그러니까 우리 모두가 神에 의해 창조된 자라는 의식을 지녀야 비로소 가능하다는 것이다. 제들마이어는 『중심의 상실』 마지막 페이지를 다음과 같이 맺고 있다.

> 예술에 관해서는, 그러나 비어있는 '중심'에 무엇인가를 가져다 놓는다는 것이 아직 가능하지 않으며, 아마 오랫동안 가능하지 않을지도 모르겠다. 그런데 그때 적어도 '상실한 중심'에는 완전한 인간, 즉 神人을 위해 비워놓은 왕좌가 있다는 사실을 뚜렷하게 의식하지 않으면 안 된다. **이러한 의식이 주어지고, 그것을 보유하는 사람들은 새로운 시대에 아직 발을 들여놓을 수 없더라도 볼 수는 있을 것이다.**[64]

63 Hans Sedlmayr, 『중심의 상실』, 465쪽 참조.
64 Hans Sedlmayr, 『중심의 상실』, 469쪽 참조.

:: 참고문헌

한·영 성경전서, 새영어흠정역판, 대한성서공회, 1985.

신국원, 『변혁과 샬롬의 대중문화론』, IVP, 2004.

신응철, 『카시러의 문화철학』, 한울출판사, 2000.

_____, 『문화철학과 문화비평』, 철학과현실사, 2003.

조요한, 『예술철학』, 미술문화, 2003. 381쪽 참조.

최태연, 「예술은 어떻게 성립하는가」, 『성경과 신학』제36권, 기독교연합신문사, 2004.

타타르키비츠, W., 『미학의 기본 개념사』(손효주 역), 미진사, 1990.

틸리히, 폴., 『문화의 신학』(김경수 역), 現代思想社, 1974.

Collingwood, Robin George., *Speculum Mentis*, Clarendon Press, 1924.

Kuyper, Abraham., *Lectures on Calvinism*, Grand Rapids: Eerdmans, 1994.(『칼빈주의 강연』(김기찬 역), 크리스챤다이제스트, 2002.)

Romanowski, William D., *Pop Culture Wars: Religion & the Role of Entertainment in American Life*, Inter Varsity Press, 1996.(『대중문화전쟁』(신국원 역), 예영커뮤니케이션, 2001.)

__________, *Eyes Wide Open*, Brazos Press, 2001.(『맥주 타이타닉 그리스도인: 기독교 세계관으로 대중문화 읽기』(정혁현 역), IVP, 2004.)

Rookmaaker, Hans R., *Modern Art and the death of a Culture*, Inter Varsity Press, 1970.(『현대 예술과 문화의 죽음』(김유리 역), IVP, 1993.)

Schaeffer, Franscis A., *The Complete Works of Franscis A. Schaeffer* Vol. 2: *A Christian View of the Bible as Truth*, Inter-Varsity Press, 1972. (『프란시스 쉐퍼 전집』2권: 기독교 성경관(권혁봉 역), 생명의 말씀사, 1994.)

Sedlmayr, Hans., Die *Revolution der modernen Kunst*, Rowohlt Taschenbuch Verlag GmbH, Reinbek bei Hamburg, 1957.(『현대 예술의 혁명』(남상식 역), 한길사, 2004)

_______, *Verlust der Mitte*, Otto Müller Verlag, Salzburg Wien, 1948. (『중심의 상실』(박래경 역), 문예출판사, 2002.)

Wolterstorff, Nicholas., *Works and Works of Art*, Oxford: Clarendon Press, 1980,

3장

기독교 문화학과 대중문화 비평

1. 들어가는 말

이 글은 이미 많은 영역에서 논의되어 확인된 바처럼, 국내의 인문학 분야의 연구와 교육이 심각한 위기 상황에 직면해 있다는 사실[1]을 전제로 하고 있다. 이러한 상황에서 여기에서는 최근 인문학 연구의 새로운 연구 분야로 각광받고 있는 문화, 특히 대중문화와 인문학과의 관계, 그리고 이 과정에서의 지식인의 역할, 나아가 기독교 철학자의 역할에 대해 비판적으로 논의하고자 한다. 우리는 이러한 논의를 통해서 일차적으로는 침체된 인문학 분야에서 새로운 연구 대상을 모색할 수 있는 계기를 얻게 될 것이다. 또한 우리는 대중문화의 연구와 이해 그리고 교육에 있어서 지식인들의 역할을 몇 가지 유형으로 나누어 고찰할 것이다.

1 국내 인문학의 연구와 교육의 위기 상황에 대한 구체적인 논의와 그 근거 자료는 신응철, 「해석학적 문화비평」, 『대동철학』 제23집, 대동철학회, 2003. 293-313쪽 참조바람.

이를 바탕으로 국내의 '우리' 지식인들이 그간 보여주었던 역할에 대해 반성하고, 인문학적 관점에서 '우리' 지식인이 지향해야 할 바람직한 모형을 제시하고자 한다. 이를 근거로 기독교 철학과 대중문화, 기독교 철학자의 역할을 제시하고자 한다.

이상과 같은 논의의 목적을 위해서 먼저 인문학 연구의 주요 대상으로 부상한 대중문화에 대해 본격적으로 다루고자 한다. 여기에서는 전통 인문학과 매체시대의 인문학이 지니고 있는 그 위상과 특성에 대해 분석하고, 대중문화 연구의 목적을 인문학적 맥락에서 고찰하도록 한다. 다음으로 대중문화의 이해 방식과 지식인의 역할에 대해 논의하도록 한다. 특히 이 부분에서는 대중문화 연구와 지식인의 관계를 '유기적 지식인', '체험적 지식인', '비판적 지식인'의 세 가지 유형으로 각각 구별하고, 이러한 유형의 대표적인 이론가로 그람시(A. Gramsci, 1891~1937), 손탁(S. Sontag, 1933~), 벤야민(W. Benjamin, 1892~1940)의 입장을 분석하도록 한다. 다음으로는 시선을 안으로 돌려 '우리'의 대중문화 연구와 '우리'의 지식인의 관계에 대해 반성해 보고, 이에 근거하여 지식인이 나아가야할 바람직한 방향을 모색하고자 한다. 이 부분에서 우리는 우리 지식인들의 주류 콤플렉스, 학자 이데올로기의 경향에 대해 철저하게 반성하게 될 것이다. 그리고 필자는 이러한 경향을 극복하기 위한 하나의 방안으로서, 특히 지식인의 이념적 역할과 관련해서는 이 시대에도 여전히 통용될 수 있는 '선비정신'을 재음미하고, 실천적 역할과 관련해서는 최근에 결성된 '철학 앙가주망 네트워크'(Philosophical Engagement Network)

를 제시하도록 한다. 마지막으로는 대중문화와 기독교 철학의 관계를 기독교 철학자의 역할에 초점을 맞추어 논의하면서 글을 마무리하도록 한다.

2. 인문학 연구의 주요 대상으로서 대중문화[2]

1) 전통 인문학과 매체시대 인문학, 그 위상과 특성

오늘날 우리가 체감하고 있는 인문학의 위기 상황은 인문학 영역의 내부뿐만 아니라 외부 환경의 변화를 고려할 때 비로소 그 실마리를 찾을 수 있다. 인문학 진영 내부의 원인 규명은 이미 많은 지면을 통해서 논의되었기에[3] 여기에서는 그 바깥의 변화에 대해 잠시 짚어 보고자 한다.

이와 관련하여 우리에게 매체이론가 문명비판가로 널리 알려진 맥루한(H. M. Mcluhan, 1911~1980)의 설명은 설득력 있게 다가온다. 그는 인류의 역사를 매체(medium)의 역사로 간주한다. 그의 설명에 의하면 인간의 역사는 구어시대(Oral age), 문자시대(Literate

---

2 이 글에서 필자는 '문화' 개념과 '대중문화' 개념을 엄밀하게 구분하지 않은 채 거의 같은 의미맥락으로 사용하였다. 그 이유는 우리의 인문학의 영역 내에서 다루어지는 대중문화 개념은 문화 일반의 논의에 속할 수 있다는 인식 때문이다. 그리고 우리가 일상적 용례로 사용하는 문화라는 표현 가운데 이미 가장 대표적인 형태로 대중문화를 떠올린다는 사실에서 필자는 양 개념을 더러 혼용하고 있음을 미리 밝혀 둔다.

3 전국대학인문학연구소협의회, 『인문비평』, 월인, 창간호:"우리나라 인문학 연구의 현황과 문제점",(2000), 제2호:"국내외 인문학 동향"(2001), 제3호:"인문학의 경제적 가치와 생산성"(2002)에서 이미 심층적으로 논의되었다. 또한 국내 인문학 연구자 내부 진영의 움직임에 대해서는 신응철(2003), 앞의 글, 115-119쪽 참조 바람.

age), 인쇄시대(Gutenberg age), 전기시대(Electric age) 이상과 같은 네 시기로 구별된다.[4] 첫 단계인 구어시대의 사람들은 대체로 공동생활을 하며, 구두(口頭)로써 의사소통을 하기 때문에 시각, 청각, 후각, 촉각, 미각의 오감각을 동시에 사용하는 복수 감각형이었다. 두 번째 단계는 약 2천 년 전의 한자(漢字)나 알파벳의 발생 이후부터 시작된 문자시대(필사시대)이다. 이때부터 차츰 사람들은 시각형 인간으로 변형되었지만 문자를 사용하는 사람이 극히 적었기 때문에 여전히 이전 시대와 마찬가지로 복수 감각형의 인간이 지배적이었다. 세 번째 단계는 15세기 구텐베르크의 활판 인쇄술의 발명 이후부터 전기매체가 등장하기까지의 약 4세기 동안의 시대로서 일명 구텐베르크 시대다. 이 단계의 사람들은 인쇄술에 의한 의사소통에 크게 의존하였으며, 사람들은 주로 시각에 의존하는 부분 감각형 인간이 되었다. 그래서 인간의 사고는 선형(線形) 혹은 연속적 패턴을 띠게 되었으며, 인쇄 매체의 발달은 개인주의와 민족주의의 경향을 촉진하게 되었다. 마지막 단계는 20세기의 전기 매체 시대다. 전기 매체의 발달로 세계는 점차 하나의 지구촌(global village)으로 발전하게 되어 인류를 과거의 구술문화가 우세한 시대로 복귀하게끔 만들었다. 말하자면, 전기 매체는 이성적이기보다는 감성적인, 시각적이기보다는 촉각적인, 파편적이기보다는 통합적인 성격을 지닌 문자이전의 인간형을 부

4 맥루한, 『미디어의 이해-인간의 확장』(박정규 역), 커뮤니케이션북스, 1997, 518쪽 참조. 맥루한, 『구텐베르크 은하계-활자인간의 형성』(임상원 역), 커뮤니케이션북스, 2001, 44-71쪽 참조.

활시켜 놓았다. 그리하여 일종의 재부족화 현상이 일어나 사람들은 시각형 인간에서 복수 감각형으로 되돌아가게 되었다.

이상과 같은 맥루한의 설명에 따르면, 텔레비전, 라디오, 전화, 컴퓨터와 같은 새로운 전기 시대의 매체는 '새로운 환경'을 형성하여 인간의 감각지각의 방식과 삶의 방식을 근본적으로 변화시켜놓았다. 이는 또한 인간의 전체 삶의 조건까지도 변화시켜 놓았다. 그런 측면에서 이제 매체는 단순히 인식의 수단이 아니라 '인간 감각의 확장'(extensions of the senses)이다.[5] 여기서 '확장'이라는 표현은 특정 감각 기관의 고유한 기능을 수행하는 데 도움이 되는 모든 수단과 기제를 일컫는다. 그 같은 맥락에서 옷은 피부의 확장이며, 인쇄 매체는 눈의 확장이며, 라디오는 귀의 확장이다. 그리고 텔레비전은 눈과 귀의 확장이다.

이와 같은 논의의 연장선에서 보면 '매체는 메시지이다'(The medium is the message). 맥루한에 의하면, 새로운 매체의 등장은 기존의 감각 균형에 영향을 주고, 이는 다시 인간의 의식을 변화시키게 된다.[6] 특정 매체(전기 매체) 때문에 일어나는 인간의 감각 균형의 재조정 현상, 그로 인한 인간 의식의 변화를 맥루한은 그 같은 말로 표현하였다. 그러니까 인간과의 만남을 통해서 비로소 매체의 의미는 생겨난다. 인간은 매체로 인하여 완전한 변화를 경험

5 Marshall McLuhan, *Understanding Media: The Extensions of Man*, New York: McGraw-Hill, 1964, 8-9쪽 참조. 번역본으로는 맥루한, 『미디어의 이해-인간의 확장』(박정규 역), 커뮤니케이션북스, 1997, 18쪽 참조.

6 Marshall McLuhan, *The Gutenberg Galaxy: The Making of Typographic Man*, New York: Mentor, 1964, 281-282쪽 참조. 번역본으로는 『구텐베르크 은하계-활자인간의 형성』(임상원 역), 커뮤니케이션북스, 2001, 308-309쪽 참조.

하게 되고, 이러한 변화 자체를 맥루한은 메시지로 보고 있다.

오늘 우리가 살아가고 있는 현대는 멀티미디어로 대변되는 통신 매체 기술의 발달로 인해 문자의 위상이 급격히 추락하고, 그에 반해 시각적 이미지가 강조되고 있다. 이러한 사회적 환경은 결국 인문학의 고전적 매체였던 글(문자)의 위상을 축소시켜 놓았다.

이제 맥루한의 설명에 의존하여 우리의 관심사인 인문학과 대중문화의 관계를 유심히 들여다보자. 우선 우리는 대중문화의 변화는 결국 매체의 변화에 영향 받는다는 사실을 발견할 수 있다. 그 점에서 매체와 문화, 특히 매체의 발달과 대중문화는 밀접한 관련성을 지니고 있다. 그렇다면 인문학과 매체는 어떤 관계에 있는가? 인문학 분야의 연구 주제와 특성이 그동안 많이 변화했다는 사실은 무엇을 말해주는가? 매체의 발달은 인문학의 연구와 교육에 직접적인 영향을 미쳤다고 해야 할 것이다. 최근 우리 학계에 일어나고 있는 '매체 해석학'[7]의 연구 경향은 이를 잘 입증하고 있다.

먼저 매체의 발달과 인문학의 관계에 대해 살펴보도록 하자. 이러한 논의를 효과적으로 진행하기 위해서 우리는 현재 우리의 시대를 맥루한의 견해처럼 매체시대로 간주하도록 한다. 그렇게

7 매체 해석학이란 해석학이 자신의 주된 논의 영역을 기존의 텍스트 해석에서 탈피하여 매체의 발달과 그로 인한 인간의 의사소통 방식의 변화에 주목하고, 이러한 변화의 양상을 해석학의 논의 영역으로 수용하는 것을 말한다. 최근 한국해석학회에서도 매체 해석학을 특집으로 다룬 적이 있다. 한국해석학회, 『매체와 정보 해석학』, 해석학연구 13집, 2004. 참조바람.

되면 자연스럽게 인문학을 편의상 과거의 '전통 인문학'과 현재의 '매체시대 인문학'으로 구분할 수 있고, 그 개략적인 특성을 분석할 수 있다. 이를 토대로 인문학 연구의 주요 대상으로 왜 대중문화가 부상하게 되었는지를 밝혀낼 수 있을 것이다.

〈표1〉 전통 인문학과 매체시대 인문학의 비교

구 분	전통 인문학	매체시대 인문학
① 연구의 기반	공동체 문화 (보편성, 절대성, 보편문화)	탈(脫)공동체 문화 (특수성, 상대성, 특수문화)
② 연구 영역	인쇄(활자) 문화 (고전문헌, 텍스트 분석)	영상(시각) 문화 (영화, 애니메이션, 사진 감상)
③ 강조 분야	이성(理性), 정신(精神) (전통철학의 주제들)	감성(感性), 몸 (포스트모던 철학의 주제들)
④ 경제적 관점	경제와 문화의 '분리' (예: 문화산업 비판)	경제와 문화의 '통합' (예: 문화콘텐츠진흥원 설립)
⑤ 생활세계와의 관계	생활세계와의 '연결' (토지의 경작→Bildung(훈육, 교화, 교양, 인간성) 개념의 강조	생활세계와의 '단절' (사이버 세계→창조적 상상력, 가상현실, 체험 강조)
⑥ 문화 형태	고급문화, 엘리트의식 강조	대중문화, 대중성 강조

위의 표에서도 확인할 수 있는 것처럼, 전통 인문학과 매체시대 인문학 사이에는 연구 주제나 연구의 특성이 상당히 다르다는 사실을 알 수 있다. 이러한 차이들 가운데 우리의 관심을 끄는 점은 매체시대 인문학 연구에 있어서 대중문화 연구가 차지하는 위상이다. 매체시대를 살아가고 있는 인문학자들 자신이 연구와 교육에 있어서 전통 인문학의 연구 주제나 방법만을 고수한다면, 이는 시대정신과도 어긋날 뿐만 아니라, 인문학의 위기 상황을

스스로 심화시키는 결과를 가져올 것이 분명하다. 이런 이유에서 기존의 인문학 연구의 관행의 틀을 깨고 이제 문화연구, 특히 대중문화 연구를 인문학의 주요 연구 분야로 삼자고 제안하는 강내희[8]나 김용환[9]의 목소리를 우리는 귀담아 들을 필요가 있다.

2) 대중문화 연구의 목적과 특징 그리고 인문학

그렇다면 대중문화 연구의 목적은 어디에 있는가? 그것이 인문학의 연구와 어떤 측면에서 만날 수 있는가? 우리에게 문화 연구의 권위 있는 학술지로 알려진 *Cultural Studies*의 공동 편집인 로렌스 그로스버그(Lawrence Grossberg)[10]는 1997년 광주비엔날레 국제회의에 참석하고 이때 가진 한 인터뷰에서 매우 의미 있는 메시지를 던져 주었다.

> 문화연구는 결코 문화비평이 아닙니다. 의자에 앉아서 문화현상을 관조하는 일은 더더욱 아닙니다. 문화비평을 폄하하고 싶지는 않습니다. 문화비평도 많은 역할을 수행하고 있으며 매우 중요합니다. 문화연구가 문화비평과 다르다면 그것은 문화연구가 끊임없이 일감을 찾아 나선다는 것입니다.(중략) 문화연구는 결코 문화에 대한 연구가 아닙니다. **문화는 세상에서 벌어지는 정치적 갈등을 잘 들여다보기**

---

8 강내희, 『지식 생산, 학문전략, 대학개혁』, 문화과학사, 1998.

9 김용환, 「문화학에서의 인문학: 문화인류학적 제언」, 『인문비평』 창간호, 월인, 2000, 116쪽 참조.

10 현재 미국 노스 캐롤라이나대학교 커뮤니케이션학과 교수. 문화연구 전문 학술지 *Cultural Studies*의 공동 편집인. *Cultural Studies*(Routledge, 1991), *Marxism and Interpretation of Culture*(University of Illinois Press, 1988)의 공동 편저자.

위한 것에 지나지 않습니다. 그러므로 끊임없이 문화를 정치적 상황으로 되매김질하는 작업이 필요합니다. 지금까지 많은 학문 분야가 있었지만 문화연구만큼 문화를 그런 식으로 심각하게 다루지 못했습니다. **문화연구는 문화로부터 시작하지만 궁극적으로 문화를 정치적 맥락 안으로 되돌려놓습니다. 그 맥락 안에서 어떤 권력 투쟁이 있었는지를 파악하는 것**이지요. 영화를 해석하고, 수용자가 영화나 텔레비전을 어떻게 해석하는가 하는 것을 문화연구라고 할 수는 없습니다. 그것들은 현재의 상황을 더욱 잘 이해하기 위한 과정에 불과할 따름입니다. **권력의 배분, 권력의 변화, 권력으로 인한 변화 등을 찾아내는 일이 궁극적인 연구 목적**입니다.[11]

또 다른 곳에서 그로스버그는 다음과 같이 말하고 있다.

문화연구는 문화를 단순한 텍스트나 상품이 아닌 그 이상의 무엇으로 간주한다. 더 나아가 **문화연구는 문화 자체를 권력을 둘러싼 생산과 투쟁의 지점으로 이해**한다. 여기서 권력은 필연적으로 지배의 형태를 취하는 것이 아니라 언제나 구성원의 특정 분파들을 위하는 불평등한 힘의 관계로 이해된다.[12]

그로스버그는 이처럼 문화연구의 목적을 분명히 제시하면서, 이와 관련하여 문화연구가 지니는 특징들을 제시하였다. 그에 의하면, 문화연구는 하나의 '분과(分科)'라는 것, 본질적으로 '맥락적

11 현대사상 기획특집 특별대담 "문화연구와 권력", 『현대사상』 제4호, 민음사, 1997, 66쪽 참조.

12 로렌스 그로스버그, 「문화연구: 그 이름이 의미하는 것」, 『현대사상』 제4호, 민음사, 1997, 175쪽 참조.

(脈絡的)'이라는 것, '이론적(理論的)'이라는 것, '정치적(政治的)'이라는 것, '학제적(學制的)'이라는 것, 그리고 '자기반성적(自己反省的)'이라는 특징이 그것이다.[13] 이 대목에서 우리는 문화연구와 인문학 연구의 밀접한 연관성을 이끌어 낼 수 있다. 인문학은 그 연구 분야를 어떻게 정의하고 접근하든 간에 공통적으로 그 속에는 '나는 누구인가?', '인간이란 무엇인가?'라는 물음에 대한 다양한 숙고와 고찰 방식이 들어있다. 그런 면에서 인간의 자기-인식, 자기-검토, 자기-반성이 인문학 연구의 궁극적인 목적이라 해도 과언은 아니다. 때문에 문화(대중문화)라는 매개를 통한 간접적 방식의 인간의 자기-이해는 어떤 면에서는 인문학 연구의 핵심적인 한 가지에 해당된다고 할 수 있다.

비슷한 관점에서 김용환[14]은 인문학이 적어도 규범적 학문인 이상, 문화를 연구 대상으로 삼을 때 문화 기술에 충실해야 하지만 그 자체에만 그쳐서는 안 되고, 궁극적으로는 문화비평(문화비판)을 추구해야 한다고 주장하기도 한다. 덧붙여 이러한 문화비평에 있어서 객관적 잣대, 즉 인문학이 추구하는 보편적 윤리와 가치관, 그리고 현재 및 미래 사회에 부합하는 인간 상(像)을 정립할 필요가 절실하다고 그는 주장하기도 하였다.

---

13 로렌스 그로스버그, 「문화연구: 그 이름이 의미하는 것」, 『현대사상』 제4호, 민음사, 1997, 183쪽 참조.

14 김용환, 「문화학에서 인문학: 문화인류학적 제언」, 『인문비평』 창간호, 월인, 2000, 124쪽 참조.

3. 대중문화의 이해 방식과 지식인의 역할

1) 대중문화 연구와 지식인의 역할

우리의 관심은 인문학의 연구 분야의 중심 주제로 자리 잡은 대중문화를 어떻게 연구하고 이해할 것인가라는 점에 있다. 이러한 관심은 자연스럽게 대중문화의 연구와 이해에 있어서 중심적인 한 축으로서 지식인, 특히 지식인의 역할에 모아진다.

그로스버그도 문화연구에서 나타나는 지식인 상(像)에 대해 언급한 바 있다. 그에 따르면, 문화와 관련한 지식인의 등장은 부르주아와 중간계급의 부상(浮上)과 맞물려있다. 과거의 지식인들의 역할은 부르주아와 중간계급의 문화 취향 등과 같이 '제도화된 권력'을 보호하는 데 있었다.[15] 마찬가지로 현대의 지식인들도 그와 같은 혐의에서 결코 자유롭지 못하다는 것이다. 때문에 자본주의라는 거대 권력이 대학을 넘나보고 그에 걸맞은 이론 생산을 요구하는 상황에서 이제 지식인 스스로가 그에 대응할 수 있는 지식 생산을 염두에 두어야 하고, 나아가 지식인의 참 역할을 진지하게 모색해야 할 시점이다.

2) 문화 연구와 지식인의 관계 유형

매우 광범위하고 다양하게 전개되는 지식인(知識人)[16]에 관한

---

15 현대사상 기획특집 특별대담 "문화연구와 권력", 『현대사상』 제4호, 민음사, 1997, 57쪽 참조.

16 대중문화와 관련하여 이 글에서 말하는 '지식인' 개념은 전적으로 서양철학의 전통에

논의를 여기에서는 대중문화의 비판과 이해 그리고 감상이라는 관점에서 크게 세 가지 유형으로 구분하여 살펴보고자 한다. 이 세 가지 유형은 마르크스 사상을 자본주의 사회에 적용하는 관점, 프라그마티즘에 근거한 해석학적 관점, 그리고 프랑크푸르트 학파의 비판이론의 관점을 나타내는 것으로 이해해도 무방할 것이다. 먼저 마르크스 사상에 토대를 두고 실천철학적 관점에서 지식인의 역할을 논의하는 그람시와 만나보자.

(1) '유기적 지식인'의 유형: 그람시(A. Gramsci)의 입장

대중문화와 지식인의 관계를 염두에 두면서 그람시를 읽을 때 우리가 주의해야할 부분은 그가 사용하는 '문화'와 '지식인' 개념, 그리고 지식인과 문화의 상관관계이다.

일반적으로 알려진 지식인에 대한 정의는 "뛰어난 지적 능력을 지녔거나 지녔다고 생각되는 지적인 존재"(옥스퍼드 영어사전)이다. 그런데 그람시는 지식인을 규정하는 것은 그가 소유한 "뛰어난

서 이해된 지식인임을 전제한다. 동아시아적 전통에서 논의되는 '지식(인)' 개념은 서구적 전통과 많은 차이가 있다. 곽신환의 논의가 많은 정보를 제공하기에 잠시 그의 설명을 들어보자. 조선조(1392-1910)의 지식인은 기본적으로 儒者, 士, 선비를 일컬었다. '知識'이라는 말은 『墨子』『天志』 上편에서 "然且親戚兄弟所知識, 共相儆戒"라 한 것과 『管子』「立國」편에서 "屬之其鄕黨知識故人"이라 한 것이 그 전거가 될 것이다. 이때의 知識이란 말은 사물(事物)에 대해서 아는 것을 의미했다. 지식인과 대비하여 종종 사용되는 용어가 지성인(知性人)이다. 이 단어는 아무래도 『孟子』『盡心』上편 "盡其心者 知其性 知其性則知天矣(그 마음을 다하는 자 그 본성을 알고, 그 본성을 아는 자 하늘을 안다.)"가 그 전거가 될 터인데 이는 人과 物의 본성을 아는 자를 말한다. 性은 성리학자들에게서 우주의 자연적이고 궁극적인 天理이자 인간의 당위의 원칙을 나타내는 말이다. 오늘날 지성인이라고 말할 때는 지식인보다 가치 정향적인 의미로 사용하고 있다. 곽신환, 「조선조 지식인의 정체성 갈등」, 『인문학연구』제32집, 숭실대 인문과학연구소, 2002, 25-26쪽 참조.

지적 능력"이 아니라, 지식을 생산하고 그 지식을 다른 사람들에게 주입할 사회적 책무라고 보고 있다. 지식인의 기능은 무엇보다도 "지도적이고 조직적인, 곧 교육적이고 지적인" 데 있다.[17] 이런 관점에서 그람시는 지식인에 대한 관습적인 정의를 확대해, 다른 사람들에게 지식을 주입하고 세계를 바라보는 특정한 방식의 재생산을 보장할 책임을 지닌 사람들까지 포함시키고 있다. 그래서 지식인들은 그 용어가 흔히 가리키는 '계층'이 아니라, 일반적으로 넓은 의미에서(생산분야, 문화분야, 행정분야 등에서) 조직적인 기능을 수행하는 사회계층 전부라고 말한다.[18] 그런 측면에서 그람시의 지식인은 '개인'이기보다는 '집단'에 가깝다고 할 수 있다. 그리고 지식인에 대한 그람시의 정의에서 절대적인 비중을 차지하는 것은 역사에서 중요한 역할을 하는 지식인들이 근본적으로 특정 계급과 연결되어 있다는 가정이다.[19] 이와 같은 가정에 근거해 '유기적 지식인'과 '전통적 지식인'으로 다시금 구분된다.

먼저 그람시가 말하는 전통적 지식인(traditional intellectual)이란 무엇인가? 전통적 지식인은 원래 특정 계급에 유기적으로 연결되어 있었지만, 시간이 지나자 "역사의 흐름에 방해받지 않고 면면히 이어지며 따라서 집단 투쟁과 무관하다고 자처하는…… 박제된 사회집단을 일컫는다."[20] 그람시는 이러한 전통적 지식인의

17 Antonio Gramsci, *Selections from the Prison Notebooks*, edited by Quintin Hoare and Geoffrey Nowell Smith, London: Lawrence & Wishart, 1971, 16쪽 참조.

18 Antonio Gramsci, *Selections from the Prison Notebooks*(1971), 97쪽 참조.

19 케이트 크리언, 『그람시 · 문화 · 인류학』(김우영 역), 도서출판 길, 2004, 184쪽 참조.

20 Antonio Gramsci, *Selections from the Prison Notebooks*(1971), 452쪽 참조. 그리고 케이트 크리언, 같은 책, 193쪽 참조.

대표적인 예로 이탈리아에서의 성직자들을 꼽고 있으며, 그밖에도 문필가, 철학자, 예술가 등을 들기도 한다. 그의 표현을 빌리면, 이탈리아에서의 성직자들은 오랫동안 그 시대의 철학이자 과학인 종교적 이데올로기를 비롯해 학교, 교육, 도덕, 정의, 자선, 선행 등 여러 가지 중요한 서비스를 독점했다. 성직자들은 자신들의 시대에 토지 귀족에 유기적으로 결합된 유기적 지식인이었지만, 시간이 지나면서 이 전통적 지식인들은 자신들이 지배적인 사회집단으로부터 독립된 자율적인 집단이라고 생각하게 되었다는 것이다.[21]

다음으로 **유기적 지식인**(organic intellectual)에 대해 살펴보자. 유기적 지식인이란 특수한 계층에 근본적·구조적으로 연결되어 있는 사람들이다.[22] 그람시가 유기적 지식인과 전통적 지식인을 구분하는 것은 개별적 지식인 자체에 관심이 있어서가 아니다. 핵심은 권력이 생산되고 재생산 또는 변형되는 과정에서 지식인들이 수행하는 역할에 있다.[23] 그런 맥락에서 그람시의 궁극적인 관심사는 정권의 창출과 그것의 재생산 또는 변혁이며, 그 정권의 결속과 기능에 결정적으로 필요한 세계관에 있다. 지식인들의 직분은 지식을 생산하는 것이지만, 사회의 혁명적 변화를 꾀하는 유기적 지식인들이 만들어내는 지식은 대중적 존재가 경험하는 삶의 조건에 대한 참된 이해에 바탕을 두는 것이어야 한다.[24] 바

---

21 Antonio Gramsci, *Selections from the Prison Notebooks*(1971), 7쪽 참조.

22 Antonio Gramsci, *Selections from the Prison Notebooks*(1971), 6쪽 참조.

23 케이트 크리언, 같은 책, 196쪽 참조.

24 케이트 크리언, 같은 책, 180쪽 참조.

로 그와 같은 관점에서 그람시는 "모든 사람은 지식인이지만, 모든 사람이 사회에서 지식인의 기능을 떠맡는 것은 아니다"[25]라고 말한다.

이제 지식인과 문화의 상관관계를 살펴보자. 크리언은 그람시를 읽을 때 명심할 점은 그가 자본주의 사회의 근본적인 변혁에 몰두한 적극적인 운동가였다는 사실을 강조한다. 그람시는 그 변화의 궁극적인 주역이 '계급'이라고 보았지만, 계급이 어떻게 경험되는가를 규정하는 것이 '문화'라는 점에서 문화의 문제도 모든 혁명적 프로젝트에서 중요한 몫을 차지한다고 생각하였다.[26] 그래서 그람시는 무엇보다도 '문화적 변화'에 관심을 기울였다. 다시 말해 진보적인 문화변동을 조장하는 동시에 보수적인 문화적 힘들을 극복하는 것이 그의 관심사였다. 그런 이유에서 그는 민속을 찬양하고 그 보존을 주장하는 자들을 몹시 경멸하기도 하였다.[27] 우리는 그람시 자신의 문화관을 다음의 인용문을 통해 엿볼 수 있다.

> 문화에 대한 나의 생각은 소크라테스적인 것으로, **문화란** 사람들이 무슨 생각, 무슨 행동을 하든지 **제대로 생각하고 제대로 행동함을 뜻한다**. 그리고 나는 문화도 사회주의의 기본 개념임을 알기 때문에, 또 문화가 사고의 자유라는 막연한 개념을 통합시켜 구체적으로 만들어 준다고 생각하기 때문에, 조직이라는 개념을 통해 문화의 개념에

---

25 Antonio Gramsci, *Selections from the Prison Notebooks*(1971), 9쪽 참조.
26 케이트 크리언, 같은 책, 105쪽 참조.
27 Antonio Gramsci, *Selections from the Prison Notebooks*(1971), 197쪽 참조.

생기를 불어넣고 싶다.[28]

> 우리는 문화를 백과사전적 지식으로 보려는 관습에서 벗어날 필요가 있다. 또한 인간을 경험적 자료와 두서없는 사실들로 채워야 할 용기로 봐서도 안 된다. 이런 식의 문화는 특히나 프롤레타리아에게 백해무익하다. …… 문화는 전혀 다른 것이다. 그것은 **조직이며, 내면의 단련이자 고유한 인성과의 타협**이다. 그것은 **수준 높은 의식의 달성을 통해 개인이 자신의 역사적 가치, 자신의 고유한 역할, 자신의 권리와 의무를 깨우치는 것**이다.[29]

위의 두 인용문을 통해서 우리는 그람시의 문화관이 갖는 두 가지 주제[30]를 찾아낼 수 있다. 첫째, 문화는 행동을 동반하는 사고, 다시 말해서 사람들로 하여금 자신이 살아가는 현실 속에서 자신의 위치를 적극적으로 이해하도록 해주는 수단이라는 점이다. 둘째, 조직의 중요성에 대한 강조이다. 사람들(노동자들)에게 남겨진 것은 경험적, 원초적인 문화이지 결코 유기적인 문화가 아니다. 따라서 진보주의자들은 그러한 맹아적인 프롤레타리아 문화를 조직하고 발달시켜야 한다는 점이다.

그람시의 문화론에서 발견할 수 있는 특징적인 요소는, '창조적 정신'과 '비판적인 문화의식'이 역사를 만들어낸다는 근본 신

---

28 Antonio Gramsci, *Selections from Cultural Writings*, edited by David Forgacs and Geofferey Nowell Smith, London, Lawrence & Wishart, 1985, 25쪽 참조.

29 Antonio Gramsci, *Selections from Political Writings*, 1910-1920, edited by Quintin Hoare, London, Lawrence & Wishart, 1977, 10-11쪽 참조.

30 케이트 크리언, 같은 책, 108-109쪽 참조.

념이다. 그런 맥락에서 그람시가 주목하는 문화는 전통적으로 문화인류학에서 논의하는, 말하자면 한 세대에서 다음 세대로 대물림되며 지속되는 것으로서의 문화가 아니다. 오히려 경제관계에 긴밀히 연결되어 있으면서 특히 헤게모니를 성취하려는 집단이나 계급이 적극적으로 창조해야 하는 문화이다. 그래서 그람시는 지식인들이 새로 부상하는 계급의 세계관을 대변하는 주류 문화가 자리 잡는 과정에서 결정적으로 중요한 역할을 한다고 보고 있다. 지식인들은 특수한 계급 입장을 경험하는 자들의 비통합적이고 단편적인 느낌들을 그들의 입장을 반영한 통합적이고 논리적인 세계관으로 변형시킨다. 그렇기에 지식인은 특히 유기적 지식인은 대중의 열정을 느끼고 이해해야만 특수한 역사적 상황 속에서 그것을 설명하고 정당화시킬 수 있으며, 그것을 역사법칙 및 과학적, 체계적으로 다듬어진 우월한 세계관과 변증법적으로 연결시킬 수 있는 것이다. 그런 열정 없이는, 지식인과 민중-민족간의 심정적 유대감 없이는, 역사와 정치를 만들어낼 수 없다는 것이다.[31]

(2) '체험적 지식인'의 유형: 손탁(S. Sontag)의 입장

이어서 살펴볼 지식인의 유형은 프라그마티스트로 널리 알려진 수잔 손탁의 해석학적 논의다.[32] 손탁은 대중문화와 지식인의 역할에 대한 체계적인 논의를 하지는 않았지만, 그녀 스스로 반

---

31 Antonio Gramsci, *Selections from the Prison Notebooks*(1971), 418쪽 참조.

32 가다머와 손탁의 예술작품의 해석과 관련된 논쟁 부분은 신응철, 「해석: 해방인가? 훼방인가?」, 『철학연구』 제61집, 2003.5. 그리고 신응철, 『문화철학과 문화비평』, 철학과현실사, 2003. 202-233쪽 참조바람.

전, 반핵 등의 운동의 현장 속에 깊이 뛰어들었기에[33] 그 자체를 통해서도 지식인의 역할에 대한 그녀의 입장을 읽어낼 수 있을 것이다. 여기에서는 대중문화 일반에 논의를 집중하기보다는 그 범위를 좁혀 예술작품의 해석의 문제를 놓고서 해석자(다름 아닌 지식인, 철학자)의 역할에 초점을 맞춘 손탁의 논의를 통해 우리는 체험적 지식인의 유형을 만나보고자 한다.

손탁의 기본적인 문제의식은 예술의 영역에서 여전히 커다란 영향을 미치고 있는 전통적인 그리스 예술이론의 틀에서 벗어나야 한다는 데 있다. 그녀 자신이 파악하고 있는 그리스 예술이론의 특징과 문제점을 살펴보자. 예술에 관한한 그 핵심은 언제나 '모방' 혹은 '재현'이라는 의식이다. 이러한 관점에서 예술은 '형식'과 '내용'이 분리되어 있다는 생각을 갖게 해 주며, 이 때문에 내용은 본질적인 요소로, 형식은 장식적 요소로 간주되어 왔다는 것이다. 내용을 지나치게 강조한다는 것은 끝나지 않을, 혹은 결코 완성되지 못할 '해석 작업'을 해야 한다는 의미가 된다고 손탁은 파악한다. 이러한 측면에서 현대 해석학에서의 예술작품에 대한 해석 방식에서 '이해가 곧 해석'이라는 도식이 성립하게 되었다고 손탁은 생각한다. 손탁은 예술작품에 대한 해석 행위가 '해방으로서의 해석'인지 아니면 '훼방으로서의 해석'인지를 진지하게 고민하고 있는 것이다.

결론부터 말하자면, 현대 해석학에서 주로 통용되는 작품의 해

33 수잔 손탁의 현실 참여 부분에 대해 즉각적으로 파악할 수 있는 자료로는 그녀가 쓴 『타인의 고통』(이재원 역), 도서출판 이후, 2004.가 있다.

석 방식은 손탁이 볼 때는 작품의 의미를 훼손시키는 '훼방으로서의 해석'이다. 그 이유는 어디에 있는가?

> 예전의 해석 방법은 집요했지만 그래도 예의가 있었다. 원문 그 자체의 의미 위에 또 하나의 의미를 덧붙이는 것이다. 현대의 해석 방식은 파고들어가는 것이다. 파고들어가면서 파괴한다. 이는 진짜 텍스트인 숨은 텍스트를 찾기 위해서 '배후'를 파헤치는 것이다.[34]

손탁은 현대 해석학에서의 해석 방식에 대해 예술작품을 가만히 내버려두지 않겠다는 잔인한 호전 행위로 간주한다. 그러니까 해석자는 예술작품을 그 내용으로 환원시키고, 그 다음에 그것을 해석함으로써 길들인다. 그렇게 해서 해석은 예술을 다루기 쉽고 안락한 것으로 만든다는 것이다. 이러한 방식에서 이해한다는 것 자체가 바로 해석하는 것이 된다. 그런데 이러한 방식에 문제가 도사리고 있다고 손탁은 파악한다. 어떤 측면 때문인가? 이해가 곧 해석이라고 주장할 때 이 때의 해석이란, 다름 아닌 작품의 세계, 작품의 의미에 숨통을 조이는, 다시 말해 하나의 '훼방 행위'가 되기 때문이다.[35] 그런 점에서 현대 해석학에서 말하는 해석이란, 지식인이 예술에 가하는 복수요, 세계에 가하는 복수라고 손탁은 말한다. 그러니까 해석한다는 것은 '의미'라는 그림자

---

34 Susan Sontag, *Against Interpretation and Other Essays*, New York, Dell, 1966. 번역서로 『해석에 반대한다』(이민아 역), 도서출판 이후, 2002, 24쪽 참조.(이후 번역본의 쪽수를 표기함)

35 Susan Sontag, 같은 책(2002), 25쪽 참조.

를 세우기 위해 세계를 무력화시키고 고갈시키는 짓이 된다.

도시의 공기를 더럽히는 자동차와 공장의 매연처럼, 예술을 해석하는 사람들이 뱉어 놓은 말들은 우리의 감성에 해독을 끼친다. 정력과 삼성을 희생하면서까지 비내할 내로 비대해진 지식인의 존재가 이미 해묵은 딜레마가 되어 버린 문화권에서, 해석은 지식인이 예술에 대하는 복수다. 아니, 그 이상이다. 해석은 지식인이 세계에 가하는 복수다. 해석한다는 것은 '의미'라는 그림자 세계를 세우기 위해 세계를 무력화시키고 고갈시키는 짓이다. 이는 세계를 이 세계로 번역하는 것이다.[36]

이제 손탁은 훼방적 행위로서의 해석 행위를 진정한 의미의 해방적 행위가 되기 위한 묘안을 제시한다. 그 묘안은 다름 아닌 '예술의 성애학'(erotics of Art)이다.

예술에 대해 뭔가를 말하려 한다면, 우리는 예술작품이 우리에게 훨씬 더 실감나도록 만드는 것을 목표로 해야 한다. 비평의 기능은 '예술작품이 무엇을 의미하는 지를 보여주는 것'이 아니라, '예술작품이 어떻게 예술작품이 됐는지', 더 나아가서 '예술작품은 예술작품일 뿐이다'라는 사실을 보여주는 것이다. 해석학 대신 우리에게 필요한 것은 예술의 성애학이다.[37]

손탁의 예술의 성애학에서 핵심적 요소는 바로 '투명성'(trans-

36 Susan Sontag, 같은 책(2002), 25쪽 인용.

37 Susan Sontag, 같은 책(2002), 34-35쪽 참조.

parence) 개념이다. 그녀가 말하는 투명성이란, 사물의 반짝임(luminousness)을 그 자체 안에서 경험하는 것, 있는 그대로의 사물을 경험하는 것을 말한다.[38] 이러한 투명성 개념이 예술의 영역에서 어떻게 확보될 수 있는가? 손탁은 오늘날 비평가들(지식인들)이 초점을 맞추는 것은 '예술작품이라는 올가미에 걸려든 현실'이지, 예술작품이 사람의 마음을 끌어들여 어느 정도 변화를 일으킬 수 있느냐에 있지 않다는 점을 지적한다. 그러면서 그녀는 모든 위대한 예술은 관조, 역동적인 관조를 불러일으킨다고 주장한다.

> 예술작품을 접하는 이가 작품 안에 있는 것을 일시나마 자신의 실제 삶과 동일시하면서 자극을 받는다하더라도, 그 반응은 예술작품을 예술작품으로 대하는 한, 궁극적으로 분개나 찬동을 넘어서는, 초연하고 평온하고, 감정의 동요 없이 관조적인 것일 수밖에 없다.[39]

예술작품에서의 투명성에 대한 경험은 해석자 자신의 '몰입'의 절차를 전제로 할 때 가능하다.[40] 몰입이 가능한 것은 모든 예술작품이 기본적으로 역동적인 관조를 불러일으키는 어떤 힘을 가지고 있기 때문이다. 이것을 손탁은 예술작품이 가지고 있는 '유혹의 힘'이라 간주한다. 예술작품이 아무리 뛰어난 표현력을 갖추었다고 할지라도, 그 성공 여부는 역시 작품을 경험하는 이의 협력 여부에 달려있다. 바로 이와 같은 측면에서 손탁은 예술은

38 Susan Sontag, 같은 책(2002), 33쪽 참조.
39 Susan Sontag, 같은 책(2002), 53쪽 참조.
40 Susan Sontag, 같은 책(2002), 55쪽 참조.

'유혹'이지 '강간'이 아니라고 말한다.[41] 예술작품은 도저히 회피할 수 없는 유형의 경험을 우리에게 제시한다. 중요한 것은 예술은 체험 주체의 공모 없이는 그 유혹에 성공할 수가 없다. 그래서 예술작품은 에로틱한 대상이 된다는 것이다. 문제는 그 에로틱한 대상이 가해 오는 유혹을 우리 자신이 느끼고, 체험하는 일이지, 그 대상을 강간하는 일, 말하자면 작품을 낱낱으로 뜯어내어 짜 맞추는 식의 분석 행위는 무의미하다는 것이 손탁의 입장이다. 손탁은 현대 해석학에서의 작품에 대한 해석 행위는 마치 예술작품을 강간하는 상황, 그러니까 작품의 의미를 제대로 드러내지 못하는 훼방으로서의 해석에 매달려 있었다는 점을 비판하고 있는 것이다.

결국 손탁이 볼 때, 예술작품을 예술작품으로 만난다는 것은 특정한 경험을 얻는 것이지, 어떤 문제의 해답을 듣는 것이 아니다. 예술은 세상 속에 있는 어떤 것이지, 그저 세상에 관해 말해주는 텍스트나 논평이 아니다.[42] 손탁의 관점에서라면, 사진, 영화, 대중음악, 심지어 랩에 이르기까지 소위 대중문화 전체는 인간의 삶 속에 대단히 긍정적인 요소라 작용할 수 있다. 그렇기에 손탁은 오늘날 우리가 잘 보고, 잘 듣고, 잘 느낄 수 있는 방법을 예술 체험을 통해서 제시하고 있는 셈이다.

(3) '비판적 지식인'의 유형: 벤야민(W. Benjamin)의 입장

41 Susan Sontag, 같은 책(2002), 46쪽 참조.

42 Susan Sontag, 같은 책(2002), 45쪽 참조.

우리에게 비판적 지식인의 전형으로 알려진 프랑크푸르트학파의 비판이론가들이 행한 문화비판의 내용은 크게 두 가지 방향에서 설명될 수 있다.[43] 하나는 혁명의 가능성 여부, 다른 하나는 프롤레타리아에 대한 평가라고 할 수 있다. 호르크하이머와 아도르노는 혁명에 대하여 좌절감을 느꼈고, 프롤레타리아의 상황에 대해서는 비관적이었다. 때문에 이들은 더 이상의 인간의 불행을 막기 위해 현대의 테크놀로지(기술)가 문화에 미치는 악영향을 분석하고 비판하는 방향으로 논의를 전개한 반면, 벤야민은 전투적이었고 낙관적이었다고 할 수 있다.

여기에서는 프랑크푸르트학파의 비판이론가들의 입장[44]과 견주어 볼 때 '기술'과 '문화'의 관계를 비교적 긍정적으로 분석하는 벤야민의 입장에 대해서 살펴보고자 한다. 호르크하이머와 아도르노는 『계몽의 변증법』에서 "대중 기만으로서의 계몽"이라는 부제를 달아 문화산업을 분석하였다. 그들은 이 책에서 산업으로서의 대중문화를 일컬어 대중 기만의 도구로서, 대중에게서 비판적 정신을 빼앗고 우둔함과 어리석음만을 줄 뿐이라고 주장하였다. 이런 주장은 대중매체와 대중문화가 가지고 있는 대중 '조작적(操作的)' 측면과 '상업적(商業的)' 성격을 비판하는 입장에서 연유한다고 할 수 있다. 그렇지만 벤야민의 경우, 대중문화의 생성을 문화

43 문현병, 「프랑크푸르트학파의 사회철학에서 문화비판」, 『시대와철학』 제11호, 1995, 168쪽 참조.

44 프랑크푸르트학파의 문화분석 방법론에 대한 부분은, 신응철, 「프랑크푸르트학파와 신칸트학파의 문화분석(연구) 방법론-문화철학과 문화비평의 상관성의 관점에서」, 『대동철학』 제24집, 2004, 247-271쪽 참조바람.

의 몰락으로 보기보다는 오히려 새로운 문화의 등장으로 파악하면서, 특히 예술작품의 복제 기술과 문자매체에서 시각매체로의 이행, 그리고 그것의 새로운 사회적 역할에 주목하였다.[45]

벤야민은 현대 대중문화의 특징을 「기계복제 시대의 예술작품」(1968)[46]이라는 짧은 글을 통해서 명쾌하게 제시하고 있다. 그는 이 논문의 첫 부분에서 1900년경에 이르러 전래된 모든 예술작품들의 복제가 이루어짐으로써 대중에 대한 예술의 영향력에 가장 큰 변화가 일어났다고 말한다. 그러면서 예술작품의 복제와 영화가 전통적 형태의 예술에 어떤 영향을 미쳤으며, 나아가 그것을 가능케 한 사회적 조건에 대해 이해하고자 하였다. 벤야민의 분석에 따르면, 전통적 예술과 기계복제 시대의 예술의 가장 큰 차이점은 '아우라의 몰락'(decay of the aura)에 있다.[47] 그러니까 전통적 예술작품들은 제각기 아우라를 가지고 있었지만, 기계복제 시대의 예술작품에는 더 이상의 아우라가 존재하지 않는다는 것이다. 그렇다면 벤야민이 말하는 예술작품의 '아우라'는 무엇을 의미하는가?

벤야민은 예술작품의 일회성(unique existence), 원본성(the pres-

45 심혜련, 「대중매체에 관한 발터 벤야민의 미학적 고찰이 지니는 현대적 의의」, 숭실대 대학원 철학과 2001 춘계 콜로키움-21세기 문화철학과 비평-, 자료집, 2001.5.21(숭실대) 3쪽 참조.

46 W. Benjamin, "The work of art in the age of mechanical reproduction"(1968), in Culture; Critical *Concepts in Sociology*, Edited by Chris Jenks, Vol 2. Routledge London and New York, 2003. 3-27쪽. 발터 벤야민, 『문예비평과 이론』(이태동역), 문예출판사, 1997. 257-292쪽 참조.

47 W. Benjamin, "The work of art in the age of mechanical reproduction"(1968), 7쪽 참조.

ence of the original), 진품성(authenticity)이 작품으로서의 객관적 특성이 된다고 말한다.[48] 그러면서 전통적 예술작품은 그것이 만들어진 장소에서 시간 · 공간의 형식으로 일회적 존재로서 나타나고, 이러한 성질이 자신의 진품성을 형성하게 되었다는 것이다. 그러니까 예술작품이 가지고 있는 대상으로서의 객관적 특성을 일컫는 말이 아우라이다. 또 다른 측면에서 벤야민은 그런 방식으로 존재하는 예술작품을 우리 스스로 수용하여 경험하는 과정에서 일어나는 하나의 '주관적 경험과정으로서의 지각 가능성'을 아우라라고 말하기도 한다.[49] 아우라는 자연의 대상을 바라볼 때 주체가 대상과의 교감 속에서 그 대상이 주는 '미묘한 분위기'의 경험이라든가, 혹은 타인과의 관계 속에서 자기가 느낀 시선을 되돌려 줄 수 있는 능력으로의 상호 작용적인 지각형식을 뜻한다. 따라서 대상에 대한 경험으로서의 아우라의 몰락은 새로운 어떤 지각의 신호를 의미하게 된다.

예술의 영역에서 일어나는 아우라의 몰락 현상에 벤야민이 주목하는 이유는 예술의 새로운 수용과 기능 때문이다. 기계복제시대 이전의 초기의 예술작품들은 종교적 의식(ritual)을 위하여 나타났다.[50] 진품으로서의 예술작품의 유일 가치는 본래 그것의 사용가치가 있었던 곳, 그러니까 종교적 의식에 근거를 두고 있

48 W. Benjamin, "The work of art in the age of mechanical reproduction"(1968), 5-6쪽 참조.

49 심혜련(2001), 같은 글, 4쪽 참조.

50 W. Benjamin, "The work of art in the age of mechanical reproduction"(1968), 8쪽 참조

다. 그런 측면에서 기계복제 시대 이전의 예술작품은 종교적 숭배의 대상으로서, 주술의 도구로서 종교적 기능을 수행하였다. 그러나 예술의 종교적 기능은 복제 기술의 발전에 의해서 점차 그 힘을 상실하게 되었다. 이는 달리 생각해 보면, 복제 기술이 종교적 의식에 의존하였던 예술작품을 해방시켜 주었다고 할 수 있다.[51] 그 점에서 종교로부터 예술의 해방이 이루어진 셈이다. 예술작품이 종교에서 해방됨으로써 예술은 종교적 의식 및 숭배적 가치(the cult value)를 상실한 반면, 오늘날은 새롭게 전시적 가치(the exhibition value)를 갖게 되었다.[52] 기계복제 시대에는 전시적 가치에 절대적인 역점을 두게 됨으로써 예술의 기능 또한 많은 변화를 겪게 되고, 사진과 영화가 이런 현상에 가장 잘 부합하게 된다고 벤야민은 분석하였다.

벤야민은 기계복제 시대의 예술작품 속에서 뿐만 아니라 대중문화 속에서 나타나는 '대중성'(大衆性)을 인정하면서 그 대중성이 갖는 '정치적 힘'을 간파하고 있다.[53] 벤야민은 그것을 기계복제 시대의 예술작품에 대한 대중의 반응 변화에서 읽어낼 수 있었다. 가까이 할 수 없다는 이유에서 종교적 기능을 수행했던 전통적 예술작품과는 달리, 기계복제 시대의 예술작품은 가까이 할 수 있다는 특성 때문에 그만큼 '정치적 활용성'이 크다고 할 수 있다. 그런 의미에

51 W. Benjamin, "The work of art in the age of mechanical reproduction"(1968), 8쪽 참조

52 W. Benjamin, "The work of art in the age of mechanical reproduction"(1968), 9쪽 참조

53 심혜련(2001), 같은 글, 22쪽 참조.

서 벤야민은 영화를 새로운 예술의 형태임과 동시에 정치적으로 혁명적 내용을 담고 있는 사회적 실천의 범주로 파악하였던 것이다.[54]

결론적으로 벤야민의 관점을 정리해 보자. 지식인들이 대중문화 밖에서 대중문화를 우려의 눈길로 보기보다는 그것이 갖는 사회적 힘을 인정하고, 나아가 그것을 사회비판의 도구로 적극 사용해야 하는 것이야말로 대중문화의 올바른 이해이고 활용인 셈이다.[55]

이제 대중문화 연구와 지식인의 관계에 대한 논의를 우리 내부로 돌려보자. 우리 지식인들은 어떤 의식을 가지고 있으며, 그간 어떤 행태를 보여 왔는가?

4. '우리'의 대중문화와 '우리'의 지식인, 그 반성과 모색

1) 대중문화와 '우리' 지식인의 기형적 만남, 주류 콤플렉스

우리에게서 대중문화란 주로 미디어 매체에 의해 형성되어 불특정 다수에게로 통용되는 것을 뜻한다. 이러한 대중문화의 형성과 전달의 중심에는 신문과 방송을 포함한 대중매체가 중요한 역할을 담당하고 있고, 그 한복판에 미디어 지식인들[56]이 있다. 강

---

54 W. Benjamin, "The work of art in the age of mechanical reproduction"(1968), 20쪽 참조.

55 심혜련(2001), 같은 글, 23쪽 참조

56 여기서 말하는 미디어 지식인이란, 미디어를 가장 중요한 사회 참여적 활동무대로 이용

준만의 논의에 의하면, 한국 사회에서의 미디어 지식인의 탄생의 가장 큰 이유는 '인정에 대한 욕망' 때문이다. 그 욕망을 충족시켜 줄 수 있는 게 바로 미디어이다.[57] 한국 사회의 미디어 지식인의 가장 큰 특징은 그들이 '주류 콤플렉스'에 빠져 있다는 점이다. 강준만에 따르면, 두려움 때문이든, 습관 때문이든, 어떻게 해서든 '주류'에 편입되어야 한다는 강박관념이 다름 아닌 주류 콤플렉스를 형성한다. 이러한 콤플렉스로부터 벗어나기 위해서 한국의 지식인들은 신문과 방송에 유착되게 된다. 그들은 자신들이 사용하는 매체에 대해 비판적 시각을 가질 겨를도 없이 신문에 통합되어 신문을 자신의 주장과 사상을 전파하는 도구로 간주하게 된다.

사실, 지식인으로서의 능력과 자질에 대한 평가는 자신의 전공 영역과 관련된 전문적인 연구 논문이나 학술서적의 출판을 통해, 그리고 이와 관련하여 학회 구성원이나 전문 연구자 그리고 강좌 수강생들의 판단을 통해 이루어져야 하는 것이 순리이다. 그렇지만 우리의 대학 사회의 현실은 많은 부분에서 왜곡되어 있다. 메이저급 신문의 출판담당 기자와의 친분 여부에 따라, 대중매체를 홍보의 수단으로 삼는 데 성공했느냐의 여부에 따라 지식인 본인의 유명세가 결정되어 버린다. 이 과정에서도 역시 주류에 편입된 지식인들은 수혜자의 처지에 있게 된다. 뿐만 아니라 이러한

하기 위해 미디어의 요구와 필요에 최소한의 타협을 하는 동시에 미디어를 비교적 성역과 금기로 간주하고 그 원칙에 따라 사회이론을 개발하고 사회비평을 하는 지식인이다. 강준만, 『대중매체 이론과 사상』, 개마고원, 2001, 485쪽 참조.

57 강준만, 같은 책(2001), 485쪽 참조.

과정을 통해 주례사처럼 기사화된 학술서적들과 소개된 지식인들(문인들) 그리고 씌어진 칼럼들 등은 우리의 대중문화를 이끌어가는 보이지 않는 핵으로 작용한다.

심지어 한국 사회에서 좌파적, 진보적 지식인들조차도 (역설적으로 들릴지 모르지만) 자신들의 글을 메이저급 극우 신문에 기고하고, 자신들의 행태를 아무런 문제의식 없이 당당하게 생각하고 있다. 강준만은 한국 사회의 지식인들의 주류 콤플렉스에서 가장 문제가 되는 부분은 바로 다음과 같은 점이라고 지적한다. 그러니까 한편으로 그들은 문화적으로는 '좌파'로 행사하면서 대중들로부터 명분과 존경을 얻고, 다른 한편으로 정치, 경제적으로는 '주류'에 편입되거나 '주류'와 유착해 실리와 권력을 얻겠다는 자세를 취하고 있다는 것이다.[58] 아마도 강준만의 판단이 다소 과격한 점은 있다 하더라도, 이러한 지식인 상(像)이 지금 한국 사회 전체에 통용되고 있다고 해도 과언은 아닐 것이다.

2) '우리' 지식인의 학자 이데올로기

메리 프렛(Mary Pratt)은 일반적으로 행해지는 '평론'은 저널리즘이나 소비주의에 의해 형성되지만 '학문적 비평'은 대학 및 대학의 엘리트 예술과의 결합에 의해 형성된다고 말한 바 있다. 그러면서 프랫은 대학에서 이루어지는 학문적 비평에 대해 "눈가리개를 하고 공중에 주먹을 휘두르는 강펀치를 소유한 프로권투 선수

58 강준만, 같은 책(2001), 489쪽 참조.

들의 난투극"이 될 가능성이 있음을 염려했다.[59] 프랫의 염려는 한국의 지식인 사회에 그대로 적용되어 현실화되고 있다고 말해야할 것이다. 무슨 말인가? 프랫이 대학에서의 학문적 비평에 관해 말할 때 그것은 바로 지식인의 상황을 단적으로 묘사한 것이라 할 수 있다. 강준만은 이러한 상황에 처해 있는 지식인을 '학자 이데올로기'[60]에 사로잡혀 있다고 표현한다. 한국의 지식인 문화를 병들게 하는 주범 중의 하나로 지목된 학자 이데올로기란 무엇인가? 한 마디로, 배타적 특권을 강조하는 집단이기주의가 강한 사람들의 사고체계라 할 수 있다.

따라서 학자 이데올로기에 사로잡힌 한국의 지식인들은 절대로 대중들이 알아들을 수 있는 수준으로 글을 쓰지 않는다. 학자들끼리만 알아들을 수 있는 언어로 글을 쓴다. 심지어는 학자 자신들조차도 재미없어서 가능한 한 잘 읽지 않는 글을 쓴다. 그들은 가급적 외국어로 된 원어를 구사하면서, 우리말의 체계에 들어맞지도 않는 용어나 표현을 자연스럽게 내뱉는다. 그런 글을 무게 있는 글이라고 서로 치켜세운다. 그들의 의식 속엔 학문은 사회와 분리되어 있고, 사회보다 훨씬 높은 곳에 존재하는 매우 신성한 것이다. 그래서 대체로 그들은 외국의 유명 지식인들(나아가 자신의 지도교수)의 이론을 연구하고 소개하는 것이 학술적으로 가치 있는 일이며, 그런 행태야말로 지식인의 참 역할인양 간주한다. 지금 여기 한국 사회에서 쟁점으로 등장하는 사건들(예컨대,

59 신응철, 『해석학과 문예비평』, 예림기획, 2001, 14쪽 참조.

60 강준만, 같은 책(2001), 477쪽 참조.

국가보안법폐지, 고구려사왜곡, 행정수도이전, 성매매방지법, 친일청산 등등)에 대해 발언하거나 글을 쓰는 일에 대해서는 대체로 침묵한다.

뿐만 아니라, 지식인의 전형인 대학의 전임들은 자신들의 글에서 국내 학자들(특히 시간강사)의 글은 가급적 인용하지 않는다. 심지어 국내 학자들의 글은 아예 읽지도 않는 경향이 있다. 이유는 간단하다. 구별의식 나아가 차별의식 때문이다. 전임과 비전임간의 구별의식이 강할수록 자신들의 권위가 더욱 공고해 진다고 그들은 믿고 있다. 다소 과장일 수 있다. 그렇지만 한국의 지식인 사회는 자신들이 쌓아 올린 학자 이데올로기라는 강력한 구조물 앞에서 결국은 자신들 스스로도 갇혀버리는 운명에 처하고 말았다. 그 결과 학문의 동종교배 현상이 자연스럽게 일어나고 있다. 자기 스승의 이론이나 학문적 태도에 대해서, 나아가 특정 인맥의 권위자의 이론이나 학문적 경향에 대해는 절대로 비판해서는 안 된다는 터부가 지식인 사회에 통용되거나 강요되고 있다. 누군가가 그 터부에 반기를 들면 그는 한국의 지식인 사회에서 철저히 외면당하고 만다. 우리는 몇 해 전 김윤식의 표절 의혹을 공개적으로 제기했던 이명원의 사건에서, 또한 서울대 미대 김민수의 재임용 탈락 사건에서 그 생생한 기억을 아직도 지울 수 없다.

3) '우리' 지식인의 이념적 역할의 한 모범으로서 선비정신

이제 우리에게 남겨진 문제는, 한국의 지식인 사회가 추구해야 할 바람직한 지식인의 상은 무엇인가? 라는 물음에 대해 우리 스스로 답하는 일이다. 곽신환은 오늘의 지식인은 하청업자, 청부업자와 같다고 진단한 바 있다.[61] 그러니까 프로젝트 참여라는 형태의 교수들의 연구가 사회적 요구를 충족시켜 준다는 긍정적 기능을 하기도 하지만, 어떤 면에서 그것은 국가나 정파 또는 특정 집단의 이해관계를 지켜주는 고용인의 기능을 하고 있는 것이다. 따라서 곽신환은 지식인의 이러한 모습에서 탈피하여 이 시대의 '보편윤리의 가치를 창출'하여 지켜내고, '도덕적 선봉의 위치'에 서야 하며, '새로운 가치 창출'을 도모해야 하는 것이 지식인의 책무라고 지적하였다.[62]

그렇다면 이러한 지식인의 전형을 우리는 가지고 있지 않았는가? 아직도 우리는 밖으로 눈을 돌려 그람시나 손탁, 베야민이 말하는 지식인상을 지금도 여전히 그대로 수입해야 하는가?

필자는 우리 지식인의 이념적 모델을 선비 정신에서 찾을 수 있다고 생각한다. '선비'는 학식과 인품을 갖춘 사람에 대한 호칭으로서, 특히 유교(儒教) 이념을 구현하는 인격체 또는 신분 계층을 가리키는 말이다. 어원적으로 볼 때, 우리말의 선비는 '어질고 지식이 있는 사람'을 뜻하는 '선ᄇᆡ'에서 왔다. '선ᄇᆡ'의 '선'은 몽고어의 '어질다'라는 말의 'sait'의 변형인 'sain'과 연관되고, 'ᄇᆡ'는 몽고어 및 만주어에서 '지식 있는 사람'을 뜻하는 '박시'의 변형인 'ᄇᆡ이'에서 온 말이다. 한자어의 士는 '벼슬한다'의 뜻인 仕와 관련

61 곽신환, 「조선조 지식인의 정체성 갈등」, 『인문학연구』 제32집, 숭실대 인문과학연구소, 2002, 44쪽 참조.

62 곽신환, 같은 글(2002), 45-46쪽 참조.

된 말로서 일정한 지식과 기능을 갖고서 어떤 직분을 맡고 있다는 의미이다. 士는 '十'(수의 끝)과 '一'(수의 시작)의 결합으로 된 회의문자(會意文字)로 보기도 한다. 말하자면, 十을 미루어 一에 합한다고 풀이하면 넓은 데서 간략한 데로 돌아오는 박문약례(博文約禮)의 교육방법과 통하고, 一을 미루어 十에 합한다고 풀이하면 하나의 도리를 꿰뚫는다는 뜻과 통하는 것으로 해석된다. 이런 의미에서 '士'는 지식과 인격을 갖춘 인간으로 이해될 수 있고, 그만큼 우리말의 선비와 뜻이 통한다고 할 수 있다.[63]

선비는 예법(禮法)과 의리(義理)의 주체요, 사회적 생명력의 원천이다. '인'(仁)의 포용력과 조화정신은 선비의 화평하고 인자함에서 나타나며, 예의는 선비의 염치의식과 사양심으로 표현되고, 믿음은 선비의 넓은 교우를 통해서 드러난다. 선비는 평상시에 화평하고 유순한 마음으로 지공무사한 중용을 지킨다. 그러나 의리(義理)의 정당성이 은폐될 때는 가장 예민한 감각으로 엄격하게 비판하고 배척하는 정신을 결코 잃지 않는다.[64] 선비정신의 요체는 절의(節義), 염치(廉恥), 숭검(崇儉)에 있으며, 이러한 정신을 바탕으로 선비는 어떤 상황에서도 의(義)로써 지조를 지켜나갔으며, 도(道)에 어긋나지 않는 삶을 살았다.[65]

이처럼 우리 조상들이 소중하게 간직했던 선비정신이 시대환

---

63 금장태, 『한국민족문화대백과사전』 12, 한국정신문화연구원, 1991, 228쪽 이하 참조. 한승옥, 「亂世의 知識人과 선비정신」, 『인문학연구』 제32집, 숭실대 인문과학연구소, 2002, 12쪽 참조인용.

64 금장태, 같은 곳(1991), 233쪽. 한승옥, 같은 글(2002), 14쪽 참조.

65 송인창, 「동춘당 송준길의 선비정신」, 『철학논총』 제37집, 새한철학회, 2004,7, 288쪽 참조.

경과 시대정신이 변화된 우리 사회에도 여전히 통용될 수 있을 것이라고 필자는 판단한다. 특히, 지성인으로서의 지식인의 바람직한 역할을 염두에 둔다면 말이다.

4) '우리' 지식인의 실천적 역할의 한 모범으로서 '철학 앙가주망 네트워크'(PEN)

마지막으로 필자는 우리 지식인의 실천적 역할과 관련해서 하나의 모범 사례를 제시하고자 한다. 굳이 모범 사례라는 표현을 쓰는 이유가 있다. 한국의 지식인 사회는 실천의 측면에서 딜레마에 빠져 있다고 필자는 생각한다. 우리 지식인 집단이 가장 활발하게 참여하는 곳은 경실련, 참여연대, 환경운동연합 등등의 소위 시민사회단체다. 지식인의 사회 참여가 활발할수록 정부의 정책에 많은 영향을 미치고 있다. 바야흐로 2004년 한국에서는 시민사회단체가 정치의 핵심으로 부상했다고 해도 과언이 아니다. 문제는 시민사회단체의 본연의 정체성이 위협받고 있는 현실이다.

정부는 각종 시민사회단체에 막대한 재정 지원을 하고 있다. 정부로부터 재정 지원을 받은 단체들이 과연 정부를 대상으로 건전한 정책 비판을 원활하게 수행할 수 있을 것인가? 이러한 문제 앞에서 자유로울 수 있는 시민사회단체들이 과연 얼마나 될 것인가? 결국 시민사회단체들은 자신들의 생명이라 할 수 있는 '정체성', '순수성', '정당성', '도덕성'을 그들 스스로 훼손하고 있는 셈이다.

이런 상황을 감안하면서, 여기에서 필자는 2004년 5월에 결성되어 조직적인 활동을 벌이고 있는 '철학 앙가주망 네트워크'(Philosophical Engagement Network. 이하 PEN으로 표기함)를 소개하고자 한다. 물론 PEN의 구성원은 철학 전공자들로 한정되어 있으며, 철저하게 인터넷상의 온라인으로 활동하는 철학자들의 단체다. PEN은 철학자로서 한국 사회 전반에 대한 철저한 현실인식을 바탕으로, 우리 사회에서 세대간, 지역간, 나아가 정당 간 핵심 쟁점으로 부상하고 있는 문제들에 대해서 적극적으로 개입하여 합일된 목소리를 내고 있다. 그 좋은 예가 바로 '국가보안법폐지案'이다. 국보법 혐의로 수감 중이던 송두율에 대한 무죄 주장과 그 근거를 제시하였으며, 이 사건을 통해서 전국의 철학자의 이름으로 국가보안법 폐지안을 주장하였다. PEN은 자발적 참여 형태로 이루어지며, 자신의 의견을 분명하게 개진할 수 있게끔 되어있다. 온라인상의 채널을 통하기 때문에 자유로운 의사소통이 신속하게 이루어진다. 여기에서는 회원 모두가 주류요, 그들 모두가 주체다. 상명하달식의 소통방식은 더 이상 찾아볼 수 없다. PEN의 운용에 막대한 자금이 소요되지도 않는다. 사안별로 성금을 모금하는 식으로 재정을 확보한다. PEN은 정책당국과도 일정한 거리를 유지하기에 그간 시민사회단체들의 보여 온 자기모순적 행태에 더 이상 빠질 필요가 없다. 토론과 반론, 비판과 대안이 분명하게 나타나는 PEN에서 지식인의 실천적 역할은 더욱 커질 것으로 전망된다.

5. '우리'의 대중문화와 기독교 철학의 만남

1) 기독교 철학자의 대중문화 바라보기

필자는 철학자로서 지식인의 역할을 앞에서 논의하였다. 이제 남은 마지막 문제는 기독교 철학자이다. 기독교 철학자란 외연은 철학자요, 내포는 기독교 신앙체계에 근거해 세상을 바라보는 학자다. 그렇게 본다면, 앞에서 논의한 지식인의 역할을 충분히 감안하면서, 내포적 성격에 근거한 측면만 부각시키면 된다.

이 부분과 관련하여 김영한의 논의는 우리에게 많은 시사점을 던져 주고 있다. 김영한은 사이버공간을 포함한 대중문화를 기독교적으로 어떻게 보아야할 것인가? 라는 물음을 던진다. 그리고는 이 물음에 대한 기독교철학 진영에서 나타나는 '근본주의적 관점'이나 '인본주의적 관점'의 문제점을 지적한다.

그러니까 근본주의적 관점에서는 대중문화를 사탄의 영역으로 간주하고, 인본주의적 관점에서는 대중문화를 인간의 이상향을 예고하는 영역으로 파악하고 있다. 여기에서 김영한은 '변혁주의적 관점'을 제시한다. 그러니까 이 관점은 대중문화를 하나님이 과학 기술을 통해 우리에게 허락하신 문명의 이기로 보면서, 동시에 그 속에 잠재하고 있는 계몽주의적 인간 자율성의 교만과 퇴락성을 직시하는 관점이다.[66]

김영한의 논의와 비슷한 경우가 최태연의 논의다. 최태연은 헤

66 김영한, 「사이버 문화와 개혁신앙」, 『사이버문화와 기독교문화 전략』, 쿰란출판사, 1999. 19쪽 참조.

르만 도예베이르트의 이론을 근거로 사이버 문화에 국한하여 논의한다. 그는 사이버 문화를 그 전제로부터 귀결에 이르기까지 투명하게 볼 수 있는 세계관이 있다면 그것은 바로 기독교 세계관이라고 주장한다. 말하자면, 기독교 세계관은 자연과 세계가 창조주에 의해 자유롭게 창조되었으나 발생한 악에 의해 타락되었음을 확신한다. 따라서 기독교 세계관에서는 사이버 문화를 산출한 주체의 능력이 근본적으로 창조에 의해 주어졌음을 인정하지만 동시에 주체를 파괴하고 해체하는 사이버 문화의 경향을 타락의 결과로 파악한다. 따라서 사이버 문화의 모순을 무시하는 계몽주의의 독단은 인간의 자기 절대화라는 잘못된 전제에 기인함이 기독교 세계관의 빛 아래 드러난다는 것이다.[67]

2) 기독교 철학자의 역할 모색

그렇다면 대중문화와 관련하여 기독교 철학자로서 우리 지식인에게 요청되는 역할은 어떤 것이 있을까? 이 부분 역시 필자는 4절에서의 지식인의 역할을 전제로 하면서, 그 외에 추가되어야 하는 기독교인으로서의 지식인의 역할에 대해 언급하고자 한다.

우리가 흔히 대중문화를 포함하여 문화 일반에 대해 논의할 때 문화의 미래상을 예측하게 된다. 문화의 미래라는 것은 결국 문화 생산의 주체인 인간, 그러니까 우리 개개인이 어떤 역할을 수행하느냐에 따라 문화의 미래가 결정된다는 것이 일반적인 시각

67 최태연, 「사이버 문화의 철학과 기독교 세계관」, 『사이버 문화와 기독교문화 전략』, 쿰란출판사, 1999. 62쪽 참조.

이다. 계몽적 이성의 계발과 활용을 통해 인간은 스스로 문화의 주체요 객체가 되는 법이다. 문제는 계몽적 이성의 월권(越權)에 있다. 그것을 우리는 휘브리스, 즉 교만이라 말한다. 때문에 휘브리스 상태에 빠지지 않도록 하기 위한 장치가 필요하고 이것을 제시할 필요가 있다. 바로 이 지점에서 기독교 철학자의 진정한 역할이 요구된다고 할 수 있다. 이성의 자율성을 인정하고, 그것을 적극 계발하되, 이러한 과정은 늘 언제나 창조주와의 관계 속에서, 신과 인간 사이의 부부관계의 회복을 통해서, 인간의 죄로부터의 되돌아옴의 사건을 통해서 이루어져야 할 것이다. 때문에 기독교 철학자로서 지식인은 철학자로서 지식인보다 더 큰 짐을 지고 있다고 해야 할 것이다.

6. 나오는 말

지금까지 우리는 인문학과 대중문화의 관계 그리고 지식인의 역할에 대해서 살펴보았다. 문화연구가 하나의 '분과(分科)' 학문이며, '맥락적(脈絡的)', '이론적(理論的)', '정치적(政治的)', '학제적(學制的)'이며, 특히 '자기-반성적(自己-反省的)' 성격이 강하다는 사실을 확인하였다. 이러한 특징들을 염두에 두면서, 아울러 인간의 자기-인식, 자기-검토, 자기-반성이 인문학 연구의 궁극적인 목적임을 감안할 때, 문화연구와 인문학 연구 간에는 밀접한 상관성이 있음을 재차 확인할 수 있었다. 그런 측면에서 문화(대중문화)

라는 매개를 통한 간접적 방식의 인간의 자기-이해는 어떤 면에서는 인문학 연구의 핵심적인 사항에 해당된다고 할 수 있다.

이어서 우리는 대중문화 연구에서 주도적인 역할을 담당하고 있는 지식인의 유형을 특히 서양철학의 전통에서 그람시의 유기적 지식인, 손탁의 체험적 지식인, 벤야민의 비판적 지식인으로 나누어 각각의 특징에 대해 살펴보았다. 그람시의 유기적 지식인 상(像)은 사회의 혁명적 변화를 꾀하면서 이 과정에서 문화적 변혁에 관심을 쏟는 지식인이다. 그가 만들어내는 지식은 대중적 존재가 경험하는 삶의 조건에 대한 참된 이해에 근거할 때 비로소 문화적 힘을 발휘할 수 있다. 손탁이 말하는 체험적 지식인은 예술작품에 대한 분석적 해석보다는 예술작품의 투명성을 그대로 경험할 줄 아는 자다. 손탁이 볼 때, 우리가 잘 보고, 잘 듣고, 잘 느낄 수 있는 길은 예술 체험을 통해서만 전적으로 가능하다. 이러한 손탁의 논의를 따라가면, 사진이나 영화 등의 대중문화는 우리의 삶에 대단히 긍정적인 요소로 작용하게 된다. 벤야민의 비판적 지식인은 대중문화 밖에서 그것을 우려의 눈길로 보기보다는 대중문화가 갖는 사회적 힘을 인정하고, 그것을 사회비판의 도구로 적극 활용하는 자를 말한다.

다음으로 이러한 서양철학의 전통에 있는 지식인의 유형을 염두에 두면서, 우리 한국 사회의 지식인의 상에 대해 비판적으로 분석해 보았다. 그 결과 우리 지식인 사회는 주류 콤플렉스, 학자 이데올로기에 사로 잡혀 한국 사회에서 그들에게 부여된 올바른 구실을 제대로 수행하지 못하고 있다는 현실을 확인하였다. 이에 이러한 한국 지식인 사회에 새롭게 그 역할과 책무를 모색하기에 이르렀다. 그 결과 우리 지식인 사회가 이념적 차원에서는 선비 정신의 계승을, 실천적 차원에서는 철학 앙가주망 네트워크를 모델로 삼아 지식인 본연의 임무를 수행해야 한다는 점을 논의하였다. 끝으로 우리는 이러한 논의에 근거해 기독교 철학자의 대중문화 바라보기, 기독교 철학자로서 지식인의 역할에 대해 함께 고민해 보았다. 기독교 철학자들이 안고 있는 짐, 그 짐의 무게가 가벼워지는 날을 우리는 손꼽아 고대하고 있다.

:: 참고문헌

강내희, 『지식 생산, 학문전략, 대학개혁』, 문화과학사, 1998.

강준만, 『대중매체 이론과 사상』, 개마고원, 2001.

곽신환, 「조선조 지식인의 정체성 갈등」, 『인문학연구』제32집, 숭실대 인문과학연구소, 2002.

그로스버그, 로렌스, 「문화연구: 그 이름이 의미하는 것」, 『현대사상』제4호, 민음사, 1997.

금장태, 『한국민족문화대백과사전』12, 한국정신문화연구원, 1991.

김영한 외, 『사이버문화와 기독교문화 전략』, 쿰란출판사, 1999.

김용환, 「문화학에서의 인문학: 문화인류학적 제언」, 『인문비평』창간호, 월인, 2000.

맥루한, 『미디어의 이해-인간의 확장』(박정규 역), 커뮤니케이션북스, 1997.

_____, 『구텐베르크 은하계-활자인간의 형성』(임상원 역), 커뮤니케이션북스, 2001.

문현병, 「프랑크푸르트학파의 사회철학에서 문화비판」, 『시대와철학』제11호, 1995.

신응철, 『해석학과 문예비평』, 예림기획, 2001.

_____, 『문화철학과 문화비평』, 철학과현실사, 2003.

_____, 「해석: 해방인가? 훼방인가?」, 『철학연구』 제61집, 2003. 5.

_____, 「프랑크푸르트학파와 신칸트학파의 문화분석(연구) 방법론-문화철학과 문화비평의 상관성의 관점에서」, 『대동철학』 제24집, 2004.

심혜련, 「대중매체에 관한 발터 벤야민의 미학적 고찰이 지니는 현대적 의의」, 숭실대 대학원 철학과, 2001 춘계 콜로키움, 자료집, 2001.5.21(숭실대).

전국대학인문학연구소협의회, 『인문비평』, 월인, 창간호: "우리나라 인문학 연구의 현황과 문제점"(2000), 제2호: "국내외 인문학 동향"(2001), 제3호: "인문학의 경제적 가치와 생산성"(2002).

최태연, 「사이버 문화의 철학과 기독교 세계관」, 『사이버문화와 기독교문화 전략』, 쿰란출판사, 1999.

크리언, 케이트., 『그람시 · 문화 · 인류학』(김우영 역), 도서출판 길, 2004.

한승옥, 「亂世의 知識人과 선비정신」, 『인문학연구』 제32집, 숭실대 인문과학연구소, 2002.

현대사상 기획특집 특별대담 "문화연구와 권력", 『현대사상』 제4호, 민음사, 1997.

Benjamin, W., "The work of art in the age of mechanical reproduction"(1968), in *Culture; Critical Concepts in Sociology*, Edited by Chris Jenks, Vol 2. Routledge London and New York, 2003. 『문예비평과 이론』(이태동역), 문예출판사, 1997.

Gramsci, Antonio., *Selections from the Prison Notebooks*, edited by Quintin Hoare and Geoffrey Nowell Smith, London: Lawrence & Wishart, 1971.

Gramsci, Antonio., *Selections from Cultural Writings*, edited by David Forgacs and Geofferey Nowell Smith, London, Lawrence & Wishart, 1985.

Gramsci, Antonio., *Selections from Political Writings* 1910-1920, edited by Quintin Hoare, London, Lawrence & Wishart, 1977.

McLuhan, Marshall., *Understanding Media:The Extensions of Man*, New York:McGraw-Hill, 1964. 『미디어의 이해-인간의 확장』(박정규 역), 커뮤니케이션북스, 1997.

McLuhan, Marshall., *The Gutenberg Galaxy: The Making of Typographic Man*, New York: Mentor, 1964. 『구텐베르크 은하계-활자 인간의 형성』(임상원 역), 커뮤니케이션북스, 2001.

Sontag, Susan., *Against Interpretation and Other Essays*, New York, Dell, 1966. 『해석에 반대한다』(이민아 역), 도서출판 이후, 2002.

4장

기독교 문화학과 정치문화 비평

—인종주의와 문화의 관계—

"인간은 잘 행동함으로써 善한 것이 아니라, 그가 善할 때, 다시 말해, 잘 태어났을 때 잘 행동한다." (고비노, 『인종불평등론』 2권 p. 370.)

"그러므로 사람이 의롭다 하심을 얻는 것은 율법의 행위에 있지 않고 믿음으로 되는 줄 우리가 인정하노라." (롬3:28)

1. 시작하는 말: 인종주의는 이제 사라졌는가?

에른스트 카시러(Ernst Cassirer, 1874~1945)는 유태인 출신이면서 이후에 기독교로 개종한 신칸트학파의 대표적인 문화철학자이다. 그는 19세기와 20세기에 걸쳐 서구 사회에 가장 강력한 영향을 미친 정치적 신화를 분석한 적이 있다. 이러한 그의 분석은 특히 서구 사회에서의 파시즘, 특히 나치 독일의 국가 사회주의 이념의 허구를 파헤치려는 의도에서 시작되었다. 카시러 死後에 출간된 『국가의 신화』(1946)[1]는 20세기 서구 사회에서의 정치적 신화의 대표적인 예로서, 칼라일(Thomas Carlyle, 1795~1881)의 영웅숭배론, 고비노(Joseph-Arthur Gobineau, 1816~1882)의 인종불평등론, 헤겔(Georg Wilhelm Friedrich Hegel, 1770~1831)의 국가 이념, 슈펭글러(Oswald Spengler, 1880~1936)의 운명론적 역사관을 제시하고 이를 분석하고 있다.[2]

여기에서는 위의 여러 정치적 신화들 가운데 고비노의 인종불평등론에 대한 카시러의 독해 방식을 좇아 보고자 한다. 한 세기가 이미 훌쩍 지나버린 고비노의 이론을 다시금 카시러의 목소리에 힘입어 살펴보고자 하는 것은 고비노의 이론이 서구 정치 사상사에 큰 영향을 미쳤고, 특히 니체(Friedrich Nietzsche, 1844~1900)의 사상을 비롯해 파시즘 이론에 적극적으로 개입되었다는 혐의를 여전히 받고 있기 때문이다. 어쩌면 지금도 고비노의 이론을 은근히 기대하거나, 유지하거나, 더욱 계발하려는 숨은 의도를 지닌 정치 집단과 사회조직, 국가가 있을지도 모른다.

기독교인으로서 카시러의 고비노 독해(讀解)는 일면적으로는 정치철학적 관점에서 진행되고 있다. 하지만 인종주의에 대한 논의의 궁극적 목적은 '신화적 사유'와 '정치'의 결탁에서 비롯된 현대 사회에서의 인간의 삶과 문화의 위기, 특히 기독교 문화의 위

1 Ernst Cassirer, *The Myth of the State*, New Haven and London, Yale University Press, 1946(이후 MS로 표기함). 번역서로는 최명관, 『국가의 신화』, 서광사, 1988.

2 이 문제를 포함하여 카시러의 사회철학에 대한 상세한 논의는 신응철, 『카시러 사회철학과 역사철학』, 철학과 현실사, 2004. 제4장 참조바람.

기를 간접적으로 진단하는 데 있다. 때문에 이 논의는 비록 카시러 자신이 신학적 용어를 사용하지는 않고 있지만, 바로 그 점에서 외부적으로는 정치철학의 형식을 취하지만, 내부적으로는 기독교 문화철학적 함의를 지닌다고 할 수 있다.

이런 맥락에서, 필자는 우선 고비노 이론과 파시즘, 그리고 기독교와의 관련성에 대해 해명하고, 나아가 고비노의 인종주의 이론 자체에 대한 해명, 고비노 이론의 니체와의 영향관계, 마지막으로 이러한 논의를 한국 사회의 당면한 문제와 연관시키면서 문화철학적 관점에서 반성해 보는 데 있다. 그렇기에 여기에서 적어도 필자는 한국 사회의 정치, 문화, 교육 현장에서는 여전히 고비노식의 인종주의가 사멸하지 않고, 오히려 잔존 내지 어떤 측면에서는 부활하고 있다는 사실을 입증하고자 한다. 이 점이 바로 이 논의의 목적이라고 할 수 있다.

2. 인종주의에 대한 일반적인 이해

우리가 일반적으로 인종주의(racism)를 말할 때 제일 먼저 떠올리는 사상가는 프랑스의 외교관 출신의 인류학자였던 고비노 백작이다. 그는 『인종불평등론』(*Essai sur l'inégalité des races humaines*)(4권, 1853~1855)에서 유전되는 신체적 특징과 성격·지능·문화 사이에 인과관계가 있다는 사상을 펼쳐보였다. 그러니까 이 사상 속에는 어떤 인종은 선천적으로 다른 인종보다 우수하다는 관념이 전제되어 있는 것이다. 고비노의 주장에 따르면 백인종은 다른 모든 인종보다 우수하며, 백인종 가운데서도 최고의 문명을 이룩한 아리안 인종이 가장 우수하다는 것이다. 그에 따르면 순수 민족만이 육체적·정신적으로 순수성을 유지할 수 있고, 그들에게서 문화의 퇴폐·몰락은 나타나지 않는다는 것이다. 그러한 민족으로 아리안족, 특히 게르만족을 들었다. 결국 나치 독일의 민족 우월론은 고비노의 이 같은 사상에 뿌리를 두고 있다고 해석할 수 있는 것이다.

고비노의 이러한 생각들을 철저히 계승한 사람은 영국 태생의 정치철학자 휴스턴 스튜어트 체임벌린(Houston Stewart Chamberlain, 1855~1927)이었다. 그는 1899년 독일어로 『19세기 유럽 문화의 토대』를 출간하기도 했다. 유럽 문화에 있어 아리안인의 인종적·문화적 우월성을 주장한 그의 사상은 범게르만주의와 독일 민족주의 사상, 특히 히틀러의 국가 사회주의 운동에 영향을 미치게 되었다. 베르사유·제네바·빈 등지에서 교육을 받은 체임벌린은 리하르트 바그너의 찬미자가 되어 1892년 그의 첫 작품인 『로엔그린에 관한 연구』를 출판했다. 그 뒤 바그너의 희곡을 분석한 저서(1892)와 바그너의 전기(1895)를 출판했는데, 이러한 출판물을 통해 그는 바그너의 작품 속에 내재한 영웅적인 게르만적 요소를 역설하게 되었다. 또한 체임벌린은 구원의 길은 튜턴족과 그 문화에 있다고 말하고, 튜턴족 가운데 독일인이 가장 고귀한 천품을 타고났다고 주장하기도 하였다. 이런 그의 주장은 독일인이 세계의 주인이 될 권리를 가지고 있다는 의미로 해석될 수 있다.

그렇게 하여 이들의 인종주의는 이후 나치 정권의 국가 사회주의 이념에 즉각적인 영향을 미치게 되었다고 일반적으로 평가되고 있다.[3]

3. 고비노의 인종주의에 함축된 역사관

이제부터는 고비노의 『인종불평등론』을 중심으로 그의 인종주의 논의와 나치즘과의 관련성을 구체적으로 논의하도록 한다. 그 이유는, 위에서도 잠시 언급했듯이, 일반적으로 고비노의 이론이 나치즘과 직접적인 관계가 있다는 입장에 대해 카시러는 이의를 제기하고 있기 때문이다. 그래서 필자는 여기에서 고비노 이론의 진정성, 역사성, 문화철학적 함의 등의 측면을 논의하고자 한다.

먼저 고비노가 이 저서를 어떤 의도에서 쓰게 되었는가의 문제와 관련하여, 카시러는 의외의 입장을 취한다. 그러니까 고비노의 이 책에는 이후에 전개될 정치적 경향들(나치즘)이 이미 나타나 있었다고 보는 기존의 일반적인 입장들과는 달리, 나중에 펼쳐진 정치적 경향들은 고비노가 의도한 바와 전혀 상관없는 것이라고 카시러는 단호하게 주장한다.[4]

---

3 이러한 평가는 Doris Mendlewitsch, *Volk und Heil. Vordenker des Nationalsozialismus im 19. Jahrhundert*, Rheda-Wiedenbrück, 1988. George L. Mosse, *Die Geschichte des Rassismus in Europa*, Frankfurt/M. 1990. 하인츠 파에촐트, 『카시러』, 인간사랑, 2000. p. 147 참조 바람.

4 MS, p.224. 『국가의 신화』, p.277.

카시러는 고비노가 이 책을 정치적 팜플렛이나, 특정한 활동을 목적으로 쓴 것으로 보지 않는다. 다시 말해 정치적 사회적 질서의 재건이나 혁신에 적용하기 위해서 쓴 것이 아니라, 역사적 철학적 논문을 위해서 쓴 것으로 판단한다. 그 근거로 카시러는 고비노의 역사관을 제시한다. 고비노는 인류 역사에서 가장 중요한 것, 즉 본질적인 요인을 인종들 사이의 도덕적, 지적 차이라고 주장하고, 이러한 차이를 사실(fact)로 간주하였다.[5] 고비노의 역사관은 한마디로 숙명론적(fatalistic)이다. 다음의 카시러의 설명이 고비노의 역사관을 잘 대변하고 있는 것으로 보인다.

> 역사는 일정하고 냉혹한 법칙을 따른다. 우리는 사건의 진로를 변경시키기를 바랄 수 없다. 우리가 할 수 있는 것은 그것을 이해하고 받아들이는 것뿐이다. 그런 점에서 본다면, 고비노의 이 책은 강한 운명애(amor fati)로 가득 차 있다. 인류의 운명은 처음부터 예정되어 있다. 인간의 그 어떤 노력도 이것을 돌이킬 수 없다. 인간은 자기의 운명을 바꿀 수 없다. 그러나 한편, 인간은 동일한 물음을 거듭 묻지 않을 수 없다. 비록 그가 자신의 운명을 지배할 수 없다하더라도 그는 적어도 자기가 어디서 왔으며, 어디로 가는가를 알고 싶어 한다. 이 욕망은 근본적이고 소멸시킬 수 없는 인간 본능들 중의 하나이다.[6]

인종들 사이의 도덕적, 지적 차이를 주장하는 고비노의 인종주-

5 Gobineau, *Essai sur l'inégalité des races humaines,* 제2판(Paris: Firmin-Didot), "Conclusion générale", Ⅱ, p.548. 전2권.

6 MS, p.225. 『국가의 신화』, p.277.

의의 제1원리는 "역사는 오직 백인종들과의 접촉에서만 생긴다."[7] 라는 주장 속에 있다. 그러니까 백인종만이 문화적 생활을 건설하는 의지와 힘을 가진 유일한 인종이라는 말이다. 흑인종과 황인종은 아무런 생명도, 아무런 의지도, 그들 자신의 아무런 에너지도 가지고 있지 않다. 이들은 그 주인들의 수중에 있는 죽은 물질이요, 보다 높은 인종에 의하여 움직여지지 않으면 안 되는 무기력한 집단일 뿐이다.[8] 그런 맥락에서 고비노는 심지어 중국의 문화에 대해서도 이와 동일한 설명 태도를 취한다. 흑인종과 황인종은 거친 천이요, 무명이요, 양모에 지나지 않는 것으로서, 백인종이 이 것 위에 그들 자신의 우아한 명주실을 짰다는 것은 아주 확실한 일[9]이므로, 중국 문화는 중국인이 만든 것이 아니었다고 주장한다. 고비노에 따르면, 인도에서 이주해 온 외래 종족, 즉 중국에 침입하여 이를 정복하고 중앙 왕국과 중화 제국의 기초를 닦은 크샤트리아족의 소산으로 보아야 한다는 것이다.[10] 더 나아가 서구에서 볼 수 있는 매우 오래된 문화의 흔적도 이와 마찬가지라는 것이다. 아메리카 원주민들이 그들 자신의 노력으로 문명의 길을 찾을 수 있었다고 하는 것은 불가능한 가정이라는 것이다. 고비노에 의하면, 아메리카 대륙의 인디안족은 독립된 인종을 이루고 있었던 것이 아니라, 흑인종과 황인종의 혼합일 따름이다. 고비노는 이런 방식으로 아메리카와 아프리카, 그리고 아시아의 문화와

7 Gobineau, 같은 책, Ⅰ권, p.527이하.
8 MS, p.226. 『국가의 신화』, p.279.
9 Gobineau, 같은 책, Ⅱ권, p.539이하.
10 Gobineau, 같은 책, Ⅰ권, p.462이하.

역사를 파악하였다.

이와 같은 고비노의 역사관은 프랑스의 세습계급과 귀족계급에 대한 옹호로 이어졌다. 그 자신이 귀족 가문에 속했기 때문에, 세습 계급은 그에게 있어 국가나 개인보다 훨씬 높고 더 귀한 현실이었다. 그는『인종불평등론』에서 아리안족의 브라만들이 카스트의 가치와 그 절대적 중요성을 처음으로 이해하고 확립하였다고 이들을 찬양하였다. 이들의 솜씨는 천재적인 솜씨요, 이들의 심원하고 독창적인 관념은 인류의 진보를 위해 매우 새로운 길을 텄다는 것이다. 프랑스의 귀족 계급은 게르만 계통의 침입자요, 정복자인 프랑크족의 핏줄을 이었고, 일반대중은 피정복자의 계급, 즉 독립된 생활에 대한 모든 권리를 잃은 노예 계급에 속한다.[11]

고비노의 역사관에는 전통적인 형이상학의 문제가 들어있다고 카시러는 분석한다. 그러니까 역사 속에서 의심의 여지가 없고, 흔들리지 않는 보편적 원리, 즉 진정한 보편자를 전통 형이상학은 사람들의 사고 속에서 찾으려 했지만, 고비노는 사람들의 운명을 결정짓는 실체적인 세력들 속에서 찾았다는 것이다. 말하자면 모든 세력들 가운데 '인종'이 가장 강하고 가장 확실한 사실이라는 것이다.[12] 인종이 인류 역사에서 중요한 요인이며, 서로 다른 인종들이 서로 다른 형태의 문화를 건설해 왔다는 것, 이 형태들이 동일한 수준에 있지 않다는 것, 그것들이 성격이나 가치에

11 MS, p.229.『국가의 신화』, p.283.

12 MS, p.231.『국가의 신화』, p.284.

있어서 여러 가지로 차이가 있다는 것은 일반적으로 인정되어 있는 사실이다. 여기서 고비노는 인종이 역사적 세계의 유일한 주인이요, 지배자라는 것, 다른 모든 세력들은 그 심부름꾼이요, 위성이라는 것을 증명하려고 했던 것이다.[13]

4. 고비노의 인종주의와 나치즘 다시 보기

그렇다면 이제 문제는 고비노의 인종주의 이론에 들어있는 역사철학적 관점이 나치즘으로 대변되는 전체주의 국가 이데올로기를 만들어내는 데 직접적인 영향을 주었는가하는 점을 해명하는 일이다. 결론부터 말하자면, 카시러의 관점에서는 고비노의 인종주의 이론은 나치즘과 아무런 관련이 없다는 것이다. 우리는 고비노의 인종주의를 크게 네 가지 관점에서 접근하는 카시러의 논의 속에서 그와 같은 판단의 근거를 찾을 수 있을 것이다.

첫째, 고비노의 인종주의 이론은 "다른 모든 가치를 파괴하려는 시도였다"는 관점이다.[14] 이 관점에서 보면, 인종주의에는 기독교에 대한 고비노의 비판이 들어있다고 할 수 있다. 그러니까 이 관점은 인간의 기원과 종말에 대한 기독교적 생각에 대한 비판인 셈이다. 고비노가 말하는 인종이라는 神은 시기하는 신이다. 그것은

13 MS, p.232. 『국가의 신화』, p.285.
14 MS, p.232. 『국가의 신화』, p.285.

자기 이외에 숭배될 다른 신들을 용납하지 않는다. 인종은 모든 것이요, 다른 모든 세력은 아무 것도 아니다. 이것들은 독립적인 의미나 가치를 도무지 가지고 있지 않다. 만일 이것들이 어떤 힘을 가지고 있다면, 이 힘은 자율적인 힘이 아니다. 그것은 이것들의 상관이자 주권자, 즉 전능한 존재인 인종에 의하여 이것들에게 위탁되어 있을 따름이다. 이 사실은 온갖 형태의 문화생활, 즉 종교, 도덕, 철학과 미술, 국민과 국가 속에 나타나 있다는 것이다.

카시러는 고비노 이론의 가장 중요한 요소는 인종에 대한 찬미 자체가 아니었다고 본다. 그 자신 또한 열렬한 가톨릭 신자였던 고비노는 기독교의 교리를 받아들였고, 교회의 권위에 순종하였다. 성서는 그에게 어디까지나 영감으로 된 책이었고, 글자 그대로의 진리가 한번도 부정된 적이 없는 것이었다. 그러므로 그는 세계 창조와 인간의 기원에 관한 성서적 이론을 공격할 수가 없었다. 그렇지만 다른 한편에서 볼 때, 흑인종과 황인종이 백인종과 동일한 인간 가족에 속한다는 것을 인정할 수가 없었다. 흑인종과 황인종에게서 발견할 수 있는 것은 더할 나위 없는 추악한 야만성과 가장 흉악한 이기주의였다.[15] 그러니까 고비노는 자신의 종교적 생각과 자신의 인종주의 이론 사이의 괴리를 인정할 수밖에 없었다. 이러한 자신의 딜레마에서 벗어나기 위해서 고비노는 마침내 기독교의 '형이상학적 진리'와 인간 세계에서의 '문화적 가치'를 확연히 구별하게 된다. 이와 같은 구별을 통해서 고비노

15 Gobineau, 같은 책, I권, p.227이하.

는 사실상 기독교가 인류의 문명의 발달에 그 어떤 영향도 끼치지 못했으며, 문명을 위한 능력을 창조하지도 않았고 변화시키지도 않았다는 사실을 제시하고 있는 것이다.

결론적으로 볼 때, 고비노는 기독교가 크고 신비한 세력이기는 하지만, 인간 세계를 움직이는 그 어떤 일도 할 수 없는 세력으로 간주하였다. 그러니까 인간의 역사적 생활에서 기독교는 그 모든 권리를 포기하고 '인종'이라는 새로운 신에게 절하고 말았다는 것이다. 바로 이러한 관점에서 카시러는 고비노의 인종주의를 결국은 '모든 가치를 파괴하려는 시도'로 간주하는 것이 온당한 해석임을 주장하고 있는 것이다.[16]

둘째, 고비노의 인종주의 이론은 18세기 계몽주의의 이념, 즉 "인도주의"와 "평등주의" 이념에 대한 비판이었다는 관점이다.[17] 계몽주의의 이념은 종교에 근거한 것이라기보다는 새로운 유형의 철학적 윤리학에 근거하고 있다. 이러한 이념은 특히 칸트의 저작 속에서 명료하게 이끌어낼 수가 있다. 칸트의 저작을 떠받치고 있는 요체는 '자유'의 이념이다. 이 자유는 '자율'을 의미한다. 이것은 도덕적 주체는 그가 자신에게 주는 것 외의 다른 어떤 규칙에도 복종해서는 안 된다는 원리의 표현이다. 그는 그 자신 "목적의 왕국에 있어서의 입법자"[18]이다. 이것이야말로 그의 참 존엄성,

16 MS, p.235. 『국가의 신화』, p.288.

17 MS, p.235. 『국가의 신화』, p.289. 하인츠 파에촐트, 『카시러』, p.148.

18 Kant, *Grundlegung zur Metaphysik der Sitten*, sec.2, "Werke", ed. E. Cassirer, Ⅳ, p.293.

한갓 물리적인 모든 존재를 넘어서는 특권을 구성하는 것이다.

그런데 이러한 칸트의 생각은 고비노에게서는 도무지 알 수 없는 소리로 들렸고, 참을 수 없는 것이었다. 왜냐하면 고비노가 볼 때, 칸트의 생각은 인종의 모든 본능과 가장 깊은 감정에 크게 어긋나는 것이었기 때문이다. 고비노에게서 존엄성이란 개인적 우월성을 의미하는 것이며, 우리가 남을 열등한 존재로 내려다보지 않고서는 이 우월성을 의식할 수가 없다. 모든 위대한 문명과 모든 고귀한 인종에 있어서 이것은 지배적 특성이었다. "자신의 가문과 혈통을 자랑스럽게 여기는 사람은 누구나 서민과 혼혈되기를 거부하였다."[19] 때문에 칸트 식의 보편적인 윤리의 기준과 가치를 찾는 것은 어리석은 일이다. 이와 같은 고비노의 입장에서는 칸트의 정언명법은 말 자체가 모순이 아닐 수 없다. 우리가 하고자 하는 것이 동시에 보편적 법칙이 되도록 하라는 격률은 불가능하다. 보편적 인간이 없는데 어떻게 보편적 법칙이 있을 수 있는가? 모든 경우에 타당할 것을 주장하는 윤리적 격률은 어떤 경우에도 타당하지 않다. 누구에게나 적용되는 규칙은 아무에게도 적용되지 않는다. 그것은 인간적 역사적 세계에서 대응하는 것이 하나도 없는 한갓 추상적인 공식에 불과하다.[20]

고비노는 "아리안"(Aryan)이라는 말의 어원론을 받아들이고 있는데, 그것에 의하면 이 말은 본래 "존귀하다"(honorable)라는 것 외에는 다른 아무 것도 의미하지 않았다. 아리안 인종의 성원들

19 Gobineau, 같은 책, II권, p.21이하.

20 MS, p.236. 『국가의 신화』, p.290.

은, 인간이란 그 개인적 성질들로 인하여 존귀한 것이 아니라, 그 인종의 유전질로 인하여 존귀하다는 것을 잘 알고 있었다. "우리는 개인적 명예와 존엄성을 오직 보다 높은 영주의 영지에서, 참주권자인 인종으로부터 우리의 몫으로 받음으로써만 소유한다. 스스로를 아리안 족이라 칭하는 백인들은 이 칭호의 존대하고 화려한 의미를 잘 알고 있었다. 그들은 이것에 힘껏 집착하였다."[21] 한 인간은 그의 행동에 의해서가 아니라 그의 '혈통'에 의해서 위대하고 고귀하고 유덕하다. 우리의 개인적 업적이 받아야 할 유일한 검사는 우리들의 조상에 대한 검사다. 어떤 사람에게 그의 도덕적 가치에 대한 확신을 주는 것은 다름 아닌 그의 출생 증명서이다. 덕은 습득될 수 있는 어떤 것이 아니다. 그것은 하늘로부터의 선물이다. 더 정확하게 말하면, 땅으로부터의, 즉 인종의 신체적, 정신적 성질들로부터의 선물이다. 이런 맥락에서 고비노는 흑인종에 대해 "맹수도, 이 소름끼치는 종족들에 비하면 너무나 고상해 보인다. 신체적으로는 원숭이들이, 도덕적으로는 암흑의 혼령들이 이들과 비슷하다고 느끼지 않을 수 없다."[22]라고 묘사하였다.

한편, 고비노는 불교를 도덕적 차원과 지적 차원에서 인류 역사상 최대의 도착의 하나로 간주하고, 혹독하게 비판하기도 하였다. 그 비판의 전제는 위에서 살핀 바와 대동소이하다. 가장 훌륭한 신체적 지적 재능과 가장 고귀한 혈통을 받아가지고 태어난

21 Gobineau, 같은 책, I권, p.370이하.
22 Gobineau, 같은 책, I권, p.227.

한 사람, 최고의 카스트에 속하는 왕의 아들이 갑자기 이 모든 특권을 버리기로 결심하고 가난한 사람, 불쌍한 사람, 버림받은 사람들을 위한 새 복음의 전도자가 된 것이다. 고비노의 눈에는 이 모든 것이 용서할 수 없는 하나의 죄이자 일종의 큰 배신이었다. 그것은 혼혈의 위험으로부터 그 자신을 보호하는 카스트 제도를 만들어 낸 아리안 인종의 존엄성에 대한 범죄로 비춰진 것이다.[23] 그리고 고비노는 불교는 '존재론'을 '도덕' 위에 세우려 했지만, 사실은 '도덕'이야말로 '존재론'에 의존할 뿐이라고 주장한다. 고비노는 이러한 주장의 근거로 게르만 민족의 신화를 예로 든다. 게르만 민족의 신화에는 어떤 사람이 그의 도덕적 행위로 말미암아 구원을 받는 것이 아니었다. 낙원은 영웅들, 전사들, 귀족들에게 이들의 행위와는 아무 상관없이 열려 있었다. "고귀한 인종에 속하는 사람, 곧 참된 아리안인은 다만 그의 가문의 힘으로 발할라(Valhalla 천당)에 들어가는 영예를 얻었다. 한편, 가난한 자, 포로들, 농노들, 요컨대 혼혈 백인들, 낮은 가문의 혼혈아들은 누구나 얼음장 같은 암흑 속에 떨어졌다."[24] 그렇다면 이상과 같은 게르만 민족의 이 신화는 무엇을 의미하는가? 그것은 바로 존재론이 도덕에 앞서며, 또 어디까지나 존재론이 결정적 요인이라는 사실을 보여주고 있다. 그러니까 한 인간이 무엇을 하는가가 아니라, 그 인간이 무엇인가가 그에게 도덕적 가치를 준다. "인간은 잘 행동함으로써 善한 것이 아니라, 그가 선할 때, 다시 말해

23 MS, p.237. 『국가의 신화』, p.291.

24 Gobineau, 같은 책, II권, p.370.

잘 태어났을 때 잘 행동한다."[25]

셋째, 고비노의 인종주의는 **국가주의**(nationalism)**의 이념, 특히 애국심과는 무관하다는 관점**이다. 보통 고비노의 인종주의와 나치 독일의 국가주의를 연결시키는 것이 자연스러워 보이지만, 카시러는 역사적 관점이나 체계적인 관점에서 볼 때 그것은 부정확한 일이기에 그와 같은 태도를 비판한다.[26] 그래서 카시러는 고비노가 국가주의자도 프랑스의 애국주의자도 아니었다고 주장한다.[27] 고비노는 프랑스의 불랭빌리(Boulainvillier)의 주장을 받아들였다. 이 주장에 따르면, 프랑스는 한 번도 진정으로 국가적 통일을 이루어보지 못했다. 프랑스는 정복자들과 예속자들, 귀족과 평민으로 나뉘어있는데, 이들은 동일한 수준에 있지 않았으며, 동일한 정치적, 국민적 생활을 공유할 수도 없었다. 고비노는 이 견해를 인류 역사 전체에 적용시켰다. 우리가 국민이라고 부르는 것은 결코 하나의 동질적인 전체가 아니다. 그것은 혼혈의 산물이요, 이 혼혈은 세상에서 가장 위험한 일이다. 이와 같은 혼성물에 대해서 경외와 존경을 가지고 말하는 것은 인류 역사에 관한 올바른 이론의 제1원리들을 어기는 것이다. 그래서 '애국심'(patriotism)은 민주주의자들이나 선동자들에게는 하나의 미덕일 수 있지만, 결코 귀족주의적 미덕은 못되며, '인종'이 귀족주의자의 최고의 미

25 Gobineau, 같은 책, II권, p.370.

26 '인종주의'와 '국가주의'의 차이에 대한 논의는 Hannah Ahrendt, "Race-Thinking Before Racism", *The Review of Politics*, VI, No. 1(1944). pp.36-73 참조바람.

27 MS, p.239. 『국가의 신화』, p.293.

덕이다.

애국심의 기원에 대한 논의는 그리스인과 로마인에게까지 거슬러 올라간다. 그런데 애국심은 아리안 족의 이상이 아니었다는 사실을 알 수 있다고 고비노는 주장한다. 애국심은 게르만족의 미덕이 아니었다. 게르만족의 세계에서는 인간이 모든 것이었고, 국가는 거의 아무 의미도 없는 것이었다. 이것이 게르만족과 그 밖의 인종들 예컨대 그리스인, 로마인, 킴메르인의 피가 섞인 셈족, 혼혈 백인들 사이의 깊은 차이를 이루는 것이다. 고비노는 유럽 문명의 경우 그리스인들이 폴리스에 대한 맹목적 찬양으로 말미암아 애국심이라는 그릇된 이상을 만들어내었다고 파악한다. 때문에 결과적으로 애국심이란 "가나안의 괴물"(Canaan monstrosity)[28]에 불과한 것으로 이는 거부되어야만 하는 것이었다.

한편, 고비노는 인종주의 이론의 결말 부분에서 고귀한 인종에 속하는 사람들은 일단 자신의 기원을 알게 되면, 위험한 유전질에 대해서 자기를 지키지 않으면 안 된다고 말한다. 그리고 이 과정에서 서로 다른 인종들을 어떤 방식으로 결합시켜 나아가야 할지를 고민하였다. 그 고민의 대답으로 고비노가 제시한 것은, 나면서부터 귀족이었던 자신은 귀족으로서의 신분에 어울리는 행동을 해야 한다는 원칙이다. 그러니까 노블리스 오블리제(noblesse oblige)의 태도이다.[29] 카시러는 고비노이론의 이런 요소들 때문에 그를 인간적 동정, 친절, 혹은 자비심이 없는 사람이라고 비난해

28 Gobineau, 같은 책, II권, p.29. p.31.

29 MS, p.242. 『국가의 신화』, p.297.

서는 안 된다고 지적하기도 하였다.[30]

넷째로, 고비노의 인종주의 이론은 깊은 염세주의와 관련되어 있다는 관점이다.[31] 고비노는 오직 부자와 귀족만이 발할라(천당)의 영광을 누릴 수 있었던 옛 게르만족의 제도를 충심으로 찬성하였다. 빈궁은 천한 것이다. 아리안 인종인 게르만인은 그가 당연히 봉건 영주요 지주임으로 해서, 즉 세계의 일부분의 소유자인 까닭에 자기 자신과 세계에서의 자신의 역할에 대해서 매우 높이 평가하고 있었다.[32] 이런 점에서 고비노는 정력적인 인종인 아리안 족이 역사의 큰 무대에서 진정한 배우라면, 인류 문명의 진보에 무한한 희망을 품을 수 있다는 생각을 가지기도 하였다. 카시러의 분석에 따르면, 고비노의 저작은 일종의 도취, 그러니까 인종 숭배와 자기 숭배의 도취에서 출발하고 있는 것이다.[33]

그렇지만 최초의 낙관적 견해는 逆변증법에 의해 갑자기 심각하고 돌이킬 수 없는 비관론으로 전환하고 있음을 카시러는 지적한다. 어떤 측면 때문인가? 고비노의 이론에 의하면, 고등인종들은 그들의 역사적 사명을 완수하고 나서 필연적으로 또 불가피하게 그들 자신을 파멸시킨다는 것이다. 그들은 세상과 밀접하게 접촉하지 않고서는 세상을 다스리고 조직할 수 없다. 그러나 그들에게서 접촉은 위험천만한 일이며, 나쁜 영향의 영속적이고 영

30 MS, p.243. 『국가의 신화』, p.298.
31 MS, p.247. 『국가의 신화』, p.302.
32 Gobineau, 같은 책, I권, p.388.
33 MS, p.245. 『국가의 신화』, p.301.

원한 원천이다. 그 결과는 고등 인종들에게 참화를 가져오는 것일 수밖에 없었다. 서로 다른 인종들 사이의 협동은 동거(cohabitation)를 의미하며, 동거는 혼혈(blood mixture)을 의미하며, 혼혈은 부패(decay)와 타락(degeneration)을 의미한다. 그것은 언제나 종말의 시작이다. 인종의 순수성이 사라지면 그 힘과 조직력도 없어진다. 고등 인종들은 그들 자신이 저지른 일의 희생이 되며, 그들의 노예의 노예가 되는 것이다.[34]

카시러는 고비노 이론의 마지막 부분을 그의 저작 전체의 정수로 파악한다. 그러니까 인종 숭배는 고비노에게 있어 최고의 숭배 형태요, 최고신에 대한 숭배였다. 그러나 이 신은 결코 패하는 일이 없는 불멸의 신이 아니다. 이와 반대로 극히 상하기 쉬운 신이다. 심기가 최고로 좋은 순간에도 고비노는 장차 올 운명, 곧 "신들의 황혼"(twilight of the gods)의 운명을 절대로 망각할 수 없었다. 신들은 죽지 않으면 안 된다(Les dieux s'en vont).[35] 카시러는 이런 점 때문에 고비노의 이론이 종국에는 '염세주의'(pessimism)일 뿐만 아니라 완전한 '부정주의'(negativism)와 '허무주의'(nihilism)가 된다고 지적하고 있다.

34 MS, p.245. 『국가의 신화』, p.301.

35 MS, p.246. 『국가의 신화』, p.302.

5. 고비노의 인종주의와 니체와의 관계

고비노 인종주의에서 나타나는 '염세주의', '부정성', '니힐리즘'의 요소는 앞서 살펴보았던 '노블리스 오블리제'와 더불어 니체의 사상에 상당한 영향을 미쳤다고 필자는 판단한다. 이 부분에 대해 잠시 살펴보도록 한다. 이미 카시러도 니체가 말한 '거리의 파토스'(Pathos der Distanz)라는 감정에 고비노만큼 깊이 사로잡힌 사람은 없었다고 말한 바 있다.[36] 어떤 측면에서 그러한가? 니체는 인간을 지배자의 덕을 지닌 고귀한 인간과 노예의 덕을 지닌 비루한 인간의 두 유형으로 나누었다. 거리의 파토스는 전자가 후자와의 정신적 거리를 두고 자기를 지키려는 정열을 의미한다.

> '인간'이라는 유형을 향상시키는 모든 일은 지금까지 귀족적인 사회의 일이었다. 그리고 앞으로도 항상 그렇게 반복될 것이다. 이와 같이 사회는 인간과 인간 사이의 위계질서나 가치 차이의 긴 단계를 믿어왔고 어떤 의미에서 노예제도를 필요로 했다. 마치 혈육화된 신분 차이에서, 지배계급이 예속자나 도구를 끊임없이 바라다보고 내려다보는 데서, 그리고 복종과 명령, 억압과 거리의 끊임없는 연습에서 생겨나는 '거리의 파토스'가 없다면, 저 다른 더욱 신비한 파토스, 즉 영혼 자체의 내부에서 점점 더 새로운 거리를 확대하고자 하는 요구는 전혀 생겨나지 못했을 것이다.[37]

36 MS, p.236. 『국가의 신화』, p.289.

37 Friedrich Nietzsche, *Sämtlich Werke, Kritische Studienausgabe* Band 5. dtv/de Gruyter, dünndruck-Ausgabe, 1980. 257. p.205. 번역본은 『선악의 저편 · 도덕의 계보』(김정현 역), 책세상, 2002. p.271.

니체는 『선악의 저편』 제9장에서 주인의 도덕과 노예의 도덕에 대해 설명한 적이 있다. 먼저, 좋음(gut)의 개념을 결정하는 것이 지배자들일 때, 탁월함과 위계질서를 결정하는 것으로 느끼게 되는 것은 영혼의 고양되고 자부심 있는 여러 상태다. 고귀한 인간은 그와 같이 고양되고 자부심 있는 상태의 반대를 나타내는 인간들을 자신에게서 분리시킨다. 그는 그러한 사람을 경멸한다. 그래서 사람들은 이러한 첫 번째 종류의 도덕에서 '좋음'과 '나쁨'(schlecht)의 대립은 '고귀한'과 '경멸할 만한'의 대립과 같은 의미라는 것을 알아차리게 된다. 한편 선(gut)과 악(böse)의 대립의 유래는 다르다고 니체는 말한다. 겁쟁이, 불안해하는 자, 소심한 자, 편협한 이익만을 생각하는 자는 경멸당한다. 또한 자유롭지 못한 시선으로 의심하는 자, 스스로를 비하하는 자, 학대할 수 있는 개 같은 인간, 구걸하는 아첨꾼, 거짓말쟁이도 경멸당한다. 비천한 서민들이 거짓말쟁이라는 것은 모든 귀족의 근본 신념이다. 니체는 도덕적 가치 표시가 어디에서나 먼저 '인간'에게 붙여지고, 그리고 비로소 파생되어서 후에 '행위'에 붙여졌다는 사실은 명백하다고 말한다. 이 대목은 고비노가 말한 존재론이 도덕보다 우선한다는 주장과 정확하게 일치하는 부분이다. 결국 고귀한 부류의 인간은 스스로를 가치를 결정하는 자라고 느끼게 되는 것이다. 그래서 그는 "나에게 해로운 것은 그 자체로 해로운 것이다"라고 판단한다. 그는 대체로 자신을 사물에 처음으로 영예를 부여하는 사람으로 알고 있다. 그 점에서 그는 '가치를 창조하는 자'이다.[38]

니체는 도덕의 두 번째 유형인 노예의 도덕의 경우 염세주의적 의혹이 나타난다고 파악한다. 노예의 시선은 강한 자의 덕에 대한 증오를 품는다. 그래서 그는 회의하고 불신하며, 거기서 존중되는 모든 선을 정교하게 불신한다. 그는 행복 자체란 거기서는 참된 것이 아니라고 스스로를 설득하고 싶어 한다. 니체에 따르면, 노예의 도덕은 본질적으로 유용성의 도덕이다. 여기에는 선과 악의 유명한 대립을 발생시키는 발생지가 있다. 그러니까 힘과 위험, 경멸을 일으키지 않는 일종의 공포, 정교함, 강함이 악에 포함된 것이라고 느끼게 된다. 따라서 노예의 도덕에 따르면, '惡人'은 공포를 불러일으킨다. 주인의 도덕에 따르면 공포를 불러일으키고 불러일으키고자 하는 사람이 바로 善人이며, 반면 '나쁜' 인간은 경멸할 만한 인간으로 느끼게 된다. 그 결과 자유를 향한 갈망, 행복에 대한 본능, 자유 감정의 예민함은 필연적으로 노예의 도덕과 노예의 덕성에 속한다.[39]

니체의 거리의 파토스는 적대화하지 않으면서 분리하는 기술, 즉 아무 것도 섞거나 화해시키지 않는다. 끔직한 다양성. 그럼에도 불구하고 카오스와는 정반대의 것이다.[40] 그렇기에 니체에게서 거리의 파토스는 인간의 궁극적 원리이며 궁극적 이념이다. 자기 상승과 자기극복의 전제인 거리의 파토스는 극복되어야 할 존재로서의 인간을 위한 근본 조건이다.

---

38 『선악의 저편 · 도덕의 계보』, p.276.

39 『선악의 저편 · 도덕의 계보』, pp.278-279.

40 Friedrich Nietzsche, *Sämtlich Werke, Kritische Studienausgabe*, Band 6. dtv/de Gruyter, Dünndruck-Ausgabe, 1980. Ecce Homo 9. p.293.

니체의 생성의 철학에는 '초인'(Übermensch)의 이상이 놓여 있는데, 이때 초인이란, 자기를 부단히 극복하는 존재를 말한다.

> 나는 저희에게 초인을 가르치노라. 사람은 극복되어야 할 그 무엇이다. 너희들은 너희 자신을 극복하기 위해 무엇을 했는가?[41]

> 보라, 나는 너희들에게 초인을 가르치노라. 초인은 대지의 뜻이다. 너희들의 의지로 하여금 말하도록 하라. 초인이 대지의 뜻이 되어야 한다고! 나의 형제들이여, 맹세코 이 대지에 충실하라. 하늘나라에 대한 희망을 설교하는 자들을 믿지 말라! 그들은 그들 스스로가 알고 있든 모르고 있든 간에 독을 타 사람들에게 화를 입히는 자들이다. 그들은 생명을 경멸하는 자들이요, 소멸해 가고 있는 자들이며, 독에 중독된 자들로서 이 대지는 이런 자들에게 지쳐있다. 그러니 하늘나라로 떠나도록 그들을 버려 두어라! 지난날에는 신에 대한 불경이 가장 큰 불경이었다. 그러나 신은 죽었고, 그와 더불어 신에게 불경을 저지른 자들도 죽었다.[42]

이처럼 자신을 부단히 극복하는 존재인 초인은 바로 거리의 파토스를 통해 끊임없이 자신을 극복할 수 있는 자며, 모든 것의 덧없음을 긍정할 수 있는 자며, 결국 자신의 한계를, 자신의 그때그때마다의 유한성을 인정할 수 있는 자다. 이러한 초인만이 자

41 Friedrich Nietzsche, *Also sprach Zarathustra* Ⅰ-Ⅳ. Kritische Studienausgabe Herausgegeben von Giorgio Colli und Mazzino Montinari, Dünndruck-Ausgabe, 1988. Vorrede. 3. p.14. 번역본은 『차라투스트라는 이렇게 말했다』(정동호 역), 니체전집 13. 책세상, 2000. p.16.

42 『차라투스트라는 이렇게 말했다』, p.15.

신의 제약된 해석을 절대화하지 않은 채, 어떤 해석에도 머물러 있지 않고, 부단히 변화하는 생성이 세계를 끌어안을 수가 있는 것이다.[43] 이렇듯, 니체 사상에서 볼 수 있는 많은 부분들이 고비노의 인종주의 이론과 그 지반을 같이 한다고 할 수 있을 것이다. 참고로 하이데거의 니체 해석을 보면, 니체가 말하는 니힐리즘의 핵심은 (기존의) 최고의 가치들을 (이제) 무가치하게 만드는 데 있다.[44] 그러니까 니힐리즘은 하나의 과정인 바, 그것은 최고의 가치들이 가치를 상실하고 무가치하게 되는 과정이라는 것이다. 하이데거의 이러한 독해 방식은 카시러가 고비노의 인종주의를 모든 가치를 파괴하려는 시도로써 읽는 방식과 결과적으로 동일하다고 할 수 있다.

6. 그렇다면 고비노의 인종주의 이론과 나치즘의 결합을 어떻게 보아야 하는가?

지금까지 우리는 카시러를 좇아 고비노 사상에 대한 내재적 분석을 통해서 그의 사상이 파시즘으로 대변되는 나치 독일의 국가사회주의 이데올로기와는 직접적 관계가 없다는 사실을 살펴보았다. 그렇다면 왜 끊임없이 고비노 사상과 나치즘의 결탁설이 이어지고 그렇게 평가되는 것일까? 카시러는 이런 현상을 문화

43 최소인, 「니체와 칸트-거리의 파토스와 사이의 로고스」, 『칸트와 현대 유럽 철학』(한국칸트학회 편), 철학과현실사, 2001. pp.170-180. 참조 인용함.

44 마틴 하이데거, 『니체와 니힐리즘』(박찬국 역), 철학과현실사, 2000. p.45.

철학자의 혜안으로 시원스럽게 해명해 주고 있다. 그러니까 카시러는 인종주의와 나치즘의 결합을 신화적 사고의 정치철학에로의 침투 현상으로 간주한다.[45]

카시러에 의하며 신화는 기본적으로 세상에 대한 인식적 사변적 해석이 아니다. 그것은 실제의 생활 형식에 뿌리를 두고 있다. 신화는 우리가 그것을 의식상 이루어진 행위 내에서 이해할 때에 비로소 이해하기 쉽다. 원시인들에게서는 일상생활에서의 실용적 지식에 대한 합리적이며 경험적인 법칙이 존재한다. 신화와 그것에 맞는 의식적 실행들은 특히 '위기 상황'에서, 그리고 '결과가 불확실한 상황'에서, 말하자면 생명 순환적 과도기에 중요한 역할을 수행한다.[46]

카시러에 따르면, 신화는 공동체에 형식을 제공하며, 이 사회적 형식은 위기 발생시에 파괴되지 않는다는 점을 보증한다. 만일 엄청난 위기 상황이 벌어졌을 때, 그것이 사회 경제적 성격을 지닌다면 신화는 '정치적 기능'을 수행한다. 그래서 신화는 각 개인에게 무조건적으로 집단과의 일체감을 심어준다. 카시러는 이것을 신화의 정치철학에로의 침투라고 말한다. 카시러가 볼 때, 20세기 현대 정치사상의 발전에 있어서 가장 중요하면서도 가장 두려운 양상은 새로운 세력의 출현, 그러니까 신화적 사고를 바탕으로 하는 세력의 출현에 있다고 지적한다.[47] 그런 점에서 정치

45 신응철, 『문화철학과 문화비평』, 철학과현실사, 2003. p.116.

46 MS, p.279. 『국가의 신화』, p.337.

47 MS, p.3. 『국가의 신화』, p.19.

제도들 가운데 몇몇의 경우에는 신화적 사고가 이성적 사고보다 우세하였다고 카시러는 확신하고 있는 것이다. 그런 점에서 카시러는 "원시 사회에서의 마법과 신화의 역할에 대한 기술은 인간의 정치 생활이 고도로 진보한 여러 단계에서도 잘 들어맞는다. 절망적인 정세에서 인간은 수단에 호소한다. 그리고 현대의 정치적 신화들(영웅숭배론, 인종주의, 헤겔의 국가 이념 등등)은 그런 절망적 수단이었다."[48]고 말한다.

카시러는 프랑스의 인류학자 두떼(E. Doutté)의 말을 인용한다. 신화는 "인격화된 집단적 욕망"(the collective desire personified)이다.[49] 카시러가 보기에 두떼의 이 표현은 지도력과 독재에 대한 현대적 개념의 가장 간결하고 분명한 표현으로 사용될 수 있었다. 말하자면 고비노의 인종주의와 나치즘의 결탁을 카시러는 두떼의 표현 방식을 빌어 들추어내고 있는 것이다.

지도력에 대한 요망은 오직 집단적 욕망이 압도적으로 커졌을 때, 그리고 한편 이 욕망을 정상적인 방법으로 충족시킬 모든 희망이 끊어졌을 때에만 나타난다. 이런 때가 오면 이 욕망은 절실해질 뿐만 아니라 또한 인격화된다. 그것은 인간의 눈앞에 구체적이고 가소적인이고 개인적인 모습으로 우뚝 선다. 집단적 욕망의 강렬성은 지도자 속에 체현된다. 이미 있어왔던 사회적 속박물들—법률, 정의 및 여러 조직들—은 아무 가치도 없다고 선언된다. 오직 남는 것이라고는 영도자의 신화적인 권력과 권위뿐이

48 MS, p.279. 『국가의 신화』, p.337.
49 MS, p.280. 『국가의 신화』, p.339.

고, 영도자의 의지는 최고의 절대적인 율법이 된다.[50]

이처럼 카시러는 나치 정권의 국가 사회주의 이데올로기는 고비노의 인종주의를 정치적으로 악용하여 형성되었다는 사실을 우리들에게 밝혀 주고 있는 것이다. 나치 정권의 등장을 생생하게 목격했고, 독일 지식인의 지적 양심을 지켜야 했던 카시러로서는 함부르크대학의 총장직을 사임함으로써 자신의 철학함을 실천으로 옮겼다. 그리고 난후, 나치즘의 이론적 토대가 되었던 정치적 신화들의 실상을 우리들에게 낱낱이 풀어 헤쳐 놓았던 것이다.

7. 맺는 말: 인종주의, 그러나 우리에겐 학벌의 이름으로

앞에서도 살펴보았듯이, 인종주의라는 정치적 신화는 위기 상황에서, 특히 정치적 위기 상왕이 벌어질 때 언제든지 등장하여 그 힘을 발휘할 수 있는 것임을 재차 확인할 수 있었다. 그런 관점에서, 고비노의 인종주의는 한국 사회에서 여전히 살아있고, 더욱 그 기세를 높여 가고 있는 것으로 필자는 판단한다. 프랑스를 비롯한 유럽에서 활개 치던 '인종'이라는 망령이 한국 사회에서는 이름만 달리할 뿐, 그러니까 '학벌'이라는 改名으로써 여전히 온 사회를 활개치고 다니고 있는 것이다. 이를 단적으로 표현하면, 고비노가 말한 인종불평등이 한국사회에서는 학벌불평등으로 나

50 MS, p.280. 『국가의 신화』, p.339.

타나고 있는 것이다. 결국 우리에게서 인종주의의 극복이란 학벌주의의 타파에서 성취될 수 있다. 그렇다면 학벌이 인종주의와 직결될 수 있는 철학적 근거는 어디에 있는가?

첫째, '모든 가치를 파괴하려는 시도'에서 찾아볼 수 있다. 한 사회의 정상적인 의사소통의 구조를 마비시키고, 사회 구성원들 사이에 통용될 수 있는 여러 가치 기준들을 오직 단 하나의 잣대로만 재단하려는 태도를 학벌에서 찾아낼 수 있다. 그래서 이제 학벌은 우리 사회에서 가장 실질적인 영향을 미치는 중요한 사회적 이념이 되었다. 오직 학벌만이 한국 사회에서 최고의 가치요 최고선의 위치를 점유했다고 할 수 있다. 그 외의 가치는 그것에 비해 무가치한 것으로 전락되고 말았다. 학벌 그 이상의 최고선이 한국 사회에 존재하고 있는가? 분단된 한반도의 현실 앞에서, 통일의식이나 민족의식보다 학벌의식이 더욱 철저하게 그리고 강렬하게 우리의 일상의 삶과 의식을 옥죄어 지배하고 있는 것은 아주 분명한 사실임에 틀림없다.

둘째, '사회적 불평등을 조장하려는 시도'에서 찾아볼 수 있다. 고비노의 인종 찬미가 평등주의 이념에 대한 반대에서 비롯했듯이, 한국에서의 학벌은 각종 차별과 불평등의 기원이 되고 있다. 서울대 졸업생은 그가 이 땅을 떠나기 전까지는 서울대 '출신'이라는 학벌에 속하고, 연세대 졸업생은 연세대 '출신'이라는 학벌을, 고려대 졸업생은 고려대 '출신'이라는 학벌을 갖게 된다. 그렇지 않은 경우의 사람들과 이들은 분명한 차이가 있다. 그런데 중요한 것은 사람들 사이의 이러한 '차이'가 결국에 가서는 '차별'과

'불평등'의 원인이 되고 있다는 사실이다.

셋째, '사회적 신분계급의 질서를 형성하려는 시도'에서 찾아볼 수 있다. 고비노의 경우 아리안 인종 계열의 게르만 민족과 백인종은 세계라는 무대의 주인공으로서 사회적 신분 구조에서 최상위에 위치한다. 한국에서는 학벌이 사회적 신분을 결정하는 기준이며, 계급적 불평등의 재생산 장치로 작동한다. 한국에서 한 사람의 사회적 신분은 그의 출신 학교에 따라 결정된다. 한국 사회의 학벌을 철학적 논의의 장으로 이끌어내는 데 성공한 김상봉의 표현을 빌리면[51], 우리 사회의 신분 피라미드는 서울대가 '왕족'으로서 맨 위에, 다음으로 연대・고대를 비롯한 소수 명문 대학이 '귀족'으로서 그 아래에, 그리고 중상위권 대학, 중위권 대학 이런 식으로 형성되어 있다는 것이다.

넷째, '염세주의적 가치관의 형성'에서 찾아볼 수 있다. 고비노에게서 아리안 인종은 세계를 지배하고 다스리기 위해서라도 다른 인종들과 접촉해야만 했다. 그런데 이 접촉은 다른 인종들과의 혼혈을 의미하고, 이것은 부패와 타락을 의미하는 것으로서 종말의 시작을 의미한다. 급기야 인종의 순수성이 사라지면 그 힘과 조직력도 사라지게 되어, 고등 인종들은 그들 자신의 노예의 노예가 된다. 현재 한국 사회의 각 분야는 서울대를 중심으로 하는 극소수의 학벌이 독점하고 있는 실정이다. 이들 학벌은 양

51 김상봉, 「안티학벌 운동의 철학적 기초」, 『진보와 보수』(사회와철학연구회), 이학사, 2002. pp.279-292 참조. 그 밖에 한국에서의 학벌 문제에 대한 자료는 김상봉, 『학벌사회』, 한길사, 2004. 정진상, 『국립대 통합네트워크』, 책세상, 2004. 정진상 외, 『대학 서열체제 연구』, 한울출판사, 2004. 참조바람.

적인 면에서 폐쇄성을, 질적인 면에서 동질성을 가지고 있고, 이것이 학벌 구성원들 사이에 강력한 유대감과 결속력을 가능하게 하고 있다.[52] 이런 이유에서 결국 특정 학벌은 자신의 지위와 권위 그리고 기득권을 유지하기 위해서 여타의 학벌을 부정하고, 그들이 지닌 가치관이나 세계관에 대해 배타적이거나 비관적인 태도를 취하게 된다. 이는 특정 학벌 내에서 '지켜내지 못하면 빼앗긴다'는 식의 염세주의적 가치관을 만드는 계기가 되고, 그 반대편에 서 있는 여타의 학벌 그룹에게는 '빼앗지 못하면 영원히 굴복당한다'는 식의 가치관을 심어줌으로써, 궁극적으로는 화해와 연결보다는 반목과 단절의 관계를 유지할 수밖에 없도록 만들어놓았다. 이 점에서 니체는 예언자적인 한 마디를 하고 있다. "차이는 증오를 낳는다"[53]라고.

이상과 같은 네 가지 근거를 통해서 우리는 아직도 우리 사회에 인종주의(곧 학벌주의)가 남아있다는 사실을 다시 한번 확인할 수 있었다. 이미 앞에서도 살펴보았지만, "인간은 잘 행동함으로써 선한 것이 아니라, 그가 선할 때, 다시 말해 잘 태어났을 때 잘 행동한다."라는 고비노의 이 말은 극히 단순한 소리같이 들리지만, 동시에 굉장히 유치한 소리이기도 하다. 카시러는 고비노 이론에 가장 큰 실질적인 힘과 영향력을 준 것은 바로 이 유치함(naïveté)이라고 말한다.[54] 문제는 고비노의 이 말을 합리적 혹은

52 김상봉, 같은 글, p.284.

53 『선악의 저편 · 도덕의 계보』, p.285.

경험적 증명을 통해서 반박하기가 결코 쉽지 않다는 데 있다. 우리 사회에 학벌이라는 이름의 인종주의가 여전히 활개 칠 수 있는 이유가 아마도 어쩌면 이런 이유 때문은 아닐런지? 그렇지만 어쨌거나 카시러가 누차 강조했듯이, 인종이라는 신은 불멸의 신이 아닌, 결국 사라져 죽을 수밖에 없는 신이기에 바로 이 사실에 우리의 희망을 두어야 할 것 같다.

54 MS, p.238. 『국가의 신화』, pp.292-293.

:: 참고문헌

Ahrendt, Hannah., "Race-Thinking Before Racism", *The Review of Politics*, VI, No. 1(1944).

Cassirer, Ernst., *An Essay on Man*, Yale University Press. 1944. 『인간이란 무엇인가』(최명관 역, 서광사, 1988).

_____, *The Myth of the State*, New Haven and London, Yale University Press, 1946. 『국가의 신화』(최명관 역, 서광사, 1988).

Gobineau, *Essai sur l'inégalité des races humaines*, 1853-1855. 제2판(Paris: Firmin-Didot)

Kant, *Grundlegung zur Metaphysik der Sitten*, sec. 2, "Werke", ed. E. Cassirer, Ⅳ.

Mendlewitsch, Doris., *Volk und Heil. Vordenker des Nationalsozialismus im 19. Jahrhundert*, Rheda-Wiedenbrück, 1988.

Mosse, George L., *Die Geschichte des Rassismus in Europa*, Frankfurt/M. 1990.

Nietzsche, Friedrich., *Sämtlich Werke, Kritische Studienausgabe* Band 5. dtv/de Gruyter, Dünndruck-Ausgabe, 1980. 『선악의 저편·도덕의 계보』(김정현 역), 책세상, 2002.

_____, *Sämtlich Werke, Kritische Studienausgabe* Band 6. dtv/de Gruyter, Dünndruck-Ausgabe, 1980.

_____, *Also sprach Zarathustra* Ⅰ-Ⅳ. Kritische Studienausgabe Herausgegeben von Giorgio Colli und Mazzino Montinari, Dünndruck-Ausgabe, 1988. 『차라투스트라는 이렇게 말했다』(정동호 역, 니체전집 13. 책세상, 2000).

김상봉, 「안티학벌 운동의 철학적 기초」, 『진보와 보수』(사회와철학연구회), 이학사, 2002.

_____, 『학벌사회』, 한길사, 2004.

신응철, 『문화철학과 문화비평』, 철학과현실사, 2003.

_____, 『카시러의 문화철학』, 한울출판사, 2003.

_____, 『카시러 사회철학과 역사철학』, 철학과현실사, 2004.

정진상, 『국립대 통합네트워크』, 책세상, 2004.

정진상 외, 『대학 서열체제 연구』, 한울출판사, 2004.

최소인, 「니체와 칸트-거리의 파토스와 사이의 로고스」, 『칸트와 현대 유럽 철학』(한국칸트학회편), 철학과현실사, 2001.

하이데거, 『니체와 니힐리즘』(박찬국 역), 철학과현실사, 2000.

파에촐트, 하인츠., 『카시러』(봉일원역), 인간사랑, 2000.

5장

기독교 문화학과 기독교적 주체

−E. Levinas와 R.H. Niebuhr의 '주체' 개념을 중심으로−

"그러므로 무엇이든지 남에게 대접받고자 하는 대로 너희도 남을 대접하라"
(마 7:12)

"누구든지 자기를 높이는 자는 낮아지고 누구든지 자기를 낮추는 자는 높아지리라"
(마 23:12)

1. 기독교 문화와 주체의 문제

21세기를 살아가고 있는 우리는 날마다 외신을 통해서 중동에서 일어나고 있는 기독교도와 이슬람교도들 사이의 테러와 분쟁, 그리고 충돌 현장을 목격하고 있다. 이런 종교 문화간의 갈등을 해결할 수 있는 근본적인 치유책을 생각하게 된다. 그 모색은 우리 모두의 몫이라 할 수 있다.

설령 그것이 우리가 살고 있는 이 땅에서 현재 벌어지고 있는 상황이 아니기에 우리와는 상관없는 현상이라고 간주한다면 그것은 너무나 무책임한 태도라 할 수 있을 것이다. 그래서 우리는 고민하게 된다. 문화간의 소통은 가능한가? 종교 간의 소통은 가능한가? 아니, 적어도 우리는 의도적으로나 전략적으로 반드시 소통해야만 한다. 그것이 인류 전체의 삶에 안정과 평화를 가져다주는 길이기 때문이다. 그렇다면 어떻게 소통할 것인가? 무엇을 매개로 소통할 것인가?

우리의 논의를 좁혀보도록 하자. 한국 사회에서의 지역간, 문화간, 세대간의 소통 문제를 생각해 볼 수 있다. 이 글은 그보다 더 구체적으로 문화의 영역에 한정하여, 특히 기독교 문화와 비기독교 문화 간의 소통의 문제를 생각해 보고자 한다. 나의 입장은 소통을 전제로 할 때에만 비로소 진정한 의미의 문화변혁을 얘기할 수 있다는 것이다. 그래서 나는 기독교 문화와 비기독교 문화 간의 소통의 지점은 '나'와 '우리', 즉 문화적 주체에서 출발해야 한다고 생각한다. 그러니까 기독교적 '주체'에서 소통은 시작되는 것이다. 문제는 기독교적 '주체' 개념이 어떤 것인가 하는 점이다. 기독교적 주체 개념이 전통적인 철학적 의미의 '주체' 개념과 어떤 차이점이 있는지, 그것이 왜 문화간 소통을 위한 출발점이 되는지를 규명해 보아야 할 것이다.

이러한 논의를 위한 전거는 물론 성경적 관점에서 나타나는 주체에 관한 상(像)이 될 것이다. 성경에서 제시되는 주체의 상을 대변할 수 있는 것으로서, 나는 레비나스(Emmanuel Levinas, 1906~

1995)의 주체 개념과 리차드 니버(Richard H. Niebuhr, ~1962)의 주체 개념이 그 좋은 예라고 생각한다. 이들의 주체 개념은 궁극적으로 자아중심의 주체관에서 타자중심의 주체관으로의 변화를 주장한다고 할 수 있다. 나아가 이들의 주체 개념은 나의 권리를 주장하는 태도에서 타자에 대한 책임을 강조하는 태도로의 변화를 추구하고 있다. 이는 타문화에 대한 존중과 배려를 전제로 한 것이다.

그래서 이 글은 궁극적으로 문화의 생산자요 향유자로서의 인간, 그 인간이 지녀야할 문화적 삶의 태도를 염두에 두면서 기독교적 주체란 무엇인가? 라는 물음에 답변하고자 한다. 이러한 논의를 위해서 먼저, 서양철학 사상에서의 주체 개념의 변화상과, 이것과 기독교적 주체 개념과의 연관성을 살펴보고자 한다. 이어서 레비나스의 윤리적 주체 개념과, 니버의 책임적 주체 개념을 살펴보고, 마지막으로 문화 소통의 논의에서 기독교 주체 개념의 의미를 되새겨 보도록 한다.

2. 서양철학에서의 주체 개념과 기독교적 주체 개념

우리가 인간을 문화의 주체로서, 또는 윤리의 주체로서 인정한다고 할 때, 과연 '주체'란 어떤 의미인가를 한번 살펴볼 필요가 있다. '주체' 개념의 의미에 관한 부분은 강영안 교수의 선행 논의가 길라잡이 역할을 할 수 있을 것이다. 그의 논의를 잠깐 요약해

보면 다음과 같다.[1]

우리말의 '주체'라는 단어는 영어의 *subject*, 독일어의 *das subjekt*, 불어의 *le sujet*를 번역한 것이다. 한국에서는 1920년대 말 일본을 통해 번역, 수입되어 그 후로는 주로 역사적 주체, 노동의 주체 등 세계 안에서의 인간의 능동적이고 자발적이며 의식적인 활동의 당사자라는 의미로 사용되었다. 그런데 이 말은 인식론적 의미에서는 '객관'과 대립되는 '주관'이라는 의미로, 문법적 의미에서는 '술어'와 대립하는 '주어'로 사용되고 있다. 그런 점에서 '주체'라는 이 번역어는 근대 철학적 의미의 주체 개념을 반영하고 있다. 사실상 주체라는 단어의 어원이 된 라틴어 수브엑툼(subjectum)은 원래 '무엇에 종속된 것', '어떤 것에 깔려 있는 것'이란 뜻을 지니고 있었다. 그러므로 존재론적 의미에서는 이 말을 이 세계를 창조하고 주인으로 다스리는 하나님에 대해서는 쓸 수 없는 말이었다. 오직 '인간'과 인간을 포함한 '피조물'에 대해서 쓸 수 있는 말이었다. 그런데 하이데거가 '근대'라는 시대와 관련해서 '인간이 주체가 되었다'는 말로 표시할 때, 이때 주체는 더 이상 어떤 무엇에 깔려 있는 것이 아니라 다른 것들을 '떠받쳐주는 기반, 근거, 기초'란 뜻을 갖게 된다. 따라서 하이데거가 '인간이 주체가 되었다'고 말할 때나 현대 프랑스철학자들이 이러한 주체는 죽었거나 죽을 수밖에 없다고 본 것은, 인간이 그것도 '나는 생각한다'는

1 강영안, 「타인의 얼굴-레비나스의 새로운 주체성 모색을 위한 철학」, 『이땅에서 철학하기』, 우리사상연구소 논총 제2집, 솔출판사, 1999. 180-181쪽. 강영안, 『타인의 얼굴-레비나스의 철학』, 문학과지성사, 2005, 2005. 54-55쪽. 강영안, 「'주체의 죽음' 이후의 문화 주체」, 『기독교 문화, 소통과 변혁을 향하여』(문화선교연구원 엮음), 2005. 85-86쪽 참조.

의식 주체가 더 이상 존재하는 것들을 떠받치고 그것들을 지탱하며 관리하는 주역을 맡을 수 없다고 보기 때문이다.

그리고 철학사적 관점에서 볼 때, 주체의 문제는 두 가지 상호 관련된 사태와 연관되어 있다고 할 수 있다. 하나는 근거 또는 존재의 기반에 관한 물음이고, 다른 하나는 그 기반을 무엇으로 보느냐 하는 것이다. 근대의 주체 철학은 '하나님'이나 '자연'보다는 '인간'을 존재의 기초 또는 기반으로 보고자 했고, 특히 인간의 다른 면보다도 '사유하고 인식하는 자아'에서 그러한 근거의 원천을 찾고자 했다. 현대철학은 그러한 근거 물음과 근거 확인이 과연 정당한가 라는 문제에 집중하고 있다.

이제 문화와 윤리의 문제를 논함에 있어서 우리의 관심사는 '기독교적 주체' 개념을 통해서 이 문제에 접근하는 데 있다. 기독교에서 말하는 주체 개념은 성서 속에서 찾아볼 수 있을 것이다. 기독교에서 나타나는 십자가는 하나님의 '비우심', '낮추심', '버리심'을 상징한다. "오히려 자기를 비어(no reputation) 종의 형체를 가져 사람들과 같이 되었고, 사람의 모양으로 나타나셨으매 자기를 낮추시고(humbled) 죽기까지 복종하셨으니(obedient) 곧 십자가에 죽으심이라(빌 2:7-8)." 또한 십자가 아래에 있는 주체는 세계를 지배하고 타인을 자기에로 환원하고, 자기 향유에 빠질 수 있는 자기중심적 주체가 아니라, 먼저 이웃의 유익을 구하고(고전 10:33), 짐을 서로 나누어지고(갈 6:2), 자유를 자기 자신을 위해서가 아니라 사랑으로 서로 종노릇하는(갈 5:13), 그리고 기회 있을 때마다 모든 이들에게 착한 일을 하는(갈6:10) 주체이다. 이러한 주체는 십자가에서 예수 그리스도와 함께 죽고, 그의 부활과 더불어 살아난, 세상과 함께 아파하는 마음, 곧 그리스도의 심장을 가지고 샬롬의 공동체를 회복하고자 삶을 살아가는(빌 1:8) 주체이다.[2]

3. 기독교적 문화와 주체: 엠마누엘 레비나스의 '윤리적 주체' 개념

1) 레비나스의 윤리적 주체 개념

강영안 교수에 따르면, 레비나스의 윤리적 주체 개념에서 우리는 기독교적 주체 개념의 특징을 찾아낼 수 있다. 레비나스는 주체의 주체성을 이론적 활동이나 기술적, 실천적 활동에서 찾기보다는 타인과의 '윤리적' 관계를 통해서 찾는다. 여기서 타인과의 윤리적 관계라고 할 때, '윤리적'이라는 말은 무엇을 의미하는가? 주체가 주체로서 의미를 갖는 것은 지식 획득이나 기술적 역량에 달린 것이 아니라 타인을 수용하고 손님으로 환대(歡待)하는 데 있다고 레비나스는 보고 있다. 헐벗은 모습으로, 고통 받는 모습으로, 정치적, 경제적, 사회적 불의에 의해 짓밟힌 자의 모습으로 타인이 호소할 때, 그를 수용하고 받아들이고, 책임지고, 그를 대신해서 짐을 지고 사랑하고 섬기는 가운데 주체의 주체됨의 의미가 있다는 것이다.

여기서 주목할 것은 '자기성'의 성립, 또는 '개체성'의 성립 없이

---

2 강영안, 「'주체의 죽음' 이후의 문화 주체」, 『기독교 문화, 소통과 변혁을 향하여』(문화선교연구원 엮음), 2005. 100쪽 참조.

는 타인의 영접과 타인에 대해 책임 있는 윤리적 관계가 가능하지 않다고 레비나스는 보고 있다. 그렇다면 레비나스가 말하는 '자기성' 혹은 '개체성'이란 무엇인가?

한 개인이 먹고 마시고 잠자는 것은 어떤 누구에게도 환원될 수 없는 개별적인 행위다. 먹을 것을 가져다 줄 수 있고, 잠을 잘 수 있도록 배려해 줄 수 있지만, 아무도 남을 대신해서 먹어 줄 수 없고, 잠을 자 줄 수도 없다. 이것은 모두 한 개인의 '신체(身體)'를 통해서 가능하다. 레비나스는 이러한 존재 방식을 '향유(享有)'라 부른다. 향유, 즉 즐김과 누림을 통해 하나의 개체가 개체로서 자기성을 확보한다고 보는 것이다.[3]

그리고 나서 레비나스는 타인의 고통을 짊어질 수 있는 '책임적 주체' 개념을 내어 놓는다. 주체가 타자를 '위한' 책임적 존재로 세워지는 모습을 레비나스는 '대속(代贖)'이라고 부른다.[4] '대속'은 자유로운 주체의 능동적, 자발적 활동을 일컫지 않는다. 마치 예수 그리스도처럼 타인을 대신해서, 타인의 자리에 내가 세움 받는 일을 의미한다.

나는 내가 타인을 대신해서 타인의 자리에 서기 이전, 내가 기억할 수도 없는 먼 과거에, 나의 의식과 나의 선택의 자유가 발동하기 이전에 벌써 타자에 의해서 타자를 위한 책임적 존재로 세움 받았다. 이렇게 세움 받았다는 것은 내가 타인의 요구와 부름에

3 강영안, 「'주체의 죽음' 이후의 문화 주체」(2005), 88쪽 참조.

4 레비나스, 『존재와 다르게 또는 존재 사건 저편에』(1974), 125쪽. 강영안, 「'주체의 죽음' 이후의 문화 주체」(2005), 90쪽 참조.

'응답(應答)'할 뿐만 아니라, 타인을 위해, 심지어 타인의 책임을 대신해 '고통(苦痛)' 받을 수 있음을 뜻한다. 여기서 '책임(責任)'은 절대적 타율성이고, 절대적 타율성으로서 책임은 나의 자유의 한계를 초월한다. 이런 의미에서 '책임'을 레비나스는 '무한 책임(無限 責任)'이라 부른다.[5]

그런데 책임이 나의 자유의 한계를 초월한다는 말은 무슨 뜻인가? 만일 누군가가 나의 잘못에 대한 책임을 묻는다면 1인칭 차원에서의 책임, 그러니까 나의 자유에 근거한 책임을 지면 되지만, 타인의 잘못에 대한 책임은 나의 자유를 벗어난다. 나의 자유 이전에 나는 벌써 타인에 대해 책임적인 존재로 부름 받았다면, 나는 타인의 고통뿐 아니라 그의 잘못까지도 책임을 면할 수가 없다. 이러한 책임이 나의 자유로운 선택의 결과가 아니라 타율성에 의한 것임을 강조하기 위해서 레비나스는 '선택받음'이란 용어를 사용하고 있다.[6]

내가 선택받았다는 사실은 나의 대속이 다른 어떤 타인이 대행할 수 없는 일임을 말해준다. 나는 타인을 대신할 수 있어도 아무도 내가 책임질 일을 대신 짊어질 수는 없다. 나는 이미 타인의 자리에, 타인에 대해서, 타인을 대신해 책임지도록 세움 받았다. 그러므로 타인의 부름에 바로 나 자신이 '응답'해야 한다. 이런 맥락에서 레비나스는 '대리적 주체'를 '메시아'라 부른다. 메

5 레비나스, 『전체성과 무한』(1961), 223쪽. 강영안, 「'주체의 죽음' 이후의 문화 주체」(2005), 90쪽 참조.

6 레비나스, 『전체성과 무한』(1961), 223쪽. 강영안, 「'주체의 죽음' 이후의 문화 주체」(2005), 91쪽 참조.

시아는 타인을 위해서 대신 고난 받은 종이다. 레비나스는 예수 그리스도의 존재를 "타인의 고난을 대신 짊어 진 주체"로 파악한다. '그리스도'라는 말이 '메시아'를 번역한 말임을 염두에 둔다면, 레비나스의 윤리적, 책임적 주체는 각자가 모두 그리스도인 셈이다.[7]

2) 내가 어떻게 타인의 짐을 짊어지는 그리스도일 수 있는가?

레비나스에 따르면 타인이 나를 부를 때, 나는 그 부름에 '응답'해야 한다. 여기에는 두 가지 가능성만이 있다. 그러니까 부름을 '수용'하든지, 아니면 '거부'하는 일이다. 먼저 타인의 부름에 '거부'하는 경우를 보자. 부름을 거부하는 일은 나 자신의 일에 몰두하든지, 아니면 다른 일에 몰두하든지, 또는 어떤 핑계와 이유를 들면 그 일이 가능하다. 나의 집 문을 꽁꽁 걸어 두고, 타인으로부터 분리된 채 자기 중심주의로 살아갈 수 있다.[8] 이것은 '책임'으로부터의 도피이며, 이 도피를 레비나스는 윤리적 의미의 '악(惡)'이라 부른다. 타인에 대한 책임을 거부한 책임으로서 이 악은 모든 윤리적 악의 근원이며, 곧 '죄(罪)'로 나타난다.[9] 이제 이 악과 반대의 차원이 있다. 레비나스의 용어로 설명하면 타인의 호소와 부름을 수용하고 받아들이는 것이다.

타인을 수용한다는 것은 자신의 문을 열고 타인을 영접하는 '환

7 강영안, 「'주체의 죽음' 이후의 문화 주체」(2005), 92쪽 참조.

8 레비나스, 『전체성과 무한』(1961), 148-149쪽. 강영안, 「'주체의 죽음' 이후의 문화 주체」(2005), 93쪽 참조.

9 강영안, 「'주체의 죽음' 이후의 문화 주체」(2005), 93쪽 참조.

대(歡待)'로 나타난다. 타인을 나의 손님으로 대접하고 선행을 베푸는 일이다. 이 때 환대의 주체는 철저하게 수동적인 존재로, 물질의 수용성이나 인식의 수용성보다 더 수동적인 주체로 타인의 부름 앞에 '여기 제가 있습니다'라고 말하면서 자신을 내어 놓는다.[10] 성경 이사야서에 나오는 방식과 동일한 응답의 차원이다.

> 내가 또 주의 목소리를 들은즉 이르시되 내가 누구를 보내며 누가 우리를 위하여 갈꼬 그때에 내가 가로되 '내가 여기 있나이다'(Here am I!) 나를 보내소서(Send me)(이 6:8).

레비나스에게서 응답은 곧 '환대'이며, '책임'이다. 이것은 주는 것이며, 자신을 희생하는 것이다. 주는 것, 즉 타자를 위한 존재란 자신의 입에서 빵을 꺼내어 자기는 금식하면서 타인의 허기를 채워주는 것이다.[11] 그러나 이 주는 행위와 희생은 어떤 반대급부를 기대하지 않는다. 만일 어떤 반대급부를 기대한다면 그것은 순수한 줌이 아니라 주고받음의 거래가 된다. 진정한 선행에는 보상도, 반환도, 심지어 감사로 되갚음도 없다. 그런 의미에서 선(善)은 '존재와 다른 질서'에 속한다.[12]

---

10 레비나스, 『존재와 다르게 또는 존재 사건 저편에』(1974), 186쪽. 강영안(2005), 94쪽 참조.

11 레비나스, 『존재와 다르게 또는 존재 사건 저편에』(1974), 71쪽. 강영안(2005), 94쪽 참조.

12 강영안, 「'주체의 죽음' 이후의 문화 주체」(2005), 94쪽 참조.

3) 타인의 얼굴을 통해 만나는 하나님

레비나스에 의하면 타인은 우리에게 '얼굴'로 나타난다. 타인이 얼굴의 모습으로 우리에게 나타난다는 것은 각별한 의미가 있다. 얼굴과의 만남은 사물과 전혀 다른 차원을 우리에게 열어준다.

> 얼굴을 통해서 존재는 더 이상 그것의 형식에 갇혀있지 않고, 우리 자신 앞에 나타난다. 얼굴은 열려 있고, 깊이를 얻으며, 열려있음을 통하여 개인적으로 자신을 보여준다. 얼굴은 존재가 그것의 동일성 속에서 스스로 나타내는, 다른 어떤 것으로 환원할 수 없는 방식이다.[13]

얼굴이 자기 스스로를 내보이는 방식을 레비나스는 '계시(啓示)'라고 말한다.[14] 얼굴은 나에게 말을 건네 온다. 이 말 건네 옴은 얼굴의 자기표현이며, 자기표현은 얼굴의 본질적 성질, 곧 타자성과 환원불가능성을 담고 있다. 여기서 중요한 것은 얼굴이 말하는 내용이 무엇인가가 아니라 얼굴이 자기표현을 한다는 바로 그 사실이다. 얼굴의 자기표현, 곧 말 건네 옴은 얼굴이 타자로서 나에게 현상하고, 나에게 소통 관계를 터옴을 뜻한다. 얼굴의 자기표현은 나에게 전적으로 새롭다.[15]

---

13 레비나스, 『시간과 타자』, 136쪽. 강영안, 『레비나스의 철학-타인의 얼굴』(2005), 148쪽 참조.

14 레비나스, 『전체성과 무한』, 37쪽. 강영안, 『레비나스의 철학-타인의 얼굴』(2005), 180쪽 참조.

15 레비나스, 『전체성과 무한』, 194쪽. 강영안, 『레비나스의 철학-타인의 얼굴』(2005), 180쪽 참조.

그러므로 레비나스는 얼굴의 표현을 계시, 곧 나의 기대와 예측과 무관하게 밖으로부터 나에게 자신을 알려줌으로 말한다. 레비나스가 계시라는 종교적 언어를 사용하는 까닭은 얼굴의 현현은 내 자신의 노력을 통해서 나타나는 것이 아니라 스스로 자기 자신으로부터 나타나는 절대적 경험이라는 것을 강조하기 위한 것이다. 얼굴의 자기 계시 또는 자기표현은 이 세계에 속하지 않은 영역에서 오는 것이며, 나의 입장과 위치와 상관없이 스스로 자기를 표현하는 가능성이다. 레비나스는 이러한 사태를 일컬어 '맥락없는 의미화의 가능성'이라 부른다.[16]

그렇다면 타인의 얼굴이 가진 힘은 어디서 나오는 것일까? 타인의 얼굴에서 오는 힘은 상처받을 가능성, 무저항성에 근거해 있다. 얼굴이 상처받을 수 있고, 외부적인 힘에 대해 저항이 불가능하기 때문에, 바로 이 때문에 얼굴로부터 도덕적 호소력이 나온다.[17] 그런 맥락에서 레비나스는 다음과 같이 말한다. "얼굴은 직설법이 아니라 명령법으로, 한 존재가 우리와 접촉하는 방식이다. 그것을 통해서 얼굴은 모든 범주를 벗어나 있다."[18] 고통 받는 타인의 얼굴은 나에게 환원되기는커녕, 정반대로 가령 '살인하지 말라'고 나에게 명령한다. 타인은 나보다 높은 곳에 있는 나의 주인처럼 내가 윤리적으로 행동하기를 명령하며, 나는 그 명령을

16 레비나스, 『전체성과 무한』, 12쪽. 강영안, 『레비나스의 철학-타인의 얼굴』(2005). 148쪽 참조.

17 레비나스, 『전체성과 무한』, 172쪽. 강영안, 『레비나스의 철학-타인의 얼굴』(2005), 149쪽 참조.

18 레비나스, 『시간과 타자』, 137쪽. 강영안, 『레비나스의 철학-타인의 얼굴』(2005), 149쪽 참조.

회피하지 못한다.

타인의 얼굴의 현현은 하나의 모순에 직면하게 만든다. 얼굴은 타인의 무력함과 주인됨을 동시에 계시한다. 가장 낮은 것은 가장 높은 것과 결합된다. "타자는 타자로서 높음과 비천함의 차원에 스스로 처해있다. 영광스런 비천함이다. 타자는 가난한 자와 나그네, 과부와 고아의 얼굴[19]을 하고 있고, 동시에 나의 자유를 정당화하라고 요구하는 주인의 얼굴을 하고 있다."[20] 가까이 있는 타자는 다른 모든 사람과 결속되어 있기 때문에 타자는 나와 마주한 너가 아니라 제삼자, 곧 '그'이다. '낯선 이'로서, '고아'와 '과부'로서 타자의 얼굴은 보편적인 인간성을 열어주는 길이다. 타자의 얼굴에 직면할 때 나는 그 곳에서 모든 사람들을 만날 뿐만 아니라, 나의 재산과 기득권을 버림으로써 타자와 동등한 사람이 된다. 타자의 얼굴을 받아들임으로써 나는 인간의 보편적 결속과 평등의 차원에 들어간다.[21]

레비나스의 이러한 생각은 동등한 관계를 전제하는 기존의 윤리적 견해들과는 상상한 차이를 보이는 독특한 견해라 할 수 있다. 타자는 나와 동등한 이가 아니다. 타자는 그가 당하는 가난과 고통 속에서 나의 주인이라고 레비나스는 말한다. 나는 나 자신을 벗어나 그를 모실 때, 비로소 그때 그와 동등할 수 있다. 그런

19 성서 출애굽기 22:21, 신명기 10:18, 24:17, 이사야 1:17, 9:16, 예레미아 7:6, 22:3 참조.

20 레비나스, 『존재에서 존재자로』, 161쪽. 『시간과 타자』, 101쪽. 『전체성과 무한』(1961), 229쪽 참조.

21 레비나스, 『시간과 타자』, 140쪽, 『전체성과 무한』, 189쪽. 강영안, 『레비나스의 철학-타인의 얼굴』(2005), 151쪽 참조.

측면에서 레비나스에게서 진정한 윤리적 평등과 형제애는 인간 사이의 대칭적 관계를 통해서는 구축되지 않는다.[22] 그러므로 레비나스는 타자와의 '비대칭성', '불균등성'이 인간들 사이의 진정한 평등을 이룰 수 있는 기초이고, 이런 의미의 평등만이 약자를 착취하는 강자의 법을 폐기할 수 있다고 생각하였다.[23]

그런 의미에서 레비나스가 생각하는 타인의 얼굴이란, 형이상학의 대상, 규정불능의 무한자, 곧 하나님을 닮고 있다. 하나님은 바로 타인의 얼굴을 통해서 내게 말을 건네고 있는 것이다. 타인은 하나님의 육화(肉化)가 아니다. 그러나 분명 그의 얼굴을 통해서 타인은 저 높은 곳의 현시이며, 이 현시 속에서 하나님은 나타난다.[24]

4. 기독교적 문화와 주체: 리차드 니버의 '책임적 주체' 개념

1) '책임' 개념의 의미

우리가 일상적으로 사용하는 용어들 가운데 '책임적 시민', '책임적 사회', '우리직무의 책임' 등의 표현들이 있다. 여기서 '책임 있는'이라는 말에 해당하는 영어 단어 'responsible'은 원래 그

22 레비나스, 『존재에서 존재자로』, 162쪽. 강영안, 『레비나스의 철학-타인의 얼굴』(2005), 151쪽 참조.

23 레비나스, 『존재에서 존재자로』, 163쪽. 강영안, 『레비나스의 철학-타인의 얼굴』(2005), 152쪽 참조.

24 레비나스, 『존재에서 존재자로』, 217쪽 참조.

의미가 다음과 같은 맥락에서 사용되었다고 니버는 지적한다. 즉 "비록 그 입이 크기는 하지만 그 큰 몸에 비해 보면, 그렇게 걸맞지 않게(not responsible) 큰 것은 아니다." 여기에서 알 수 있듯이 이 용어는 '상응하는'(correspondent) 것을 의미했다. 이런 용례를 지녔던 responsible이라는 단어가 이제 "위대한 신(神)이 우리를 책임적 존재(responsible being)로 취급하신다."의 용례처럼 일반화되어 사용된 것은 19세기와 20세기에 이르러서의 일이다.[25] 그래서 이 responsible이라는 단어는 의무(duty), 법(law), 덕(virtue), 선(goodness), 도덕성(morality) 등 손위 형제들이 많은 단어 가족들 가운데 비교적 막내 또래에 속한다.

그런데 니버는 이 단어의 의미를 다음과 같은 사실에서 찾고 있다. 그러니까 이 단어는 참으로 우리가 잘 알고 있는 현상이나 낡은 이념만이 아니라 우리가 관습(mores)이라든가, 풍토(ethos)라든가, 합당한 것(what is due), 덕스러움(being virtuous), 즉 '사람답다'든가 하는 오랜 상징을 사용할 때, 이러한 표현들은 인간 실존의 현실성을 파악하고 이해할 수 있는 새로운 상징을 우리에게 제공해 준다는 사실이다. 바로 이런 경우가 responsible에 대한 올바른 이해라고 니버는 말한다.[26]

'책임(責任)'이라는 용어가 지닌 상징성은, 우리가 자신을 이해하고 행동하는 우리 자신들을 정의하려고 할 때, 우리 심성의 깊

25 Richard H. Niebuhr, *The Responsible Self. An Essay in Christian Moral Philosophy*, with an Introduction by james M. Gustafson, New York: Harper & RoW, 1963. (번역본으로 『責任的 自我』(정진홍 역), 이화여대출판부, 1983. 이후 번역본 쪽수를 표기함) 67쪽 참조

26 『責任的 自我』, 68쪽 참조.

은 바닥에 있는, 말하자면 은폐된 어떤 관계, 혹은 암시, 직유(直喩) 등을 포용하고 있는 것이다. 이런 점에서 니버가 관심을 갖는 부분은 '책임'이라는 말 자체도 아니고, 그 단어를 사용할 때 우리가 어떤 의도를 지니는가 하는 우리의 주관적인 의도도 아니다.

니버에 의하면, 우리의 과제는 '책임'이라는 말의 상징의 도움을 받아 윤리학의 이중적인 목적, 그러니까 아득한 때부터 내려오는 영원한 명령, 즉 "너 자신을 알라"라는 명령에 순종하고, 다른 한편 우리가 스스로 결정하고, 선택하고, 자신을 봉헌하는 우리 자신들의 행위를 이끌어 줄 지침을 추구하려는 이 두 가지 목적을 촉진시키는 데 있다.[27]

한편 니버는 '책임' 개념 안에 내포되어 있는 것은 '응답하는 인간', '대화하는 인간', 자기에게 과해진 행위에 대응하여 행동하는 인간상이라고 말하고 있다. 이러한 니버의 생각은 그의 윤리학의 유형에 관한 생각을 찬찬히 살펴보면 금새 읽어낼 수 있다.

니버는 윤리학에 관한 논의를 '목적 지향적' 입장과 '의무론적' 입장으로 나누어 설명하고, 하나의 새로운 대안으로 '책임적' 입장을 제시한다. 먼저 목적 지향적 입장에서는 "내가 무엇을 해야 할 것인가?"하는 물음에 대답하기 위해서 먼저 "나의 목표, 나의 이상, 나의 궁극성은 무엇인가?"라고 묻는다. 한편 의무론적 입장에서는 도덕적 문제가 생겼을 때 이에 대답하기 위하여 우선 "나의 삶을 다스리는 법은 어떤 것인가? 내 삶의 제일 법칙은 무엇인가?"라고 묻는다. 이에 반해, 니버 자신이 주장하는 책임적

27 『責任的 自我』, 68쪽 참조.

입장은 결단과 선택의 매 순간에 "어떤 일이 일어나고 있는가?"하는 물음을 던진다. 세 가지 입장의 핵심적인 내용을 살펴보면, 목적론적 입장은 '선한 것'(the good)을, 의무론적 입장은 '올바른 것'(the right)을, 그리고 책임적 입장은 '적합한 것'(the fitting)을 강조하고 있다는 점이 차이점이라 할 수 있다. 목적론적 입장은 언제나 올바른 것을 자기 안에 종속시키고 있는 '지고선(至高善)'에 관심이 있고, 의무론적 입장은 우리의 행복에 어떤 일이 일어날 것인가 하는 것과는 아무런 상관없이 다만 '올바른 것'에만 관심이 있다. 이에 비해 책임적 입장에서는 '적합한 행위'(fitting action)만이, 즉 하나의 응답과 그 응답이후에 또 어떤 응답을 해야 할 것인가를 예상하는 이른바 '응답의 총체에 적합한 행위'만이 선한 것에 이바지 하는 것이고, 또한 그것만이 올바른 것이라고 본다.[28] 그런 맥락에서 책임윤리학은 현재 우리가 처한 삶의 상황에서 내가 누구에게, 무엇에 책임이 있으며, 어떤 상호작용의 공동체 안에서 내가 내 자신인가?를 고려하는 것을 과제로 삼고 있다. 그래서 여기에서는 처한 상황, 대상, 일, 공동체, 도덕적 주체가 중요하다.

2) '책임' 개념의 네 가지 요소

'책임'의 이념을 우리의 자아 행위(self-action)의 이해를 위해 유용한 것이게 하려면, 책임이라는 개념에 대해서 분명하게 이해해

28 『責任的 自我』, 88쪽 참조.

야 한다고 니버는 말한다. 그러면서 니버는 책임 개념의 네 가지 요소에 대해서 설명하고 있다.

책임 개념의 첫째 요소는 '응답'(response)이라는 이념이다. 모든 행위, 즉 우리가 애매하게 도덕적 행위라고 부르는 것까지 포함한 모든 행위는 우리에게 과해진 행위에 대한 '응답'이다. 그러나 그것이 우리에게 과해진 '해석된(interpreted) 행위'에 관한 응답이 아니라면, 우리는 그것을 자아의 행위라거나 도덕적 행위라고 부르지 않는다. 우리는 비단 사회 안에서만 응답하는 존재로 사는 것이 아니다. 더위와 추위, 폭풍과 청명한 날씨, 지진과 조수(潮水), 건강과 질병, 동물과 식물 등 생명을 부여할 뿐만 아니라 죽음을 초래하기도 하면서 우리에게 영향을 끼치는 자연계 안에서 그 자연의 사건들을 해석하고 그 자연들에 응답하는 존재로 살아가고 있다. 다시 말해, 우리는 자연의 사건들에 대하여 우리들 자신의 해석에 따라 반응(혹은 응답)하고 있는 것이다.[29]

책임 개념의 두 번째 요소는, 책임은 그저 단순한 '응답' 행위가 아니라 우리가 대답을 하지 않으면 안 되는 그 물음에 대한 우리의 해석에 따라 응답하는 행위라고 하는 사실이다. 우리가 책임이라는 개념을 가지고 행동하려 할 때는 "나의 목적은 무엇인가?" 혹은 "나의 궁극적인 법칙은 무엇인가?"하는 물음보다 "어떤 일이 일어나고 있는가?", "나에게 이루어지고 있는 일은 어떤 일인가?" 하는 물음을 우선 물으면서 "내가 어떻게 해야 할 것인가?"하는 물음에 대한 대답을 모색한다.[30]

29 『責任的 自我』, 91쪽 참조.

책임 개념의 세 번째 요소는 '책무(責務, accountability)'라고 하는 요소이다. 책무라는 용어 흔히 법률 용어로 규정되어 있지만, 그 용어를 우리들이 자아 행위를 통하여 응답하는 그 응답양태의 본질적인 부분을 언급하는 것으로 이해하면 그 의미가 더 분명해진다. 우리의 행위는 그 행위가 우리에게 과해진 해석된 행위에 대한 반응일 때에만 책임을 지는 것이 아니다. 우리가 이렇게 응답하면 그에 대한 또 다른 응답이 저렇게 나올 것이라고 하는 예상된 상황 속에서 이루어진 행위에 대해서도 우리의 행위는 책임을 지는 것이다.[31] 니버는 책무에 대한 이해를 돕기 위해서 대화 상황을 예로 들어 설명한다. 말하자면, 행위자의 행동은 마치 대화 속에서 주고받는 말과 같은 것이다. 대화 속에서의 발언은 먼저 발언된 상대방의 말에 상응하는 또는 알맞은 대답을 해야겠다고 노력을 하면서 대답이 마련될 뿐만 아니라 또한 이렇게 이쪽에서 대답을 하고 나면 상대방은 또 어떤 대답을 할 것인가를 예상하면서 이루어진다. 이와 같은 관점에서 볼 때, 책임은 어떠한 주어진 사태에 대해서도 이에 응답하면서 그 결과를 받아들이고, 그러한 자기의 현재의 행위 속에서도 앞으로 또 지속될 상호작용을 예상하면서 행위하고 있는 그러한 행위자 안에 있는 것이다.[32]

책임 개념의 네 번째 요소는 '사회적 유대(social solidarity)'에 관해 관심을 갖도록 한다. 서로 연결된 관계들로 이루어진 하나의

30 『責任的 自我』, 92쪽 참조.
31 『責任的 自我』, 92쪽 참조.
32 『責任的 自我』, 93쪽 참조.

사회를 형성하는 것은 여러 존재들의 끊임없는 상호작용이다. 바로 이런 상황 속에서 우리의 행동이 우리에게 과해진 행위에 대하여 반응할 때 그 행동은 비로소 책임 있는 행동이 되는 것이다. 책임이라는 이념이나 양태는 행위자 자신의 행위가 지니고 있는 이념이나 양태라고 요약할 수가 있다. 그러니까 자기에게 과해진 행위에 대한 해석에 따라 반응하고, 자기가 응답한 것에 대한 반응이 어떠할 것인가를 예상하면서 반응하는 그러한 응답 행위가 지니고 있는 이념이라고 정의할 수 있다. 그런데 이러한 행동은 모두 그 행동을 하는 행위자들이 속해 있는 연속성을 지닌 공동체 속에 있는 현상이다.

3) 도덕적 삶의 구조와 역동성

기독교인의 신앙과 삶 속에 神은 모든 사물의 창조주로 인식되고 있다. "존재하는 것은 어떤 것이든 좋은 것이다"라는 것은 니버 사상이 지니고 있는 공리(公理)라고 구스타프슨은 지적한다.[33] 그리고 이 같은 공리는 그로 하여금 세상에 관한 그의 첫 번째 응답이 세상에 대한 수용적이고 긍정적인 성향을 지니게 해 주었다. 창세기의 창조 설화를 통하여, 시편의 증언을 통하여, 그리고 인간과 사물에 대한 예수의 가치 부여를 통하여, 인간은 첫째로 각기 사물이 그 나름대로 독특성을 지닌 좋은 것이며, 둘째로 그러한 모든 사물들은 서로의 관계 맺음 속에서도 좋은 것이라는 사실

33 『責任的 自我』, 45쪽 참조.

을 긍정할 수가 있다.[34] 신이 사랑으로 창조하신 것에 대한 우리의 사랑의 응답은 여러 단계로 분석될 수가 있다. 첫 단계로, 우리는 존재하는 것을 '그저 받아들이기만' 할 수 있다. 그것은 최종적인 심판은 우리들 자신의 일이 아니라고 하는 것을 확인하는 것이다. 다음 단계로, 우리들 자신, 이웃, 그리고 우리의 적(敵)마저도 '긍정'할 수가 있다. 자연의 세계도 긍정되어야 한다. 세상의 긍정은 그 세상을 이해하려는 욕망에 이르게 한다. 인간은 받아들이고, 긍정하고, 그리고 나서 '여기 무엇이 존재하는가?', '여기에서 언급되고 행해지는 것은 무엇인가?'하고 묻는다. 세 번째 단계로, 과학적 응답이다. 즉 인간들의 세계, 역사적 사건들의 세계, 자연의 세계에 대한 이해에 이르는 것이다. 더 나아가 창조주인 신의 행위의 좋음에 대하여 인간은 세상을 경작하는 것으로 응답한다. 인류 문화 전체는 아직 형태를 갖추지 못한 세계에다 갈고 닦는 교화(敎化)의 행위를 부과하는 것, 혹은 그 세계를 틀을 잡아 나아가는 과정 속에다 두는 것이다. 기독교인은 세상을 '돌봄'(tending)으로써 응답한다. 즉 인간은 그가 세상을 경작하는 자이고 돌보는 사람이지 세상의 창조자는 아닌 것이다.[35]

4) 사회 안에서의 책임

니버에 따르면, 자아가 이념과의 관계에서는 '이성적(理性的) 존재'로, 관습 및 율법과의 관계에서는 '도덕적(道德的) 존재', 다른

34 『責任的 自我』, 45쪽 참조.
35 『責任的 自我』, 46쪽 참조.

자아들과의 관계에서는 '사회적(社會的) 존재'로서 존재한다.[36] 자아를 사회적인 것으로 보는 이해, 즉 자아를 다른 자아들에 대한 '응답관계' 안에서 살고 있는 것으로 보는 이해는 도덕철학 분야에서 오랫동안 통용되어 왔다.

니버에 의하면, 자아는 하나의 "나-너" 관계에서 또 하나의 "나-너" 관계로 옮겨 가면서 자기 자신의 연속성과 자아 동일성에 대한 본유적인 지식을 가지고 살아가는 것이 아니다. 자아는 "너(Thou)"들에 대한 '응답관계' 속에서 살아간다. 이 때 "너"들은 한편으로는 자아에 대한 자기들의 행위가 불변하는 것이라는 사실을 드러내 주고 있고, 또 한편으로는 자기들이 다른 "너"들 및 "그것"들과의 끊임없는 응답관계 속에서 살고 있음을 보여 주고 있다. 바로 이러한 "너"들과의 응답관계 속에서 자아는 살아가고 있는 것이다.[37]

나는 타자의 행위에 대하여 '응답(應答)'할 수도 있고, 혹은 나의 행위에 대한 그의 반응을 '예상(豫想)'할 수도 있다. 그러나 나에게 향한 그 타자의 움직임을 내가 '해석(解釋)'할 때에만 그러한 것은 가능하다. 나는 그의 행위를 단절된 하나의 사건으로 여기고 그 행위에 응답하는 것이 아니라 그것이 하나의 맥락 안에서 일어난 행위, 곧 보다 큰 양태 중의 부분이라고 여기고 그 행위에 응답한다. 그러한 양태는 확실히 여러 번 부딪히는 과정 속에서 분간되어 왔고, 또 알게 된 것이다.[38]

36 『責任的 自我』, 102쪽 참조.
37 『責任的 自我』, 111쪽 참조.

나에 대한 "너"의 태도가 지니고 있는 항구성 이외에 이제 우리가 생각해야 할 것은 비단 "너"와 나와의 관계만이 아니라 나 자신이 아닌 공동체(共同體)의 다른 구성원들과 그와의 상호작용 속에 있는 항구성에 관한 것이다. 내가 발언을 한다고 가정해 보자. 그때 나는 일반화된 타자에게 말하는 것도 아니고, 불편부당한 관조자에게 말하는 것도 아니다. 나는 특정한 자아들에게 이야기하는 것이다. 그 자아들은 자기들 간의 상호작용 속에서 그리고 지금 이야기하고 있는 대상과 자기들과의 상호작용 속에 내가 의지해도 좋겠다고 알고 있는 항구성을 지니고 있는 자아들이다. 그러므로 양심의 어떤 경험을 하면서 내가 나의 행위를 다른 사람들의 관점에서 판단한다고 하는 것은, 내가 살고 있는 사회 안에 있는 모든 특정한 개인들 속에서 막연한 일반적인 인물을 하나 선택하여 그 입장에서 나의 행위를 판단하는 것이 아니라, 모든 개개인들의 응답이 지니고 있는 항구성에 근거하여 판단하고 있음을 뜻하는 것이다.[39]

그렇기에 니버는 사회적 자아는 결코 단순한 "나-너 자아(I-Thou self)"가 아니라고 말한다. 그것은 상호 작용하는 공동체의 한 구성원인 "너"에 응답하는 "나-너희들 자아(I-You self)"이다.[40] 그리고 바로 그러한 사회적 자아가 타자(他者)와 이루는 상호 작용 속에서 자아로 하여금 자기에게 괴해지는 행위를 해석할 수

38 『責任的 自我』, 111쪽 참조.
39 『責任的 自我』, 112쪽 참조.
40 『責任的 自我』, 112쪽 참조.

있도록 하는 이른바 항구성이 나타나는 것이다.

니버의 이러한 사회적 자아 개념은 칸트주의적 입장에 있는 도덕론자들이 자신들의 이론의 출발점으로 삼고 있는 법(法)에 관한 이념과 동일한 것이라고 생각할 수도 있다. 여기에 대해서 니버는 자신의 관점과 칸트주의와는 분명한 차이가 있다고 밝힌다. 즉 "내가 나의 삶을 책임적인 실존으로 보는 입장에서 관찰하면, 나는 법을 결코 하나의 '요청(要請) 형식'으로 보지 않는다. 다시 말해서 법을 다른 존재자들이 내가 예상하고 짐작할 수 있는 방법으로 내게 과하는 그러한 행위의 형태로써 인식하지 않는 것이다."[41] 타자와의 응답관계 속에서, 비록 사람들이 원자가 아니고 상호 작용 체계의 구성원이라 할지라도, 나는 '사람들'을 다루는 것이지 '율법'을 다루고 있는 것이 아니다. 그렇기 때문에 만약 지금 여기에서 법이 등장한다고 하더라도 그것은 '의무적'이고 '정치적'인 법과 비유될 수 있는 것이라기보다는 현대적인 의미 혹은 19세기적인 의미에서의 '자연법(自然法)'에 비유될 수 있는 그러한 법으로 등장하는 것이다.

그러므로 사회적 자아는 원자적인 타자에게 응답하면서 존재하는 것도 아니고, 일반화된 타자나 불편부당한 관조자에게 반응하면서 존재하는 것도 아니다. 사회적 자아는 한 집단의 구성원인 "너희들"과 같은 그러한 타자들에게 응답하면서 존재한다. 그 같은 "너희들"의 상호 작용 속에는 자아가 자기에게 과해지는 현재의 행위를 해석할 수 있고, 미래의 행위를 예상할 수 있도록

41 『責任的 自我』, 113쪽 참조.

하는 항구성이 존재해 있다. 사회적 자아는 바로 그러한 "너희들"인 타자에게 반응하면서 존재하는 것이다. 그때, 사회적 자아는 당면하고 있는 행위의 의미에 대하여 응답할 수가 있다. 왜냐하면 그러한 행위는 전체 행위의 일부, 전체 행위를 의미하는 어떤 것, 혹은 전체로부터 그 의미를 추출해낸 것이기 때문이다.[42]

따라서 나의 '양심(良心)은 제각기 단절되어 있다는 다른 개인들이 무엇을 허용하고 무엇을 허용하지 않는가 하는 것을 내가 알고 있다는 사실을 드러내주고 있는 것이 아니다. 오히려 내가 살고 있는 사회의 에토스를 내가 알고 있다는 것, 다시 말해서 그 사회의 개인간의 상호 작용 양태를 내가 알고 있다는 사실을 보여주고 있는 것이다.[43]

그리고 자연 앞에 있는 자아는 자연에 대하여 온갖 반응을 하는 다른 자아들에게 응답하면서 하나의 사회적 자아로 존속한다. 그러한 자아는 또한 자연에 대한 자기의 반응에 대하여 '책임(責任)' 질 것을 자기의 동료들로부터 요청받아 해명할 의무가 있는 책무를 진 자아(accountable self)이기도 하다. 응답이 하나의 존재에게만 아니라 그 자아와 더불어 제3의 실재와 연결되는 존재에 대한 것이기도 할 때, 응답되는 존재에 대한 그 응답성(應答性, responsiveness)은 '책무(責務 accountability)'라고 하는 의미에서 책임(responsibility)이 된다.[44]

42 『責任的 自我』, 113쪽 참조.

43 『責任的 自我』, 114쪽 참조.

44 『責任的 自我』, 118쪽 참조.

내게 과해진 자연의 힘의 행위에 대하여 어떤 응답을 하면서 그 응답 행위에 대하여 내가 책임을 진다고 하는 것은, 마치 내가 버섯의 모양을 잘못 보고 그것이 독버섯이 아니라고 판단하여 그 독버섯을 땄는데, 나중에 그것이 독버섯인 줄을 알고 그 독버섯이 자기에게 미칠 영향을 스스로 예상할 수 있는 것과 같다. 그러므로 첫째로, 그것은 자연의 힘 자체로부터 나의 행위에 가해질 반응을 내가 예상할 수 있다고 하는 것을 의미한다. 또한 그 같은 사실은 둘째로 자연의 사건들과 관계를 맺고 있을 뿐만 아니라 나와도 관계를 맺고 있으며, 또한 자연 현상에 대한 나의 해석을 입증하거나 수정해주는 그러한 사회적 동료들 편으로부터 나에게 가해질 나의 반응에 대한 그들의 응답을 예상하고 행동한다는 것을 의미한다. 나의 행동은 사회와 자연 양자로부터 어떠한 반응이 있을 것인가를 해석하고 예상하면서, 그 가운데서 응답적이고 책임적인 것으로 행해지는 것이다.[45]

이상의 논의를 통해서 우리는 '응답성'과 '책임성'이 생기는 상황이 삼중적인 특성을 지니고 있다는 것을 확인할 수 있었다.

5. 기독교적 주체와 문화의 변혁

지금까지 우리는 문화 소통의 출발점으로서 기독교적 주체 개념을 상정하여 논의하였다. 문화간의 소통을 염두에 둔다는 것은

45 『責任的 自我』, 118쪽 참조.

결과적으로 현실의 문화가 왜곡되어 있다는 사실을 인정한다는 것이며, 나아가 이를 변혁해야 한다는 인식을 보여주는 것이라 할 수 있다. 기독교 문화학의 통시적 관점에서 본다면, 문화 변혁의 궁극적 주체는 특정한 문화가 아니라 하나님 나라를 선도하는 '성령님'이라는 사실이며, 그런 측면에서 문화 변혁의 기준 역시 '하나님 나라'라고 말 할 수 있을 것이다. 그렇지만 이를 공시적 관점에서 본다면, 문화 소통을 위한 변혁의 주체는 예수 그리스도의 삶을 따라가는 현실의 그리스도인, 다시 말해 기독교적 주체들이다.[46]

기독교적 주체들에 의한 문화 변혁의 작업은 그 최종적인 목적이 모든 사람을 위한 '해방(解放)'과 '생명(生命)'과 '하나님에 대한 앎(認識)'을 가져오는 데 있다고 해야 할 것이다.[47] 다시 말해서 "도적이 오는 것은 도적질하고 죽이고 멸망시키려는 것뿐이요, 내가 온 것은 양으로 생명을 얻게 하고 더 풍성히 얻게 하려는 것이라."(요 10:10) "영생은 곧 유일하신 참 하나님과 그의 보내신 자 예수 그리스도를 아는 것이니이다."(요 17:3) 이러한 목적을 위한 노력이 다름 아닌 '변혁적(變革的) 작업'인 셈이다. 임성빈 교수는 '변혁적 작업'이란 말씀이 육신이 되신 것처럼, 복음이 선포되는 곳에서 그것이 문화로 성육화 됨을 의미한다(요 1:14)고 말한

---

46 문화의 변혁, 변혁주의적 문화(신학)에 관한 부분은 김영한, 『한국기독교 문화신학』, 성광문화사, 1995. 특히 10장. 465-493쪽. 최태연, 「변혁적 문화관의 한국적 해석」, 『기독교 문화, 소통과 변혁을 향하여』(문화선교연구원 엮음), 2005. 185-207쪽 참조 바람.

47 임성빈, 「변혁적 문화관에 대한 논의와 기독교적 문화의 형성」, 『기독교 문화, 소통과 변혁을 향하여』(문화선교연구원 엮음), 2005. 232쪽.

다. 또한 그는 '변혁'을 복음이 선포되는 곳에서 문화의 특정한 요소들을 정화(淨化)시키는 것으로 이해한다.[48]

이와 같은 관점에서 임성빈 교수는 하나님 중심의 변혁적 문화관은 아래와 같은 세 가지 특징을 갖고 있다고 말한다. 첫째, '변혁적'이라 함은 무엇보다도 먼저 이 세상 문화에 깃들어있는 '죄성(罪性)'을 간과하지 않는 매우 현실적인 태도와 관점을 의미한다. 여기서 강조되는 복음적인 문화접근은 '복음' 對 '문화'의 관계로 정리할 수 있다. 복음과 문화의 관계를 논의함에 있어서는 먼저, 복음은 인간의 모든 형태의 문화와 반드시 구별되어야 한다는 사실, 그리고 복음과 문화를 동일시하는 것은 자칫 서구 제국주의적 선교 태도를 답습하게 된다는 사실, 마지막으로 복음과 문화를 동일시하면 죄마저 상대화시키는 결과를 초래하게 된다는 사실을 명심할 필요가 있다.[49]

둘째, 그렇지만 변혁적 문화관은 이와 동시에 '그럼에도 불구하고' 그 모든 것들에 대한 '하나님의 주권'을 인정(認定)한다는 사실이다. "하나님이 지으신 모든 것이 선하매 감사함으로 받으면 버릴 것이 없나니"(딤전 4:4). 이러한 태도는 '문화 안의 복음'으로 상징될 수 있을 것이다. 그러니까 비록 복음이 문화와 구별된다고 하더라도 복음은 문화 안에서 전파된다는 사실이다.[50]

셋째, 이와 함께 강조되어야 할 것은 "하나님의 말씀과 기도로

48 임성빈(2005), 232쪽 참조.
49 임성빈(2005), 230쪽 참조.
50 임성빈(2005), 231쪽 참조.

거룩하여짐이라"(딤전 4:5)는 '종말론적' 소망과 태도이다. 이것은 '복음에서 문화로'의 자세를 요구한다. 복음은 모든 문화의 변혁을 요구한다. 죄로 물든 문화가 온전히 하나님의 주권 아래 속하도록, 즉 하나님 나라의 온전한 임함 아래 놓이도록 복음은 문화의 변혁을 요구한다.[51]

이상과 같은 변혁주의적 문화관의 입장은 실제적인 문제들, 예컨대 한국 사회에서의 무교, 유교, 불교, 도교 등의 영향을 받은 소위 전통 문화와의 갈등 상황에 직면할 때 그 해결책을 제시하는 일이 결코 간단치가 않다. 바로 그 경우에, 위에서 논의한 레비나스나 니버의 타자 중심의, 윤리적, 책임적 주체로서의 삶의 태도는 비기독교인들과 그들의 문화관에 많은 시사점을 던져줄 수 있을 것이다.

51 임성빈(2005), 231쪽 참조.

:: 참고문헌

강영안, 「타인의 얼굴-레비나스의 새로운 주체성 모색을 위한 철학」, 『이땅에서 철학하기』, 우리사상연구소 논총 제2집, 솔 출판사, 1999.

_____, 『타인의 얼굴-레비나스의 철학』, 문학과지성사, 2005.

_____, 「'주체의 죽음' 이후의 문화 주체」, 『기독교 문화, 소통과 변혁을 향하여』(문화선교연구원 엮음), 2005.

김영한, 『한국기독교 문화신학』, 성광문화사, 1995.

서동욱, 『차이와 타자』, 문학과지성사, 2000.

레비나스, 『존재와 다르게 또는 존재 사건 저편에』(1974),

_____, 『전체성과 무한』(1961),

_____, 『시간과 타자』(강영안 역), 문예출판사, 1996.

_____, 『존재에서 존재자로』(서동욱 역), 민음사, 2003.

임성빈, 「변혁적 문화관에 대한 논의와 기독교적 문화의 형성」, 『기독교 문화, 소통과 변혁을 향하여』(문화선교연구원 엮음), 2005.

최태연, 「변혁적 문화관의 한국적 해석」, 『기독교 문화, 소통과 변혁을 향하여』(문화선교연구원 엮음), 2005.

타우렉 베른하르트, 『레비나스』(변순용 역), 인간사랑, 2004.

Richard H. Niebuhr, *The Responsible Self. An Essay in Christian Moral Philosophy*, with an Introduction by james M. Gustafson, New York: Harper & RoW, 1963. (『責任的自我』(정진홍 역, 이화여대출판부, 1983).

6장

기독교 문화학과 문화관 비평

－리차드 니버의 『그리스도와 문화』 분석－

1. 들어가는 말

서양철학의 흐름 가운데 '앎'과 '신앙'의 문제, '이성'과 '계시'의 문제는 늘 고민거리로 등장하였다. 일찍이 칸트도 자신의 종교철학의 논의에서 양자의 관계를 어떻게 설정하고 해소할지에 대해서 고민하였다. 마찬가지로 이 땅에서 기독교인으로서 철학을 연구할 때 이 문제는 항상 우리 곁에 맴돌고 있다. 그런 점에서 보면, 우리의 앎과 신앙은 불가분의 관계를 맺고 있다고 해야 할 것이다. 어떤 사상이든, 어떤 세계관이든 그것은 이미 자신의 종교적 신념을 전제하고 있는 것이다.

기독교인으로서 문화비평과 문화철학 혹은 문화학 분야에 관심을 두고 연구하고자 할 때에도 거기에는 한 가지 사실이 전제되어 있다. 그것은 바로 '기독교 세계관'이다. 뿐만 아니라 문화와 기독교의 관계를 다룰 때에도 예외는 아니다. 이제 문제는 문화와 기독교의 관계를 어떻게 설정하느냐에 달려있다. 그 관계설정의 방향에 따라 문화비평의 방식도 달라진다. 오늘 우리가 기독교적 관점에서 문화비평을 수행한다고 할 때 가장 바람직한 관계설정은 어떤 것이어야 할까? 기독교적 문화비평에서 참조할 수 있는 모델은 어떤 것인가? 이러한 물음은 기독교 문화비평의 토대(土臺)에 대한 문제제기이다. 다문화(多文化) 시대를 살아가는 기독교인들에게 이 문제는 반드시 짚고 넘어가야 할 핵심 과제중의 하나이다.

우리가 기독교와 문화의 관계설정을 염두에 둘 때, 이 문제를 가장 분명하게 제시한 인물로 리차드 니버(Helmut Richard Niebuhr)를 꼽는데 이견을 보이는 사람은 드물다. 그만큼 니버의 견해는 기독교 문화권 세계에 큰 영향을 미쳤으며, 한국의 기독교계와 개혁주의 신학 진영에도 많은 영향을 주었다. 그가 구분하고 있는 다섯 가지 유형의 기독교 문화관은 이미 '기독교적 문화읽기'를 위한 고전(古典)으로 정평이 나 있다.

지금 우리가 다시 니버를 만나 그의 『그리스도와 문화』를 꼼꼼하게 읽어보려는 이유는 기독교 문화비평과 기독교 문화학의 논의, 특히 '문화관 비평(批評)'에 있어서 절대 빠질 수 없는 사유의 틀을 우리들에게 제공해 주고 있기 때문이다. 기독교 문화관에 대한 니버의 풍성한 논의들을 확인해 봄으로써 우리는 이 시대에 맞는 선교 전략의 하나로서 '문화선교(文化宣教)'를 위한 전략적 도움도 얻어낼 수 있을 것이다. 그러니까 니버의 논의는 문화선교에 있어서 문화변혁의 원리와 지향점을 분명히 확인하는 계기가 될 수 있을 것이다. 이 점을 확인하고 분명하게 드러내는 것이 이 글의 궁극적인 목적이다.

2. 문화의 규정과 그 성격

니버는 자신의 *Christ and Culture*(『그리스도와 문화』, 1956)[1]에서 문화를 "인간 활동의 전적인 과정과 그 활동의 전적인 결과들"이라고 규정하고, 또한 "인간이 자연적인 것 위에 억지로 뒤집어씌운 인공적인, 제2의 환경"으로 규정한다. 그래서 그는 문화는 "언어, 관습, 이념, 신념, 전통, 사회조직, 전해 받은 공예품, 기술적인 진전, 그리고 가치 등으로 구성된 것"이라 말한다.[2]

니버는 이러한 문화는 네 가지의 성격을 지니고 있다고 말한다. 첫째, 문화는 사회 안에서의 인간의 생활에 불가피하게 얽혀 있기 때문에, 언제든지 '사회적인 성격'을 갖는다. 그래서 니버는 "문화의 본질적인 사실은 인간들을 항구적 그룹들로 조직화한 것이다"[3]라고 주장하는 말리노프스키(1884~1942)의 견해를 수용한다. 그런 점에서 니버는 문화를 사람들이 받고 또 물려주는 '사회

1 Helmut Richard Niebuhr(~1862), Christ *and Culture*, Harper & Row Publishers, New York, 1951. (번역서로 『그리스도와 문화』(김재준 역), 대한기독교서회, 1986. 이후 번역서의 쪽수를 표기함.)

2 『그리스도와 문화』, 40쪽 참조.

3 Malinowski, *A Scientific Theory of Culture and Other Essays*, 1944. 43쪽.

적 유산(遺産)'이라고 본다. 문화는 온전히 사사로운 것이어서 사회생활 속에서 끌어낸 것도 아니고, 그 속에 들어가는 것도 아닌 것은 문화의 한 부분이라고 말할 수 없다. 그와 동시에 사회생활이란 것은 언제나 문화적인 것이다. 결국 문화와 사회적 실존은 뗄 수 없는 관계에 있다.[4]

둘째, 문화는 '인간의 성취(成就)'의 차원이다. 인간이 어떤 목적을 가지고 노력해서 이루었다는 사실을 들어 '문화'는 '자연'과 구별된다. 문화는 인간의 마음과 손이 만든 것이다. 인간 아닌 것의 매개를 통하여 주어진 것이라든지, 또는 인간을 통해 왔다할지라도 그것이 결과에 대한 의도나 진행과정에서의 통제 없이 되는 대로 온 것이라면, 그것은 문화라 할 수가 없다. 그러므로 문화는 언어, 교육, 전통, 신화, 과학, 예술, 철학, 정치, 법률, 의식, 신앙, 발명, 기술 등을 포함한다. 그런 의미에서 자연의 선물은 인간의 의도나 의식적 노력 없이 받아지고 전해질 수 있다. 그러나 문화의 선물은 그 받는 사람의 편에서 애쓰는 것이 없이는 결코 가질 수가 없는 것이다.[5]

셋째, 문화는 '가치(價値)의 세계'라는 성격을 지닌다. 인간의 성취물은 다 어떤 목적 또는 목적들을 위하여 고안된 것이다. 문화를 고안자나 사용자의 마음에 있는 어떤 목적과 관련시키지 않고서 말할 수는 없다. 말리노프스키 역시 문화를 "목적을 가진 활동들의 조직된 체계"(an organized system of purposive activities)"[6]라고 보

4 『그리스도와 문화』, 41쪽 참조.
5 『그리스도와 문화』, 41쪽 참조.

고 있다. 그런 점에서 문화가 지니는 목적은 심미적 만족, 사회적 조화, 선, 유용성 등이라고 니버는 말한다.[7]

넷째, '모든 문화는 다원주의(多元主義)를 지향하는' 특징이 있다. 어느 때, 어느 곳에서든지 인간이 구하는 문화의 가치는 단 하나가 아니다. 사회는 그 수다한 가능성을 실현하려고 시도한다. 그 하나하나가 고도로 복잡한 것이며, 각기 많은 목표와 교체된 관계를 가지고 있는 많은 기관들로 구성되어 있다.[8] 문화는 언제나 평화와 번영, 정의와 질서, 자유와 공동복리, 진리와 미, 과학적 진리와 도덕적 선, 기술적 숙련과 실제적 지혜, 거룩함과 생활의 연결을 추구한다. 이런 다수의 가치들 가운데 하나님의 나라도 한 몫 들 수가 있다.[9]

우리 기독교인들은 '그리스도의 권위' 아래서 살며, 동시에 이러한 '문화의 권위' 아래서 살고, 또 모든 기독교인들 위에 이 문화는 자기 권위를 주장하는 것이다. 우리는 어떤 때 인간의 근본 문제는 '은혜(恩惠)'와 '자연(自然)'의 문제라고 선언한다. 그러나 인간 실존에 있어서는 문화에서 분리된 자연이란 이해할 수 없는 것이다. 어떤 경우에 있어서도 우리는 자연에서 도피할 수 없는 것처럼, '문화'에서도 도피할 수가 없다. "자연인(Naturmensch)이란 존재하지 않는다."[10] "원시인의 눈으로 이 세계를 보는 사람은 하

6 Malinowski, *A Scientific Theory of Culture and Other Essays*, 1944. 5장, 6장 참조.

7 『그리스도와 문화』, 42쪽 참조.

8 Ruth Benedict, *Patterns of Culture*, 1934. 제2장. Malinowski, *A Scientific Theory of Culture and Other Essays*, 1944. 10장. 11장 참조.

9 『그리스도와 문화』, 46쪽 참조.

10 Malinowski, *Encyclopedia of Social Science*, Vol. Ⅳ, 621쪽 참조.

나도 없기 때문이다."[11]

이상과 같은 문화의 성격을 염두에 두면서 니버는 그리스도와 문화의 상관관계를 규정하는 다섯 가지 유형의 기독교 문화관을 제시한다. 말하자면, 대립유형, 일치유형, 종합유형, 역설유형, 변혁유형이 그것이다.

3. 기독교 문화비평의 토대 1: '대립유형'

니버에 의하면 기독교 문화관 중 대립유형을 가장 명시적으로 보여주는 것은 신약성경의 요한 1서의 내용이다. "이 세상이나 세상에 있는 것들을 사랑치 말라 누구든지 세상을 사랑하면 아버지의 사랑이 그 속에 있지 아니하니"(요1 2:15). 이것은 두 길이라는 교리로 표현되었다. 두 길이 있으니 생명으로 인도하는 길과 사망으로 인도하는 길이 그것이다. 생명으로 인도하는 길이 곧 기독교인의 길이다.[12] 대립유형의 기독교 문화관을 대표하는 터틀리안의 견해부터 살펴보도록 하자.

---

11 Ruth Benedict, *Patterns of Culture*, 1934. 2쪽 참조. (번역서로는 『문화의 패턴』(김열규 역), 까치, 1993.) "이 세계를 원시인의 눈으로(원래대로) 보는 사람은 아무도 없다. 인간은 이 세계를 어떤 일정한 경향의 관습과 제도와 사고방식으로 손질하고 편집하여 보는 것이다. 심지어 그가 철학적인 탐구를 한다고 하더라도 이와 같은 일상의 상투적인 견해를 넘어설 수는 없다. 참과 거짓에 대한 그의 개념 자체에까지도 그의 특별한 전통적인 관습이 관련되어 있다."『문화의 패턴』16쪽 일부 인용.

12 『그리스도와 문화』, 57쪽 참조.

1) 터툴리안의 문화배격적 입장

신약성경의 기자 외에 그리스도와 문화를 대립유형으로 파악한 이는 초기 기독교 교회의 터툴리안(Tertullian, 160~220)이었다. 북아프리카 출신의 신학자였던 터툴리안은 예수 그리스도의 주권(Lordship)에 모든 것을 집중시켰다. 동시에 그리스도의 계명들(예컨대, 원수까지도 사랑하라, 악에 대항하지 말라, 노하지 말라, 음욕을 품지 말라)에 순종하는 엄격한 도덕과 그리스도의 주권을 결부시켰다. 그리고 그는 요한 1서의 특징인 적극적이고 따뜻한 '사랑' 대신에 주로 소극적인 '도덕', 즉 죄를 피하라든지, 장차 올 무서운 심판에 대비하라든지 하는 것을 더 강조하였다. 그리하여 그는 하나님 아들로 말미암은 하나님의 '은혜(恩惠)'를 감사하게 받아야한다는 교훈 같은 것은 그리 강조하지 않았다. 결국 이런 입장이 문화를 배격(排擊)하는 데에도 그대로 적용되고 있는 것이다.[13]

니버는 신자(信者)의 투쟁은 '자연'을 상대로 한 것이 아니라 '문화'를 상대로 해야 한다고 주장한다. 그것은 죄(罪)가 가장 많이 있는 곳은 '문화의 영역'이기 때문이다. 터툴리안은 '원죄(原罪)'가 사회를 통하여 전승된다는 사상에 밀접하게 접근하고 있었다. 그러니까 나면서부터 아기들의 주의를 둘러싸고 있는 추악한 습관과 그 모든 인공적인 훈련을 온통 제거해 버린다면, 그들의 영혼(靈魂)은 선(善)하게 남아 있을 거라는 생각이다. 우수와 영혼은 본래 선한 것이다. 왜냐하면 그것은 하나님이 지으신 것이기 때

13 『그리스도와 문화』, 59쪽 참조.

문이다. 그렇지만 그것은 사회적인 추악한 관습과 문화 때문에 타락(墮落)되었다는 것이다. 터툴리안에 따르면, 그리스도인이 배격해야할 세상은 특별히 '이교(異敎)'사회와 그 종교(宗敎), 즉 다신론적 우상숭배, 그 신조와 의식, 그 적용적인 것과 상업화된 것 등이다. 이런 종교가 온갖 다른 사회적 활동과 기관에 침투해 있기 때문에 기독교인은 그리스도에 대한 충성(忠誠)과 그것들을 타협(妥協)시키려는 위험에 부딪히고 있다는 것이다.[14]

그리고 터툴리안은 핍박자로부터 신자를 보호하려는 입장에서 『변증론(*Apology*)』을 저술했고, 여기에서 그는 이교 신앙으로 부패해 있는 '사회적 회합'으로부터 또는 '직장'에서 사직하라고까지 권면하고 있다.[15] 이러한 문화 배격적 태도는 '병역의무의 기피', '법정투쟁의 기피', '철학과 예술에 대한 거부' 반응으로 이어졌다. 그러니까 "스토아, 플라톤, 또는 변증법적 철학으로 얼룩진 기독교를 집어치우라!", "우리는 예수 그리스도를 가진 다음에 또다시 기묘한 논쟁을 일삼을 필요가 없다. …… 우리가 그리스도의 신앙을 가지고 있는 한 또 다른 신앙을 원할 이유가 없는 것이다."[16] 터툴리안은 소크라테스의 수호신이었던 다이몬(diamon)에서 한 악마를 발견할 뿐이었다. 그리고 그는 '헬라의 제자'와 '하늘의 제자'와는 아무런 공통점이 없다고 주장한다. 헬라의 제자는 진리를 부패하게 만든다. 그들은 자기 자신들의 명예(名譽)를 탐한다.

---

14 『그리스도와 문화』, 60쪽 참조.
15 『그리스도와 문화』, 60쪽 참조.
16 『그리스도와 문화』, 61쪽 참조.

그들은 말만하고 실행은 못하는 자들이다. 이렇듯, 헬라철학에 대한 터툴리안의 적대적 태도는 "모순 되기(비합리적이기에)에 나는 믿는다"(Credo quia absurdum est), "아덴이 예루살렘과 무슨 상관이냐"(Quid Athenae Hierosolymis?)라는 유명한 명제에서 나타나고 있다. 터툴리안은 같은 맥락에서 예술에도 부패의 오점(汚點)이 퍼지고 있는 것을 지적하고, 극장, 비극, 음악에서도 죄(罪)의 사역자 됨을 지적하고 있다. 이런 측면에서, 니버는 터툴리안이 교회사상사(敎會思想史)에서 反문화운동의 최선봉에 선 인물이라고 지적한다.[17]

2) 톨스토이의 문화배격적 입장

톨스토이(Tolstoi, Lev Nicolaevich, 1828~1910)는 귀족(貴族)으로 태어났고, 풍부한 유산(遺産)을 받았을 뿐만 아니라 『전쟁과 평화』, 『안나 카레리나』의 작가로 유명했다. 톨스토이에 있어 예수는 언제나 위대한 입법자로서, 그의 계명은 인간의 진정한 본성과 타락하지 않은 이성의 명령에 부합되는 것이었다.[18] 그래서 그는 자신의 생애의 대변혁에 관해 이렇게 쓰고 있다. "나는 그리스도의 교훈(敎訓)을 그의 계명에서 이해하였다. 그리고 그것을 지키는 것이 나에게 축복이며 되며, 동시에 모든 사람에게 축복이 된다는 것을 알았다. 그리고 이 계명을 지키는 것이 만물의 근원되는 이의 뜻이며, 그 근원에서 나의 삶도 유래한 것임을 나는 깨달았다.

17 『그리스도와 문화』, 61쪽 참조.
18 『그리스도와 문화』, 64쪽 참조.

이 계명을 지키는 것이 '구원(救援)'을 가능케 하는 유일한 것이다. 이것을 깨달았을 때, 나는 예수가 메시야, 그리스도일 뿐 아니라 진실로 세계의 구원자란 것을 이해하고, 또 믿게 되었다."[19]

톨스토이는 새 율법, 특히 마태복음 5장에 기록된 산상설교를 '글자그대로 해석하는 것'과 '그것을 꼭 그대로 지키려고' 준엄하게 결의한 것은 그의 회심을 가장 극단적인 사건으로 만들었다. 톨스토이는 자신의 책 『나의 신앙 또는 나의 종교』에서 신약성서를 이해하려면, 본문에 첨가된 교회의 온갖 주석을 제거하고, 본문의 글자 그대로 이해해야 한다는 결론에 도달하였다. 그리고 예수 그리스도의 계명들은 하나님의 영원한 법칙의 선포라고 간주하였다. 톨스토이의 이런 관점에서 보면 예수는 모세의 율법을 폐하였다. 그가 온 것은 옛 율법을 재강조하기 함이라든가, 자신이 삼위일체의 제2의 인격임을 가르치기 위해서가 아니었다.[20]

톨스토이에 따르면 복음서를 충실히 해석하는 것은 예수가 제시한 새 계명을 따르는 것이다. 새 계명을 그는 5개 항목으로 총괄하고 있다. 첫째 계명은 "모든 사람과 화평하게 살라. 어느 누구에게라도 분노(忿怒)로 대하는 것을 정당하다고 생각하지 말라. …… 너와 다른 사람들 사이에 무슨 적의(敵意)라도 있거든 미리 그 적의를 없애버리라. 그리하여 그것이 타올라서 너를 멸망시키지 못하게 하라." 둘째 계명은 "성(性) 관계의 욕망을 하나의 향락(享樂)으로 삼지 말라. 한 남자는 한 아내를 가지고, 한 아내는 한

19 『그리스도와 문화』, 64쪽 참조.
20 『그리스도와 문화』, 65쪽 참조.

남편만을 가져야 한다. 그리하여 자기 아내나 자기 남편 외에 다른 사람과 성적 연합을 범하는 것은 어떤 구실에든지 용납하지 말아야 한다." 셋째 계명은 "아무와도 어디서든지 무엇에 대해서든지 결코 맹세(盟誓)하지 말라. 모든 맹세는 악한 목적을 위하여 강요된 것이다." 넷째 계명은 "행악자에게 폭력(暴力)으로 항거하지 말라. 악을 악으로 대항하지 말라. 그들이 너를 때리거든 참으라. 그들이 너의 재산을 가져가거든 주어 버리라. 너희를 일시키거든 일하라. 네가 네 소유라 생각하는 것을 그들이 가져가거든 그대로 주라." 다섯째 계명은 "명백하고 중요하고 실행성 있는 규범(規範)이다. …… 제나라와 다른 나라의 차별(差別)을 만들지 말라. 그런 차별로 말미암아 생기는 모든 것에 가담하지도 말라. 외국과 원수를 맺지도 말라. 전쟁하지 말라. 전쟁하는 데 가담하지도 말라. 전쟁을 위한 군비도 가지지 말라. 다만 어떤 민족이나 어떤 국가임을 막론하고, 모든 사람에 대하여 내나라 백성에게 대하듯 하라."[21]

이상의 다섯 가지 율법을 공포함으로써 그리스도는 하나님의 나라를 건설하였다고 톨스토이는 믿었던 것이다. 그렇지만 톨스토이는 그 중에서도 '무저항주의(無抵抗主義)'가 전체의 열쇠가 된다고 생각하였다.

예수 그리스도의 계명에 순종하려는 정신에 그림자처럼 따라다니는 것은 모든 문화적 제도에 대한 철저한 반항 태도이다. 톨스토이에 따르면 문화적 제도란 착잡한 과오의 기반 위에 서있는

21 『그리스도와 문화』, 65쪽 참조.

것이어서 인간의 현세 생활에 불가피적으로 섞여 있는 악을 시인한다. 삶은 외적인 법칙에 의하여 지배되는 것이므로 인간이 자기 노력에 의하여 축복받을 수는 없다는 것을 믿으며, 죽음의 공포, 자기의 실존과 참 생명을 일치시키는 것, 무엇보다도 폭력을 믿고 또 그대로 실행하는 것 등이 문화의 그릇된 기반(基盤)을 구성하고 있다는 것이다.[22] 그런 측면에서 톨스토이는 터툴리안처럼 인간성(人間性) 자체 안에 악(惡)이 있다고 생각하지 않고, '문화적 제도 안에만' 악이 있다고 생각하였다. 그래서 문화의 모든 국면들, 국가, 교회, 재산제도, 철학, 과학, 예술 등도 비난의 대상이 된다. 그래서 톨스토이에게서는 선한 정부라는 말은 있을 수 없는 말이다. 톨스토이에게 '국가'와 '기독교적 신앙'은 양립할 수 없다.[23] 왜냐하면 국가는 권력욕과 폭력 행사의 근거 위에 서 있음에 반하여, 기독교인의 생활은 사랑과 겸손과 용서와 무저항 등이어서 이런 생활은 정치적 법령이나 제도와는 온전히 떠나 있는 것이다. 그래서 톨스토이는 국가의 악행(惡行)에 대항하기 위해서는 완전한 불참(不參)의 길 밖에는 없다고 주장한다.[24]

한편 톨스토이는 '교회(敎會)'를 가리켜 그들 자신의 무오성(無誤性)을 주장하는 '자기중심적 조직체'라고 비난한다. 교회는 국가의 종이며, 폭력과 특권의 통치를 옹호하는 자이며, 불평등과 재산 소유를 변호하며, 복음을 위조하거나 애매하게 하는 기관이라

22 『그리스도와 문화』, 66쪽 참조.
23 『그리스도와 문화』, 67쪽 참조.
24 『그리스도와 문화』, 67쪽 참조.

는 것이다. "교회라는 이름을 가진 모든 교회들은 다 反기독교적 제도들이다. 그것은 그들의 '교만'과 '패역'과 '고집'과 '완고'와 '죽음' 때문에 기독교인의 생활의 '겸손'과 '참회'와 '온유'와 '발전'과 '생명'에 온전히 적대하고 있다. 그리스도는 교회를 창설하지 않았다. 교회는 악마의 발명품이다. 적어도 정직한 인간이라면, 복음을 믿으면서, 동시에 '신부'나 '설교자'로 머물러있을 수는 없을 것이다. 모든 교회는 다 마찬가지로 그리스도의 율법을 배반(背反)하고 있다. 교회와 국가는 둘 다 '폭력'과 '기만'의 제도화를 대표한다."[25]

마지막으로 톨스토이는 터툴리안과 마찬가지로 철학과 과학, 예술 등을 배격하였다. 철학과 과학은 무용할 뿐만 아니라, 허위의 근거 위에 수립되어 있기 때문이다. 예술의 경우, 거기에는 선한 것과 악한 것의 구별이 있다고 톨스토이는 말한다. 『햄릿』이나 "제9교향곡"은 특권 계급을 위해 고안된 귀족문화이며 악한 예술이다. 이에 비해 감정의 진지한 표현과 교류를 위해 유용한 예술도 있는데, 그것은 기독교적 도덕의식에 일치되는 것이라고 말한다.[26]

톨스토이가 터툴리안과 다른 점은, 터툴리안에게는 그리스도의 인격과의 헌신적 태도와 고백이 있으나, 톨스토이에게는 그리스도 자신보다 그리스도의 법(法)을 더 중요하게 생각했다는 점이다. 그 점에서 톨스토이는 터툴리안보다 더 율법적이었다. 또 톨

25 『그리스도와 문화』, 68쪽 참조.
26 『그리스도와 문화』, 69쪽 참조.

스토이는 '행함으로 의롭다 함을 얻으려는' 극단적인 행위주의자의 대표였다. 그에게서 그리스도는 새 율법의 교사(教師)였을 뿐이다.[27]

3) '대립유형'의 기독교 문화관에 대한 비판

이제 이와 같은 대립유형의 기독교 문화관이 가지고 있는 한계에 대해 살펴보도록 하자.

첫째, 문화와 그리스도를 대립적으로 생각한 입장은 기독교 신앙의 사회 문화적 타당성(妥當性)과 책임성(責任性)을 간과하는 오류에 빠지게 된다. "아덴과 예루살렘이 아무런 관계가 없다"고 하는 터툴리안의 反문화적 명제에 대해서, 사도 바울의 로마서 12장의 세대를 변혁시키는 명제, 로마서 13장의 모든 권력에 복종하며, 권력은 하나님으로부터 나온다는 적극적인 문화적 명제가 제시된다. 니버에 의하면 그리스도께서는 인간을 단순히 자연적 존재로만 보지 않고, '문화 안에 있는 존재', '문화 속에 침투된 존재'로 보았다. 인간은 문화적 언어로 말할 뿐 아니라 그것으로 생각하고 있는 것이다. 대립유형을 주장하는 극단적 기독교인은 엄밀히 보자면, 자기들이 표면적으로 배척하고 있는 문화 또는 문화의 어느 부분을 언제나 이용하고 있는 것이다.[28] 예컨대 요한1서의 기자는 그가 배격하는 영지주의 철학의 용어를 차용하고 있고, 로마의 클레멘트는 반(半)스토아 철학의 사상을 사용하였

27 『그리스도와 문화』, 70쪽 참조.
28 『그리스도와 문화』, 75쪽 참조.

고, 터툴리안은 그가 말하는 거의 모든 경우에 자기가 로마인이라는 증거를 보여주고 있다.

둘째, 대립유형이 가지고 있는 反문화적 사고는 '이성'과 '계시'를 극단적(極端的)으로 구분하는 이원론 사상으로 변질될 가능성이 있다. 극단주의자들도 '이성'은 문화 사회 안에서 발견되는 지식의 방법과 내용을 의미하는 것으로 사용하려는 경향을 취한다. 이에 반해 '계시'라는 말은 예수 그리스도에게서 연유되고, 기독교 사회 안에 머물러 있는 기독교적 하나님에 대한 지식과 의무를 지적하는 것이다. 이러한 입장은 이성을 훼손하고, 계시를 더 높이려는 의도와 결부되어 있다.[29]

셋째, 극단주의자들은 문화 안에는 죄(罪)가 가득하다고 본다. 그러니 기독교인들은 어둠에서 나와 빛 안에 있는 사람들이다. 그러므로 기독교인이 세상으로부터 분리하는 근본적인 이유는 거룩한 공동체를 부패로부터 보존하려는 데 있다. 이는 인간의 죄의 유전(遺傳)을 '사회적 견지'에서 설명하려는 경향이 된다. 그렇지만 터툴리안으로부터 톨스토이에 이르기까지 극단주의자들의 금욕적 생활, 성, 음식과 금식, 분노, 수면에 이르기까지 그 실천하기 어려움은 그들이 당면하는 죄의 유혹이 다만 문화에서만 온다는 것보다는 그들 자신의 본성(本性) 속에서 샘솟고 있다는 것을 반증(反證)하는 것이라 할 수 있다.[30]

넷째, 대립유형의 문화관이 가지고 있는 가장 큰 한계는 자연

29 『그리스도와 문화』, 82쪽 참조.
30 『그리스도와 문화』, 84쪽 참조.

의 창조주, 역사의 지배자, 그리고 피조물에 내재한 영(靈)과 기독교인 공동체 안에 있는 영, 이런 이들과 예수 그리스도와의 관계성 문제이다. 톨스토이의 경우, 삼위일체 교리를 아무 윤리적 의미도 없는 것으로 여길 뿐만 아니라, 부패한 교회의 부패한 발명이라고 하였다. 이들은 부패치 않는 자연적 인간의 본성이 문화 속에서 부패되어지고 있다는 '윤리적 이원론'을 주장하는데, 이 이원론은 실재의 본체론적 이원론으로 변질될 가능성이 있다. 결국 이들은 이 세계를 그리스도에게 반대되는 원리에 의하여 지배되는 '물질적 영역'과 영적인 하나님에 의하여 인도되는 '정신적 영역'의 둘로 구분하려는 유혹에 빠지는 것이다.[31]

4. 기독교 문화비평의 토대 2: '일치유형'

이 입장을 취하는 이들은 한편으로는 그리스도를 통해서 문화를 '해석(解釋)'한다. 즉 문화 안에 있는 가장 중요한 요소들은 그리스도의 사역과 인격에 가장 '일치(一致)'되는 것이라고 설명한다. 다른 한편 그들은 문화를 통하여 그리스도를 '이해(理解)'한다. 그러니까 그리스도의 교훈과 행동, 그리고 그리스도에 관한 교리 등에서 문명 안에 있는 최선의 것과 일치된다고 보이는 것들을 선택하여 그것을 그리스도와 조화시킨다. 이 입장에 해당되는 사상은 초기 기독교에서는 기독교 영지주의(Christian Gnosticism)와

31 『그리스도와 문화』, 87쪽 참조.

19세기 있어서는 문화-프로테스탄티즘(Culture-Protestantism)이다.

1) 기독교 영지주의와 아벨라르드의 입장

그리스도를 온전히 문화적 용어로 해석하고 사회적 신념 또는 관습과 그리스도와의 사이에 아무런 긴박감도 인정하지 않으려는 극단적 경향을 대표한 그룹은 기독교 영지주의자들이었다. 여기에는 2세기경에 활동했던 바실리데스(Basilides), 시몬 마그누스(Simon Magnus), 3세기경에 활동했던 발렌티누스(Valentinus)가 대표적이며, 이들은 당시 대부분의 교회에서 이단자(異端者)로 정죄되었다.

기독교 영지주의자들은 조잡하고 낡은 유대교적 신관(神觀)과 역사관(歷史觀)에서 '복음'을 해방시키며, '기독교 신앙'을 지식인의 지성에까지 끌어 올리려고 노력하였다. 그리하여 기독교의 인기를 높이며, 그 능력을 증진시키려 하였다. 이를 위해서 이들은 다신론(多神論)과 우상숭배(偶像崇拜)의 조잡한 형식에서 벗어나 존재의 정신적 깊이를 인식하는 데까지 이르렀다. 더 나아가 그들은 하나의 교리체계를 수립하였는데 그 내용은 다음과 같다. 타락된 물질계에 갇히고 미혹되어 있는 영혼들에 대한 우주적 구원자가 예수 그리스도라는 것이었으며, 참된 속량적인 계시자, 존재의 신념과 인간의 상승 또는 전락에 관한 참된 지식의 회복자도 예수 그리스도라는 것이었다.[32]

32 『그리스도와 문화』, 92쪽 참조.

이것은 기독교 영지주의자들이 그 당시의 문화에 기독교를 조화(造化)시키려 한 가장 명백한 요소였으며, 그리스도의 인격과 사역에 대한 그들의 '과학적', '철학적' 해석이었던 것이다. 그러나 이런 시도는 모든 문화 속에 기독교를 동화(同化)시키는 결과를 가져왔다. 이렇게 설명된 기독교는 하나의 종교적 또는 철학적 체계로 되어버렸다. 따라서 인간의 영혼을 다루는 하나의 종교로서의 기독교는 인간의 全생활에 주권적 명령을 내릴 수는 없을 것이다. 이들에게서 예수그리스도는 영의 구주요, 삶의 구주는 아니었다.[33] 하나님 아버지는 만물의 근원도 아니며, 그 통치자도 아니라는 것이다. 새 백성 또는 교회 대신에 그들은 계몽된 자들의 모임을 가졌다. 그들은 문화 저편에 있는 종국을 찾는 자이면서도 문화와 갈등이 없는 채 문화 안에 살 수 있는 자들이었다. 문화적 생활에 동참하는 것은 그들에게 아무 특이한 사건이 아니었다.

기독교 영지주의자들의 의견에 따르면, 예수 그리스도를 아는 지식이란 문화생활 안에 자리 잡고 있는 인간 성취의 절정으로서 영적, 정신적 문제라는 것이다. 이것은 진보(進步)한 영혼들만이 능히 가질 수 있는 것이며, 이것은 그러한 영혼들의 진보와 종교적 획득이다. 이것은 물론 '윤리(倫理)'와 관계되어 있다. 어떤 경우에는 아주 엄격한 생활행위로 나타나지만 또 어떤 때에는 방종, 음란한 일까지도 시인한다. 결과적으로 이 윤리는 그리스도의 '계명'이라든지, 새 공동체에 대한 신자(信者)의 '충성(忠誠)'에

33 『그리스도와 문화』, 93쪽 참조.

근거한 것이 아니다. 이것은 물질적, 사회적 세계 위에 있는 지극히 고귀한 운명(運命)에 대한 '개인적 열망의 윤리'였다. 문화 문제의 관점에서 보면, 그리스도를 그 당시의 과학과 철학에 조화시키려는 한 영지주의자들의 노력은 하나의 방편이었고, 목적이 아니었다. 그들이 성취한 것은 새 신앙과 묵은 계시 사이에 있는 모든 긴장을 제거한다는 것이었다. 결국 영지주의는 하나의 형이상학(形而上學)이요, 하나의 영지(Gnosis)요, 일종의 신비적 종파는 되지만 전생활을 지배하는 신앙이 되지는 못했다.[34]

한편 2세기의 기독교 영지주의자들과 비슷한 입장을 취한 이는 중세시대 초기 스콜라 신학자인 아벨라르드(Peter Abélard, 1070~1142)이다. 그는 신앙(信仰)을 진술하는 데 있어서 하나님과 그리스도에 대한 교회의 신조와 행위에 대한 그리스도의 명령을 문화 내의 최선의 요소와 일치시키는 데까지 나아갔다. 기독교는 실재(實在)에 관한 '철학적 지식', '생활 개선의 윤리'로 표시되었다. 그의 도덕적 속죄론은 오직 한번의 속죄 행위라는 전통적 개념을 대치하려는 것이었다. 아벨라르드에게서 예수 그리스도는 '위대한 도덕 교사'였다. "그가 육신으로 계실 때 그의 전생활의 행위는 …… 우리를 가르치려는 의도에서 된 것이었다."[35] 아벨라르드에 따르면, 신약성경의 산상수훈은 바르게 살려는 선량한 인간들을 친절히고 관대히게 인도히는 말씀들이며, 그들의 정신적 지표(指標)를 제공한 것이다. 따라서 아벨라르드에게서는 그리스

34 『그리스도와 문화』, 94쪽 참조.
35 『그리스도와 문화』, 95쪽 참조.

도와 문화 사이에 생기는 온갖 충돌은 다 제거되었다. '교회'와 '세상' 사이에 있는 긴장성은 사실 교회 측이 그리스도를 잘못 이해한 데서 생기는 것이라고 아벨라르드는 판정하였다.[36]

2) 문화-프로테스탄티즘과 리츨의 입장

니버에 의하면 18세기 계몽주의 시기 이후에도 아벨라르드의 추종자는 많았다고 한다. 예컨대 로크, 라이프니츠, 칸트, 제퍼슨 등이 여기에 해당된다. 니버가 보기에 이들에게서 예수 그리스도는 위대한 '계몽가'이자 '교사'이다. 모든 사람을 문화로 인도하여 지혜와 도덕의 완전과 화평을 얻게 하려는 위대한 교사였다.[37]

19세기에 문화-프로테스탄트는 슐라이어마허(Schleiermacher, Friedrich Ernst Daniel, 1768~1834)에 의해 대표된다. 그의 『종교론』(1799)은 "종교를 멸시하는 자들 가운데 있는 문화인"을 위한 것이었다. 이 책에서 '문화'라는 용어는 사회 안에서 가장 자의식적인 지성적, 심미적 사람들의 전문적 업적을 의미하며, 동시에 슐라이어마허 자신을 가리키는 것이다.[38] 그는 넓은 의미에서 문화의 대표자로 자처한 것이었다. 슐라이어마허에게서 그리스도는 신약성서의 예수 그리스도보다는 '유한'과 '무한' 사이에 있는 중보적 원리로서의 그리스도를 제시하고 있다. 그리스도는 문화 안에 속하여 있다. 왜냐하면 '무한을 향한 감각과 취향', 문화의 모든

36 『그리스도와 문화』, 96쪽 참조.
37 『그리스도와 문화』, 98쪽 참조.
38 『그리스도와 문화』, 98쪽 참조.

작용에 수반되는 '거룩한 음악'이 없이는 문화 자체가 메마르고 썩어 버리기 때문이다.[39] 니버에 따르면 슐라이어마허는 그리스도를 문화에 조화시키는 동시에 가장 그리스도에게 적합하다고 생각되는 요소들을 뽑아내어 그것을 그리스도에게 일치시키는 점에서 문화-프로테스탄트의 대표자라고 할 수 있다.

슐라이어마허에 의해 대표되는 문화-프로테스탄트는 19세기 후반 리츨(Albrecht Ritschl, 1822~1889)에 의해 절정에 이른다. 리츨의 신학에는 두 주춧돌이 있다. 그것은 '계시'와 '이성'이 아니라 '그리스도'와 '문화'였다.[40] 모든 것에 대하여 자명한, 이성의 어떤 궁극적 진리를 추구함으로써 기독교의 자기비판이 가능하며, 또한 그것부터 시작해야 한다고 하는 사상을 그는 거부하였다. 리츨에게서 신학이란 "기독교의 본래적 내용을 적극적인 형식으로 진술하는 것이며, 그것의 재료 내용은 신약성서 이외의 다른 어느 곳에서도 얻을 수 없는 것"이라고 주장하였다.[41]

성서의 권위에 대한 프로테스탄트 교리의 핵심은 '교회'가 그리스도의 기초인 것이 아니라, '그리스도'가 교회의 기초가 되는 것이다. "교회 창설자의 인격이…… 기독교인의 세계관의 열쇠요, 기독교인의 자기비판 및 도덕적 노력의 표준이 되는 것이다. 뿐만 아니라 기도와 같은 특별히 종교적인 행동이 어떻게 실천되어야 한다는 표준도 그리스도 자신에서 찾아야 한다는 것이다."[42]

39 『그리스도와 문화』, 98쪽 참조.

40 『그리스도와 문화』, 100쪽 참조.

41 A. Ritschl, *Rechtfertigung und Versoehnung*, 3rd ed., 1889, Vol. Ⅱ, 18쪽. 『그리스도와 문화』, 100쪽 참조.

그러므로 리츨은 그의 신학적 임무를 시작함에 있어서 결정적으로 '기독교 공동체'의 일원이라는 점에서 출발하였다. 그런데 기독교 공동체는 신약성서에서 진술된 예수 그리스도 이외의 다른 아무데서도 그 원천을 발견할 수 없는 것이다.[43]

니버에 따르면, 리츨은 '기독교 공동체' 이외의 또 하나의 출발점을 가지고 있다. 그것은 다름 아닌 자연을 지배하려는 인간 의지를 그 원리로 삼고 있는 '문화적 공동체'이다. 현대인으로서 또는 칸트주의자로서 리츨은 인간의 상황은 근본적으로 자연과 대립하는 상태라고 이해하고 있다. 그렇지만 도덕적 사상가로서 그는 인간성 자체 위에 양심의 내적 법칙을 새겨 주는 '윤리적 이성'의 성과에 더 큰 관심을 가지지 않을 수 없었다. 따라서 리츨은 "자연과 스스로 구별된 인간이라는 점과 자연을 대항 또는 극복함으로 그 자신을 유지해 가려고 노력하는 인간"이라는 것을 기정사실로 수락하였다.[44]

모든 문화는 그 출발점이 자연과의 충돌에 있는 것이며, 그 목표는 인간적, 도덕적 존재자로서의 승리에 있는 것이다. 그리하여 칸트의 용어대로 하면, '목적의 왕국'이요, 신약성서의 용어로는 '하나님의 나라'를 성취하는 것이다.[45] 이 두 가지 출발점을 가진 리츨은 양극의 긴장성, 존재의 제 단계, 또는 기타의 것을 채

42 A. Ritschl, *The Christian Doctrine of Justification and Reconciliation: The Positive Development of the Doctrine*, 1900, 202쪽.

43 『그리스도와 문화』, 101쪽 참조.

44 A. Ritschl, *The Christian Doctrine of Justification and Reconciliation: The Positive Development of the Doctrine*, 1900, 219쪽. 222쪽 참조.

45 『그리스도와 문화』, 102쪽 참조.

용함으로써 두 구별된 원리를 결합시키려고 노력하는, 말하자면 중도적 기독교인의 부류에 속한다고 니버는 말한다.

리츨은 기독교는 하나의 중심을 가진 원이기보다는 두 초점을 가진 타원형이라고 말한다.[46] 한 초점은 '의인' 또는 '사죄'요, 다른 한 초점은 인격자들로 된 온전한 사회를 획득하기 위한 '윤리적 노력'이다. 그러나 이 두 이념 사이에는 아무런 충돌이 없다. '사죄'는 죄인들로 하여금 거듭거듭 실패한 다음에도 또 다시 일어나 그들의 윤리적 임무를 수행하게 하는 하나님의 우의(companionship)를 의미하기 때문이다. '교회'와 '문화 공동체' 사이에도 이원성이 있다. 그러니까 거기에는 아무 충돌도 있을 수 없다고 리츨은 주장한다. 그렇기 때문에 리츨은 교회를 세상에서 격리시키는 수도원 운동이나 경건주의적 행위를 가장 매섭게 공격하였다.[47] 만일 기독교 교회가 그 안에서 되는 모든 일들을 예수 그리스도와 관련시키는 공동체라면, 그것은 또한 그 안에서 보편적인 하나님 나라를 성취하기 위하여 서로 다른 국민들이 사랑으로 연합하여 한 성원을 이룬 진정한 윤리적 사회의 형성이기도 할 것이다.

리츨에 따르면 기독교인의 '직업(職業)'과 '소명(召命)'에도 이원성이 있다. 만일 기독교인의 동기가 이웃 사랑에 있다면, 그는 도덕 공동체 안에서 가정, 경제, 국가, 또는 정치 등의 생활을 진행시킴으로써 하나님 나라를 추구하는 직무를 수행할 수 있을

46 『그리스도와 문화』, 102쪽 참조.
47 『그리스도와 문화』, 102쪽 참조.

것이다. 진실로 가정, 사유재산, 개인의 독자성과 존엄 등은 도덕적 건전성과 품격의 조성에 없어서는 안 될 본질적인 선(善)이다. 다만 공동선(common good)을 위한 시민으로서의 사업에 종사함으로써 또는 그의 사회적 소명에 충실함으로써만 그리스도를 본받는 데 진실할 수 있는 것이다.[48]

리츨은 예수 그리스도 자신 안에도 이원성이 있다고 말한다. 그러니까 '제사장'과 '예언자'가 그것이다. 그리스도는 은혜에 의존하고, 성례전에 힘쓰고, 기도에 힘쓰는 공동체에 속해 있으며, 동시에 자연을 정복하는 자유인을 만들기 위하여 많은 제도들을 통해 윤리적으로 정진하는 문화적 공동체에도 속해 있다. 그러니까 여기에는 아무런 갈등이나 긴장도 없다. 제사장이 사죄를 위하여 중보하는 것은 예언자의 이상이 실현되게 하기 위함이며, 기독교 공동체의 '창설자'는 동시에 문화사(文化史)에 획기적인 전진을 보게 한 '도덕적 영웅'이었다.[49]

리츨이 기독교와 문화의 완전한 화해를 성취한 것은 주로 그의 '하나님 나라' 이념에 의한 것이었다. 리츨이 말하는 '하나님 나라'라는 이 이념은 두 가지 뜻을 가지고 있다. 하나는 인간들의 가치를 실현하고 보존하려는 인간의 온갖 노력에 있어서 예수가 그 지도자라는 것이다. 다른 하나는 19세기의 문화적 제 이념으로 이해된 그리스도라는 것이다. "'하나님 나라'라는 기독교 이념은

48 A. Ritschl, *The Christian Doctrine of Justification and Reconciliation: The Positive Development of the Doctrine*, 1900, 661이하 참조.

49 A. Ritschl, *The Christian Doctrine of Justification and Reconciliation: The Positive Development of the Doctrine*, 1900, chap. VI 참조.

인류의 연합을 의미한다. 그 연합은 모든 성원들의 전혀 자연적 사정과 특수 사정을 초월한 호혜적 도덕 행위에 의하여 성립되는 것이며, 외연적으로나 내적으로나 가장 포괄적인 것이다."[50] 결국 리츨의 문화주의 사상에는 예수의 종말론적 희망과 하늘과 땅의 주가 되시는 초월적 하나님의 현재적 통치사상이 결여되어 있다. 모든 것은 사람과 사람의 일에 관련되어 있다. 그 결과 하나님 나라가 '인간의 형제됨'(brotherhood)이라는 윤리적 당위성으로 변형되고 있다.[51]

3) '일치유형'의 기독교 문화관에 대한 비판

첫째, 니버는 문화-프로테스탄티즘이 신약성서에 있는 예수의 모습을 끊임없이 왜곡(歪曲)시키는 경향이 있다고 비판한다. 말하자면, 이 입장에서는 예수는 영적 지식이나 논리적 이성이나, 무한에 대한 의식, 내적인 도덕률, 또는 형제애 등의 이념을 뜻한다는 것이다.[52] 문화의 그리스도를 주장하는 이들은 문화에 대립하는 그리스도를 주장하는 이들과 교회의 신학에 대한 일반적 태도와 입장이 서로 동일하다고 니버는 말한다. 그러니까 극단주의자들과 마찬가지로 그들도 신학 자체를 의심한다는 것이다. 그러나 그 의심하는 이유는 상반된다. 극단주의자들은 신학으로 말미암아 '세상적인 지혜'가 '계시의 영역'을 침범한다는 이유에서 신학

50 A. Ritschl, *The Christian Doctrine of Justification and Reconciliation: The Positive Development of the Doctrine*, 1900, 284쪽 참조.

51 『그리스도와 문화』, 104쪽 참조.

52 『그리스도와 문화』, 114쪽 참조.

을 불신한다. 그러나 문화적 기독교에서는 계시가 이성의 측면에서 볼 때 불합리하다는 점에서 신학을 의심한다.

둘째, 양자는 모두 '이성'과 '계시'를 분리시키는 경향을 취한다. 반문화주의자들은 문화 안에 유포되어 있는 인간 이성은 하나님의 계시를 이해하기엔 오류투성이요, 기만이라고 보며, 계시를 위해서 이성을 포기해야 할 것을 주장한다. 그러나 문화주의자들은 이성을 하나님과 구원에 이르는 길로 이해하며, 예수 그리스도는 종교적 도덕적 이성의 역사 안에 나타난 천재로 이해한다. 그리고 계시는 지능이 낮은 일반인에게 지성적인 진리를 가르치기 위한 우화적(寓話的)인 장식이며, 역사 안에서의 이성의 성장의 본질적인 과정에 대한 종교적 이름에 불과하다.[53]

셋째, 극단적 기독교인(대립유형)과 문화적 기독교인(일치유형)은 죄, 은혜, 율법, 삼위일체의 견해에 있어서 서로 통한다. 그런데 이들의 결정적인 오류는 원죄(原罪) 사상, 즉 인류 전체에 미치고 있는 의미에서의 통전적 부패성(腐敗性)을 인정하지 않고 있다는 사실이다. 니버는 이 점을 비판의 대상으로 삼는다.

넷째, 극단주의자들과 같이 문화의 그리스도 신자들도 '율법'과 '은혜'의 양극성을 논할 때, '율법' 편으로 기울어진다는 사실이다. 인간은 하나님과 사변적, 실천적 이성의 법칙에 순종함으로써 진리 해득자와 천국 시민으로서의 높은 운명을 성취할 수 있다고 그들은 생각한다. 결국 하나님의 은총 행위는 인간들의 계획에 대한 보조에 불과한 것이 된다. 이런 맥락에서 문화적 기독교는

53 『그리스도와 문화』, 115쪽 참조.

적어도 현대에 있어서는 언제나 극단으로 '자기 신뢰'에 기울어지는 '휴머니즘적 운동'을 만들어내고 있다고 니버는 비판한다.[54]

5. 기독교 문화비평의 토대 3: '종합유형'

이 유형에 속한 기독교인은 그리스도와 문화의 문제를 다루는 경우에 있어서, 언제든지 그리스도와 문화가 "이것이냐 저것이냐"의 관계에 있는 것이 아니라, "이것도 저것도"의 관계에 있는 것이라고 본다. 종합주의자들은 '그리스도'와 '문화'를 둘 다 긍정(肯定)함으로써 그리스도는 이 세상과 저 세상에 함께 주가 되신다고 고백하였다.[55] 이런 입장은 알렉산드리아의 클레멘트와 아퀴나스가 가장 대표적이다.[56]

1) 클레멘트의 그리스도와 문화의 종합

클레멘트(Clement of Alexandria, 150~215)는 교양인에게 기독교를 효과적으로 설명하기 위해서 헬라철학에 대한 적극적인 평가를 시도했다. 그에게 있어서 헬라인들이 주장하는 인간 본성에 심어져 있는 이성은 하나님의 로고스에서 기원하고 있으며, 따라서 율법이 유대인에게 몽학선생이었던 것처럼, 헬라철학은 신앙과

54 『그리스도와 문화』, 118쪽 참조.
55 『그리스도와 문화』, 124쪽 참조.
56 『그리스도와 문화』, 127쪽 참조.

지식을 받아들이기 위한 영혼의 예비 정화작용을 한다고 보았다.[57]

최초의 기독교윤리 교수였던 클레멘트는 자신의 실제적인 교훈의 진리를 보증해 주는 자로서 플라톤, 아리스토텔레스, 제논, 아리스토파네스, 메난더에 이르기까지를 안심하고 인용하였다. 그러면서 그는 스토아적 '초연성(超然性)'과 기독교적 '사랑'은 서로 반대되는 것이 아니라고 보았다. 그것은 구원으로 향하는 길에서의 구별된 두 단계를 보여주는 것이다. 자기 수양(修養)의 방법으로 구원을 추구하는 것과 그리스도의 구원 행동에 '응답'하는 것은 동일한 인간 행위라 할 수는 없지만, 그렇다고 그 둘이 온전히 상반되는 것도 아니라고 보았다.[58]

클레멘트는 자신의 『교훈자』에서 기독교인의 훈련에 관하여 말하고 있다. 거기서 그는 주께서는 친절하고 지혜로운 교사여서 그에게 맡겨진 영혼들을 향상시켜 유덕한 생활을 할 수 있도록 훈련하는 것을 목적으로 하고 있다고 말한다. 또한 그리스도가 목적하신 바가 '교육'이라는 위대한 '문화사업'이었고, A.D. 200년 알렉산드리아에 있는 도덕적으로 진지하고 지혜로운 어느 이교(異教) 교사가 그 제자들에게 했으리라고 생각되는 것과 별로 다를 것이 없다고 말하였다. 그런 측면에서 클레멘트 자신이 말하는 기독교윤리와 『교훈자』에서의 표현들은 그 당시에 유행하던 스토아학파의 도덕 교본과 그 내용이 거의 같은 것이었다.[59]

57 김영한(1995), 115쪽 참조.

58 『그리스도와 문화』, 128쪽 참조.

클레멘트는 기독교인에게 '자기 수양'과 '지적 훈련'에 정진하기를 권면하였다. 그리하여 결국에 가서는 그들 자신이나 그들의 문화나 그들의 지혜에 대하여 스스로 염려할 필요가 없는 생활에 이르도록 준비하게 하려는 것이었다. 그 점에서 클레멘트의 그리스도는 '문화의 그리스도임'과 동시에 '모든 문화 위에 있는 그리스도'이다.[60]

글레멘트로 말미암아 이 세상 생활의 요청과 신약성서의 종합이 윤리 면에서 뿐만 아니라, 철학과 신앙의 관계에서도 성취되었다. 그는 그 당시의 사변적 체계에 예수를 전적으로 조화시키려는 해석을 추구하지도 않았으며, 그렇다고 헬라 철학은 세상지혜라고 배격하는 일도 하지 않았다. 헬라 철학은 오히려 '진리의 명석한 이미지'이기에 하나님이 헬라 사람들에게 주신 선물이었다. 이것은 히브리인을 그리스도에게 인도한 율법과 같이 헬라인을 그리스도에게 이끌어 온 선생이었다는 것이다.

이런 관점에서 클레멘트는 다음과 같이 말한다. "하나님께서는 문화를 사용하라고 권하신다. 그러나 우리로 하여금 세속 문화 안에서 배회하며 거기서 시간을 허비하게 하려는 것은 아니다. 왜냐하면 하나님께서 각 세대에게 유익하도록 적당한 시기에 문화를 주신 것은 주님의 말씀을 위하여 미리 훈련시키려는 의도에서 하신 것이기 때문이다."[61]

---

59 『그리스도와 문화』, 129쪽 참조.
60 『그리스도와 문화』, 131쪽 참조.
61 『그리스도와 문화』, 131쪽 참조.

니버에 따르면 클레멘트가 문화에의 존중과 그리스도에 대한 충성을 결부시키려 한 때는 아직도 교회가 불법 단체로 취급받던 시대였다. 그러므로 그의 이와 같은 태도는 위대한 사회 제도의 유지와 개선을 위한 의무감에서라기보다 건전한 도덕과 학문을 지속하려는 교회의 '책임감'에서 취해진 것이다. 이것은 문화를 기독교화하려는 것보다도 기독교인을 문화적으로 만들려는 데 더 많은 관심을 표시하고 있다.[62]

2) 토마스 아퀴나스의 그리스도와 문화의 종합

니버에 의하면 기독교 역사상 최대의 종합주의자는 토마스 아퀴나스(Thomas Aquinas, 1225~1274)이다. 그는 그리스도와 문화의 문제에 있어서 "둘 다" 긍정한다는 식의 해답을 주고 있다. 그러나 그의 그리스도는 훨씬 문화를 초월해 있다. 그리고 그는 그리스도와 문화 사이에 있는 구분(區分)을 결코 위장하려 하지 않았다. 그 자신의 생활 태도가 이 두 주장, 두 희망, 두 출발 등의 통일의 방법을 암시하고 있다. 토마스는 청빈(淸貧)과 동정(童貞)과 복종(服從)의 서약에 충실한 수도사였다. 극단적 기독교인들과 함께 그는 세속 세계를 거부했다. 그러나 그는 교회 안에 있는 수도사이면서도 또한 문화의 수호자, 학문의 육성자, 국민의 재판자, 가정의 보호자, 사회적 종교의 통솔자였다.[63] 토마스의 사상 체계에서 보면, 철학과 신학, 국가와 교회, 세속 윤리와 기독교 윤

62 『그리스도와 문화』, 132쪽 참조.
63 『그리스도와 문화』, 132쪽 참조.

리, 자연법과 신법, 그리스도와 문화 등의 사이에 혼동없는 결합을 성취하였다.[64]

토마스의 생각에 의하면, 헬라인의 이성, 아리스토텔레스의 이성, 즉 이 문화의 이성이 이해하는 자연은 그 성격상 목적(目的)을 가지고 있다. 자연은 하나님이 지으신 바이며, 따라서 사람을 향한 하나님의 목적과 인간의 요구를 제시하는 성격을 가지고 있다. 이성을 가지고 있는 우리의 본성은 '하나님의 선물'이며 동시에 '인간의 활동'이라고 생각할 때, 우리의 존재에 내포된 목적은 우리의 가능성을 완전히 실현시키는 데 있다. 즉 보편적 진리 속에 나타난 진리, 보편적 선(善) 속에 나타난 의지로 실현시켜야 한다고 토마스는 확신한다.[65]

"인간의 의지는 보편적 선(善)에 머물지 않는 한 안정을 얻을 수 없다. 그런데 보편적 선은 아무 피조물 안에서도 발견될 수 없고 다만 하나님 안에서만 찾을 수 있다. 그러므로 하나님만이 인간의 마음을 채워주신다."[66] 그리고 토마스에 따르면 인간의 마음 안에 있는 것 곧 최선의 활동과 최선의 능력도 사변적인 이해에 불과하다. 그러므로 "인간의 최후 그리고 완전한 행복은 신적 본질(divine essence)에 대한 비전 안에서만 찾아질 수 있다." "모든 이성적 존재는 이 신적 본질을 이해하는 데서 그 최후의 목적을 달성하는 것이다. 그러므로 이해에 의하여 인간 이성은 그 목적

64 『그리스도와 문화』, 133쪽 참조.
65 『그리스도와 문화』, 134쪽 참조.
66 Thomas Aquinas, *Summa Theologica*, II-I, Q. ii. art. viii.

으로서의 하나님을 얻는 것이다."[67]

그리고 토마스는 '인간적 선행과 도덕의 길'과 '복음에 의한 은혜의 길'을 구분한다. 후자는 인간적인 능력으로 도달할 수 없고, 하나님의 은혜에 의해 할 수 있는 길이다. 하나님의 은혜는 가정, 국가, 교회 등 사회적 제도에 두루 미치고 있다. 그러므로 은혜의 길과 도덕의 길은 서로 연속적이며, 후자는 전자의 목적적 의도를 실현 가능케 하는 것으로서 종합적으로 사고한다.[68]

한편 토마스는 인간의 사회생활 법칙을 복음서에서 찾으려 하지 않았다. 이 법칙들은 이성으로써 발견되어야 한다는 것이다. 그것은 넓은 원칙에서 하나의 '자연법(自然法)'을 구성한다. 이것은 공통적 인간 존재의 주어진 조건 하에서 인간 생활을 영위하고 있는 모든 이성적 인간에게 식별될 수 있는 법이다. 그리고 이것은 궁극에는 창조주요 통치자인 하나님의 마음 안에 있는 영원한 법, 즉 '신법(神法)'에 근거하고 있다. 그러므로 신법은 부분적으로는 자연법과 일치하며, 어떤 부분에서는 인간의 초자연적인 생활 법칙으로서 자연법을 초월한다.[69]

이와 같은 맥락에서 '교회'는 신법의 관리자로서 세상 생활의 질서를 도와준다. 그렇기에 교회는 국가 위에 위치한다. 그리고 토마스의 종합이론에 의하면 세상의 모든 제도들은 서로 유기적으로 관련되어 있다. 그래서 이 제도들은 하나님에서 시작해서

67 *Summa Theologica*, Ⅱ-Ⅰ, Q. iii. art. viii.

68 W. Weischedel, *Der Gott der Philosophen*, München, 1975. 131쪽, 134-5쪽. 김영한(1995), 118쪽 참조.

69 『그리스도와 문화』, 138쪽 참조.

교황, 신부, 군주와 귀족계급, 그리고 아래로 백성이 위치하는 위계질서로 존재하게 된다. 그렇지만 이러한 위계질서는 공통된 정신과 피치자의 동의를 전제로 하며, 각자의 그룹이나 개인에게 각기 자기의 직접적인 임무를 수행하기 위한 어느 정도의 독립성이 부여되어 있는 것이 특징이라고 할 수 있다.[70]

3) '종합유형'의 기독교 문화관에 대한 비판

첫째, 종합유형의 기독교 문화관이 예술과 과학, 철학, 법학, 정치에 심원한 영향을 준 것은 사실이다. 특히 헬라철학의 지혜와 로마의 법이 현대 문화에 중개되는 데 이 입장이 결정적인 역할을 담당하였다. 그런데 이러한 종합유형의 입장은 인간의 행위 안에 내포된 '근본 악'을 진지하게 대결하지 않고, 신의 은혜에 독립되어 그 자체의 이성적 신 인식과 윤리성을 인정하는 잘못된 전제 위에 서 있다.[71]

둘째, 종합유형의 입장은 인간의 범죄와 그리스도의 구속의 절대 필요성을 인정하지만, 실제로 인간은 그 의지와 본성에 있어서 전적으로 부패되어 있다는 사실을 인정치 않는다. 그렇기에 종합주의자의 기획 자체 안에 필연적 오류가 발생할 요소가 있다. 그러니까, 그리스도와 문화, 하나님의 일과 사람의 일, 일시적인 것과 영원한 것, 법과 은혜 등을 사상과 실천의 한 체계 안에 넣어 버리려는 노력은 결과적으로 '상대적'(相對的)인 것을 '절대화

70 『그리스도와 문화』, 140쪽 참조.

71 『그리스도와 문화』, 150쪽 참조.

(絶對化)'하며, '무한(無限)'한 것을 '유한(有限)'화 하며, '생명(生命)'적 인 것을 '물질화(物質化)'하는 경향을 가지게 된다는 것이다.[72]

셋째, 종합유형의 입장은 사람들로 하여금 그리스도와 복음을 '제도화(制度化)'하려는 경향을 가지게 한다는 점이다. 그리스도와 법이 교회의 법에 일치하지 않고, 그의 은혜의 효능이 사회적 종교적 제도, 즉 교회의 직무에 국한되지 않으며, 그리스도의 주권이 그의 후계자로서 자처하는 사람들의 통치와 동일시되지 않는다면, 그런 종합이 가능하다고 생각될지 모른다. 사회적 종교적 제도인 교회가 다른 모든 일시적 질서와 같은 한 부분이며, 국가, 학교, 경제 제도 등과 같이 인간의 업적에 속하는 것인 한, 종합주의적 해답이 가능하게 된다는 것인지도 모른다. 여기서 니버는 묻는다. 어떻게 그럴 수 있는가? 만일 그리스도의 법, 은혜, 통치가 제도화된 것이 아니라면, 온갖 종합론은 여전히 잠정적인 것이 될 것이며, 격렬한 공격의 대상이 될 것이다.[73]

6. 기독교 문화비평의 토대 4: '역설유형'

이 입장을 주장하는 이들은 기본적으로 인간은 문화에 속해 있는 자로서 거기에서 벗어날 수 없다고 간주한다. 그리고 하나님께서 문화 안에서, 또 문화로 말미암아 그를 붙들어 주신다는 것

72 『그리스도와 문화』, 147쪽 참조.
73 『그리스도와 문화』, 149쪽 참조.

도 인정한다. 그러니까 이 입장을 취하는 이들은 부패된 문화 속에서 작용하는 하나님의 은혜를 '인정(認定)'하고 있다는 점이다. 역설유형을 가장 명료하게 표현하면, 그리스도와 문화의 문제에 있어서 인간은 율법과 은혜, 하나님의 진노와 긍휼, 계시와 이성, 창조주와 구속주, 인간의 의(義)와 하나님의 의 사이의 긴장 관계 속에서 살아간다는 사실이다. 이 입장을 주장하는 이로는 바울, 루터, 19세기의 키에르케고르와 트뢸취(Troeltsch)가 있다.

1) 바울과 루터의 그리스도와 문화에 대한 역설적 입장

바울은 인생의 문제점은 하나님의 의(義)와 인간의 의 사이에 놓여있다고 보았다. 하나님이 선하시므로 사람을 선하게 만들려고 원하는 그 선(善)과, 사람이 스스로 자신 안에 가지려고 추구하는 독립적 선의 두 가지 사이에 놓여있다는 것이다.

바울의 입장에서 본다면, 하나님과의 만남은 문화적 제도와 특징들, 모든 인간적 업적을 이중의 의미에서 상대화 하였다. 그것들은 모두 죄 아래 포함되었다. 그럼에도 불구하고 인간은 주님의 은혜와 거룩한 침입을 향하여 열려 있다. 인간이 문화적으로 유대인이건, 이방인이건, 야만인이건, 헬라인이건, 하나님의 '진노' 앞에서는 '범죄(犯罪)'한 인간으로서 같은 수준에 서 있는 것이다. 또한 문화 안의 어떠한 위치에서는, 모는 문화 속에서 문명생활 안에 있는 모든 인간의 활동과 지위가 무엇이든, 그들은 모두 그리스도의 '구속' 사업의 공적에 동일하게 종속되어 있는 것

이다.[74]

바울의 관점에서 보면, 그리스도의 십자가와 부활을 통해서 인간은 죽음의 공포와 절망과 불신앙에서 구속되었다. 이것은 인간 자신 안에서가 아니라 하나님 안에서 이루어진 것이다. 이는 율법으로써는 도저히 성취할 수 없었던 것이다. 이것은 그리스도의 영의 내적 샘에서부터 흘러나온 것이다.[75]

한편 루터(Martin Luther, 1483~1546)의 그리스도와 문화의 관계에 대한 역설적인 이해는 이신득의(以信得義) 사상에 근거하고 있다. 루터는 인간은 불의(不義)하지만, 하나님께서 의롭게 여겨 주시므로 의인이 되고, 의로운 삶을 살 수 있음을 깨달았다. "의인(義人)은 동시에 죄인(罪人)이다"[76]라는 명제는 루터가 이해한 그리스도인의 실존의 역설적 구조를 잘 드러내 주고 있다. 그리스도인의 삶은 값없이 주시는 은사에 입각해서 하나님의 뜻을 순종하는 삶이요, 따라서 복음의 위로와 즐거운 순종, 사랑과 진노, 용서와 심판의 내적 투쟁의 긴장 속에서 전개된다.

루터는 『기독교인의 자유』에서 다음과 같이 쓰고 있다. "믿음으로부터 주 안에서의 사랑과 기쁨이 흘러나온다. 그리고 사랑으로부터 기쁘고, 즐겁고, 자유로운 마음으로 이웃을 섬기는 봉사가 생겨난다. 그 이웃 봉사는 그 이웃이 은혜를 느끼든 안 느끼든, 칭찬하든 욕하든, 소득이 있든 없든, 그런 것에는 아무런 관심도

74 『그리스도와 문화』, 163쪽 참조.
75 『그리스도와 문화』, 163쪽 참조.
76 P. Atthaus, *Die Theologie Martin Luthers*, 1963. 211쪽. 김영한(1995), 121쪽 참조.

가지지 않는다. 하늘에 계신 그의 아버지께서 모든 것을 모든 사람에게 풍성하게 한없이 나누어 주시며, 해를 선인과 악인에게 함께 비춰주시는 것 같이, 그의 자녀들도 범사에 그렇게 하며 범사에 참는 것이다. 그리고 그들이 그리스도를 통하여 하나님을 볼 때 하나님께서는 그렇게도 위대하신 시혜자(施惠者)라는 것을 알고 즐거운 마음으로 값없이 주는 기쁨을 누리게 되는 것이다."[77]

그리고 루터는 『강도와 살인 폭도인 농민을 책함』에서는 다음과 같이 쓰고 있다. "이 사건에 있어서 영주들이나 군왕들이 기억해야 할 것은, 그들이 이런 자들에게 사용하기 위한 검을 맡은 하나님의 일꾼이며, 그의 진노를 집행할 종이라는 것이다. …… 지금 여기에는 잠 잘 시간도 없다. 인내와 긍휼을 운운할 곳도 없다. 지금은 칼을 쓸 시절이요, 은혜 베풀 때는 아니다."[78]

이처럼 루터에게서 이런 조율의 이원적 선언의 병립은 다른 데서도 많이 발견된다. 그는 이성과 철학, 상업과 거래, 종교적 제도와 의식, 국가와 정치에 대하여 이중적인 태도를 가지고 있는 것처럼 보인다. 그리고 그는 일상적인 삶과 영적인 삶, 외적인 것과 내적인 것, 육신과 영혼, 그리스도의 통치영역과 인간의 문화나 업적의 세상 등 사이에 날카로운 '구별(區別)'을 하고 있다. 그러나 루터가 양자를 구별하기는 했지만, '분리(分離)'시키지는 않았다. 그러니까 그리스도 안에 있는 생활과 문화 안에 있는 생활, 하나님의 나라와 세상의 나라가 밀접하게 관련되어 있는 것

77 *Works of Martin Luther*, Philadelphia, 1915-1932, Vol. Ⅱ, 338쪽.
78 *Works of Martin Luther*, Philadelphia, 1915-1932, Vol. Ⅳ, 251쪽.

이다.[79]

루터의 이러한 입장에서 대해서 니버는 그리스도와 문화의 문제에 대한 루터의 해결책은 행위의 '본질'(What)과 '방법'(How)에 대한 이원론이라고 평가한다.[80] 문화가 우리에게 기술을 제공해 주다면, 신앙은 그 기술을 쓰는 정신과 목적을 제공한다. 이 양자는 서로 침투해 있으며 큰 긴장 속에 있다. '문화'는 잠정적 가치에 관계하지만, '신앙'은 영원한 하나님의 의에 관계한다. 루터에게서 시간과 영원, 문화와 그리스도 사이의 이율배반과 딜레마는 이 세상 안에서는 해결되지 않고, 그리스도 재림(再臨)의 종말론적 사건 속에서 그 해결책을 찾는다.[81]

2) 키에르케고르와 트뢸취의 그리스도와 문화에 대한 역설적 입장

키에르케고르(Søren Aabye Kierkegaard, 1813~1855)는 기독교인의 생활의 이원적 성격을 지적하였다. 그러니까 이원적 성격이라 함은 '영원(永遠)'과의 긴밀한 내적 관계, 그리고 동시에 '타인(他人)'과 '사물(事物)'에 대한 전혀 드러나 보이지 않는 외적 관계를 말한다. 그런 의미에서 키에르케고르가 투쟁한 이원성은 한마디로 '유한(有限)'과 '무한(無限)'의 문제였다.[82]

키에르케고르는 '개체'로서 자신의 고독 속에서, 기독교인의 참된 사랑의 성격을 아름답게 분석하였다. 그러나 그는 사랑받을

79 『그리스도와 문화』, 173쪽 참조.
80 『그리스도와 문화』, 176쪽 참조.
81 『그리스도와 문화』, 179쪽 참조.
82 『그리스도와 문화』, 180쪽 참조.

존재에 대해서보다도 사랑이라는 덕 자체에 더 많은 관심을 가지고 있었다. 그가 그리스도와 문화의 문제를 다루는 경우에 한해서는 종합주의자나 이원론자보다도 배타적 기독교의 정신을 더 많이 가지고 있었다. 배타적 기독교 중에서도 수도사의 정신보다도 은자(隱者)의 정신에 더 가깝다. 그는 이렇게 쓰고 있다 "영적인 인간이란 고독을 견딜 수 있는 존재라는 점에서 우리와 다른 인간이다. 영적 인간으로서의 위치는 고독을 견디는 능력과 비례한다. 인간이란 끊임없이 타자들, 즉 군중을 요구하고 있기 때문이다."[83]

키에르케고르에게서 고독한 개체는 그의 사상의 주제가 되고 있다. 그에게서 개인들은 '나와 너'의 관계에서만 존재할 수 있다는 사실에 대한 진정한 의식이 없다. 따라서 '우리'를 위한 감정은 거의 전적으로 결핍되어 있다. 그러므로 문화 사회란 것은 키에르케고르의 관심사가 못된다.[84]

한편 트뢸츠(Ernst Troeltsch, 1865~1923)는 그리스도가 문화와 얼마나 엉켜 있는가의 문제를 이중의 딜레마로 경험하였다. 한편으로 그는 서양의 문화적 종교였던 '기독교의 절대성'에 관한 문제를 상대로 투쟁하였으며, 다른 한편으로 '양심의 도덕'과 '사회적 도덕' 사이에 생기는 충돌에 관심을 가지고 있었다. 여기서 그가 말하는 사회도덕이란, 국가와 국민, 과학과 예술, 경제와 기술 등으로 말미암아 대표되는 제 가치의 획득과 보수를 지향하는 것이다. 이런 관점에서 트뢸취는 기독교가 진실로 상대적인 종교였

83 『그리스도와 문화』, 181쪽 참조.
84 『그리스도와 문화』, 181쪽 참조.

다고 주장한다. 그러나 이것을 통하여 인간에게 절대적인 주장이 임한다. 이 주장이 다만 서양인에게만 임했다 할지라도, 이것이 상대성 가운데 나타난 하나의 절대임에는 틀림없는 것이다.[85]

트뢸취는 예수의 주장을 '양심의 윤리'와 일치시켰다. 아무리 양심의 성장이 역사적인 것이라 할지라도, 여전히 그것은 자유의 인격성을 습득하고 옹호해야 한다는 명령과 더불어 역사적 인간에게 대결하는 것이다. 그리고 트뢸취는 윤리적 의식 안에 있는 '양심' 이외에 또 하나의 도덕으로서 '문화적 가치'를 인정한다. 그가 말하는 문화적 가치는 인간의 제도들이 나타내고 있는 객관적, 의무적인 선(善)들, 그러니까 정의, 평화, 진리, 복지 등을 말하는 것이다. 그는 양심과 문화적 가치의 대립과 긴장을 강조하고 있다. '양심'은 초역사적이다. 그것은 죽음을 비웃는다. 하지만 '문화적 가치'의 도덕은 역사적이며, 따라서 사라질 사물의 보존에 관심을 두고 있다. 트뢸취의 입장에서는 결국 우리는 다만 '믿음으로써만' 의롭게 되는 것이다.[86]

3) '역설유형'의 기독교 문화관에 대한 비판

역설유형의 기독교 문화관은 '중간 시간'에 살고 있는 기독교인의 현실적인 투쟁을 잘 반영해 주고 있다. 그리고 이 입장은 은혜의 시간에 살면서 그가 열렬하게 희망하고 있는 영광스러운 시대

85 Ernst Troeltsch, *Glaubenslehre*, 100쪽. *Christian Thought*(1923), 22쪽. 『그리스도와 문화』, 182쪽 참조.

86 Ernst Troeltsch, *Glaubenslehre*, Pt. II, "The Ethics of Cultural Values", 71쪽. 『그리스도와 문화』, 183쪽 참조.

의 윤리를 그대로 실행하지 못하고 갈등 속에서 투쟁하고 있음을 잘 반영시켜 주고 있다. 무엇보다도 이 입장은 '경험'에 합치된다는 점에서 보다 잘 이해될 수 있고 설득력을 지니고 있다.[87]

이 입장은 인간 부패성의 깊은 뿌리를 드러내 보이려고 힘썼다. 그 결과 기독교와 문화, 그 양편에 활기를 회복시켰다. 기독교에 대해서는 그리스도 안에 있는 하나님의 은혜가 얼마나 위대한지, 그리고 살아계신 주님을 대신해 온 관습이나 조직 등으로부터 해방을 가져왔다. 문화에 대해서는 무사(無私)의 정신을 가져옴으로써 문화의 법 또는 복음의 법이 직접 요구하는 바나 또는 저기 자신에게 돌아올 수 있는 이득을 추구하지 않게 했으며, 주어진 상황 속에서 무엇이 이웃에게 봉사하는 것인지, 그 주어진 상황이란 참으로 어떤 것인가 하는 것에 더 많은 관심을 가지게 하였다.[88]

그렇지만 역설유형에 들어있는 이원론은 기독교인을 '反율법주의'로 인도하며 동시에 문화적으로 '보수주의(保守主義)'에 빠지게 한다는 점이다.[89] 사회와 이성의 모든 법칙과 인간의 모든 사업을 상대화 하는 것은 경솔한 생각을 가진 사람들이거나 절망적인 사람들에게 문명 생활의 법칙을 외면할 구실을 제공한 것이 사실이다. 그리고 문화적으로 보수주의의 경향을 보인다는 비판은 루터 자신이 당시의 주요 문화적 제도들과 관계 중 다만 한 가지, 즉

87 『그리스도와 문화』, 185쪽 참조.
88 『그리스도와 문화』, 187쪽 참조.
89 『그리스도와 문화』, 187쪽 참조.

'종교적 제도'와 '관습'만의 개혁에 깊은 관심을 가지고 있었을 뿐이라는 사실이다. 그 이외 것들에 있어서는 가령, 노예제도, 사회계급제도 등은 국가와 경제생활의 존속과 함께 비교적 변함없이 그대로 유지되기를 원하고 있었다는 이유에서이다.[90]

7. 맺음말: 변혁주의적 문화관에 기초한 기독교 문화비평에의 길

지금까지 우리는 니버의 논리를 따라 그리스도와 문화의 관계를 네 가지 유형으로 나누어 살펴보았다. 이제 마지막으로 변혁주의적 문화관을 살펴보면서 논의를 마무리하고자 한다. 변혁주의적 문화관은 기독교 문화학이나 기독교 문화철학의 논의에서도 여전히 가장 강력한 영향을 미칠 수 있다고 필자는 판단한다. 따라서 한국에서의 기독교 문화비평도 변혁주의적 문화관의 토대 위에서 전개되는 것이 바람직하다는 것이 필자의 입장이다. 변혁주의적 기독교 문화관의 강한 설득력은 그 논의 구조에서 잘 확인해 볼 수 가 있다.

변혁주의자들의 문화 이해는 인간의 전적인 부패성과 그에 대한 하나님의 심판과 죄인을 은총으로 구속하신 하나님의 은혜를 강조한다는 점에서 역설유형의 이원론자들의 입장과 가깝다.[91] 변혁유형의 입장에서 보면, 죄는 인간 영혼 속에 깊이 뿌리박고

90 『그리스도와 문화』, 188쪽 참조.
91 『그리스도와 문화』, 190쪽 참조.

있으며, 인간 행위 전반에 속속들이 퍼져 있으며, 그 병상(病狀)은 아무리 각양각색일지라도 그 부패성에는 차별이 없다. 그러므로 인간이 자기의 영광을 높이는 모든 문화활동, 그것이 개인적이든 사회적이든, 한 국가의 일원이든 인류의 일원이든 이를 막론하고 예외 없이 하나님의 심판 아래 놓여 있다. 하나님께서는 자기의 이익을 구하지 아니하시는 분이다. 변혁주의자들은 이 문화의 자기 모순성 안에서 문화의 '자기 파멸성'을 발견한다. 그러나 그와 동시에 이런 문화가 하나님의 주권적 통치 밑에 있다는 것을 그들은 믿고 있다. 그러므로 기독교인은 주님께 순종하는 가운데 문화활동을 수행해야 한다는 것이다.[92]

1) '변혁유형'의 기독교 문화관이 갖는 신학적 이념

첫째, 변혁주의자들의 견해를 규정하는 제1의 신학적 이념은 '창조(創造)'와 관련된다. 역설유형의 이원론자들은 그리스도의 십자가와 부활에 의한 속량에 너무나 치중하기에 '창조'는 거기에 비하면 서론에 불과한 것으로 되어버렸다. 변혁주의에서는 창조와 구속, 성육신과 속죄 등의 모든 주제를 한 운동 속에 통일하기를 원한다. 문화에 대한 변혁주의자의 사상 속에 나타난 '창조'는 물론 그리스도의 성육신 사업에 대한 이들의 이해가 갖는 영향력은 뚜렷하다. 육신이 되어 우리 가운데 거하신 말씀, 창조의 세계 속에서 아버지의 사업을 행하는 아들이 인간 문화 속으로 들어오

92 『그리스도와 문화』, 191쪽 참조.

셨다는 것이다.[93]

둘째, 인간의 사업과 관습에 대한 변혁주의자의 견해를 규정하는 제2의 신학적 이념은, 창조 때 선(善)에서 타락한 인간의 본성(本性)에 대한 이해이다.[94] 이원론자들은 창조와 타락을 거의 영지주의적 용어로 표시했는데, 그러니까 유한한 자아의 창조물이나 물질 자체가 타락에 빠진 것 같이 말하는 것이다. 그래서 몸 안에 있게 된다는 것은 그리스도로부터 떠나 있다는 것을 의미한다. 때문에 육신 안에 선한 것이란 없다. 변혁주의자들은 인간의 근본적인 타락을 주장하는 교리에서는 이원론자들과 합치된다. 그러나 변혁주의자들은 그 타락을 창조로부터 구분하며, 또한 육체적 생명의 상태로부터 구별한다. 타락은 창조의 반대요, 결코 그 계속은 아니다. 이것은 전적으로 인간의 행동이요, 결코 하나님의 행동은 아니다. 이것이 결과적으로 육체에 영향을 주는 것은 사실이나, 그렇다고 신체적이거나 형이상학적인 것은 아니다. 이것은 도덕적이요, 인격적인 것이다. 하나님을 배반한 인간에게 미치는 결과는 인간 편에서만 나타나고 하나님 편에서는 나타나지 않는다. 여기서 타락의 결과라는 말의 의미 내용은 '부패(腐敗)'이다.[95]

셋째, 창조와 타락에 대한 이런 신념을 가지고 변혁주의자들은 그들의 제3의 신학적 관점을 연결한다. 그것은 역사는 근본적으로 다만 인간이 만들어 내는 사건들의 과정이 아니라, 언제나 하

93 『그리스도와 문화』, 192쪽 참조.
94 『그리스도와 문화』, 193쪽 참조.
95 『그리스도와 문화』, 194쪽 참조.

나님과 인간의 극적인 상호 행동에서 생겨나는 것이므로 역사 안에서 하나님은 어떤 일이든지 하실 수 있다는 것을 주장하는 역사관이다.[96] 변혁주의자들에게 역사는 하나님의 능력 있는 행위와 이에 대한 인간의 응답을 기술한 이야기이다. 이들에게서 종말론적 미래는 종말론적 현재로 되어 있다. 여기서의 '영원(永遠)'이란 시간이전의 하나님의 행동이나 시간이후의 하나님과 함께하는 생명보다도, '시간 안에서의 하나님의 임재(臨齋)'를 의미한다. 그러므로 '영생(永生)'이란 '지금 여기'에 있는 실존의 특질이다. 그렇기에 변혁주의에서는 창조에서 주어진 것을 보존한다거나 최후의 속량에서 주어질 것을 위한 준비라기보다도 '현재의 갱신(更新)'에 대한 하나님의 가능성에 더 많은 관심을 가지고 있다.[97]

2) 변혁주의적 문화관의 한 예로서 어거스틴의 입장

어거스틴(Augustin, 354~430)은 그리스도로 말미암는 문화적 변혁을 주장하였다. 그가 변혁주의를 내세운 것은, 이 입장이 창조, 타락, 중생에 대한 그의 근본 이론에 들어맞았고, 이교도와 기독교인의 생활을 함께 경험한 그의 생애, 그리고 기독교에 미친 그의 감화 등으로도 짐작할 수가 있을 것이다.[98] 어거스틴에 있어서 그리스도는 '문화의 변혁자'이다.[99] 이 말의 뜻은 그리스도가 인간 생활의 방향을 전환시키며 다시 생기를 불어 넣으며 거듭나게

96 『그리스도와 문화』, 194쪽 참조.
97 『그리스도와 문화』, 195쪽 참조.
98 『그리스도와 문화』, 207쪽 참조.
99 『그리스도와 문화』, 208쪽 참조.

한다는 데 있다. 그 인간 생활이란 것은 온갖 인간 사업에 표현된 것으로서 본래는 선한 본성을 가진 것이었으나 현재는 사실상 전도(顚倒)되고 부패한 것이며, 그 부패 때문에 시간성과 죽음의 저주 아래 있는 것이요, 그 저주는 외부로부터 가해진 벌이라기보다는 본질적인 자기모순에서 오는 것이라고 하였다.

어거스틴은 하나님의 세계가 본래 선하다는 것을 『참회록』에서 다음과 같이 설명하고 있다. 모든 피조물이 선(善)하다는 것은 첫째는 모든 존재와 가치의 근원이며 중심이신 하나님 보기에 좋았고, 다음으로 아름다움과 피조물 간의 상호 봉사라는 질서 안에서 볼 때 좋았다는 의미이다. 존재하는 모든 것이 선하다고 할지라도, 어거스틴은 인간의 선한 본성이 부패되고, 그 인간의 문화가 또한 왜곡(歪曲)된 것이어서 부패한 본성이 왜곡된 문화를 산출하고, 왜곡된 문화가 다시 인간의 본성을 썩게 하는 것이다. 인간의 영적, 심리적, 생리적, 그리고 사회적 부패는 그가 악한 존재가 되었다는 것을 뜻하는 것은 아니다.[100]

그러면 어거스틴은 죄를 어떻게 보고 있는가? 인간의 원천적인 선(善)이 하나님을 섬기는 것으로 되어 있는 만큼, 그의 원천적인 죄(罪)는 하나님으로부터 떠나 자기 자신이나 또는 어떤 더 낮은 가치로 돌아가는 것이다. 어거스틴은 그래서 악을 이렇게 정의한다. "인간 의지가 그 자신 이상의 것을 포기하고 더 낮은 것으로 전향(轉向)할 때 그것이 악이 된다. 그것은 낮은 것 자체가 악하기 때문이 아니라, 전향 자체가 악하기 때문이다."[101] 여기서 원

100 『그리스도와 문화』, 209쪽 참조.

천적 죄는 하나님의 말씀으로부터 떨어져 나가는 타락이라든지, 하나님을 거역하는 불복종이라든지, 사악, 말하자면 본성에 반대되는 것, 인간 본위의 삶, 혹은 교만 등 여러 가지로 설명할 수 있을 것이다.

다음으로 어거스틴은 원천적인 죄의 결과로서 인류의 '사회적 죄악성'에 대해 언급한다. 어거스틴은 이 부분을 이렇게 쓰고 있다. "본성적으로는 그렇게도 사회적이면서, 그 부패성으로는 그렇게까지 비사회적인 것은 이 인류 외에 다시 없을 것이다. 인간의 사회는 …… 우리의 공통된 본성의 친교로써 어느 정도 결속되어 있다할지라도, 그 대부분은 서로 나뉘어 '대립(對立)'되고 있다. 가장 힘센 자는 다른 자들을 '압박(壓迫)'한다. 그것은 모두들 자기의 '이익(利益)'과 '욕심'을 따라가기 때문이다."[102] 어거스틴은 사람들이 그 사회 안에서 훈련받은 가장 유덕하다는 덕(德) 자체도 왜곡되어 있다고 본다. 심지어 사람들이 용기, 신중, 절제 등의 덕목을 이기적 또는 우상숭배적인 목적을 위하여 사용할 때 그것은 '화려한 악'이 된다고 말한다.[103]

어거스틴에 의하면, 이처럼 전도된 본성과 부패된 문화를 가진 인류에게 죄가 전염시킨 죽음에 이르는 병을 고치고 갱신시키기 위하여 예수 그리스도께서 오셨다. 그의 생애와 죽음으로 말미암아 위대한 '하나님의 사랑'과 깊은 '인간의 죄'가 사람들 앞에 밝히

101 Augustin, *City of God*, XII, 6. 『그리스도와 문화』, 210쪽 참조.
102 Augustin, *City of God*, XII, 27. 『그리스도와 문화』, 211쪽 참조.
103 『그리스도와 문화』, 211쪽 참조.

드러나게 되었다.

하나님께서는 부패된 인간의 개인적 및 사회적 실존을 여러모로 통치하고 계신다. 그는 선한 본성에 대하여서는 가장 선한 창조주이시며, 동시에 악한 의지에 대하여서는 가장 정의로운 통치자이시다. 사람들은 선한 본성을 악하게 사용하지만, 하나님께서는 인간의 악한 의지까지도 선하게 사용하신다.[104]

하나님으로서 예수 그리스도는 우리의 '목적'(目的)이시고, 사람으로서 그는 우리의 '길'이시다.[105] 한편으로 인간의 교만(驕慢)을 낮추고, 자기 자신에게서 떠나게 하며, 다른 한편으로 하나님의 사랑을 계시하고 오직 한 분 선하신 이에게 귀의(歸依)하게 함으로써 그리스도께서는 부패해진 것을 회복시키고 전도된 것을 바르게 하신다. 때문에 그는 인간의 감정을 변혁시킨다. 인간이 그들의 전도된 문화 안에서 발달시키는 도덕적 덕성은 새로운 은혜로 보충되는 것이 아니라, 사랑으로 변혁(變革)되는 것이다.[106] 이러한 변혁은 문화, 사회, 정치, 경제, 제도, 나아가 개인의 이성과 도덕성까지도 포함한다.

3) 문화관 비평에서 변혁주의적 문화관의 의미와 남은 문제

변혁유형의 기독교 문화관이 기독교 신앙과 문화의 관계를 정립하는 데 유일한 길은 아닐 것이다. 다만 가장 설득력 있고, 영

---

104 Augustin, *City of God*, XI, 17. 『그리스도와 문화』, 212쪽 참조.
105 Augustin, *City of God*, X. 24. 『그리스도와 문화』, 212쪽 참조.
106 『그리스도와 문화』, 213쪽 참조.

향력이 큰 것만은 사실이다. 니버 자신도 이 입장에 충실하다고 해야 할 것이다. 그렇지만 니버 스스로 언급하듯이 어떤 유형의 기독교 문화관이 더 타당한지, 그리고 더 요구되는지는 전적으로 각개 신자나 책임적 공동체의 자유로운 결단에 맡겨야 한다. 그 점에서 기독교인의 정답(the Christian answer) 제시는 불가능하다고 할 수 있다.[107]

한국사회의 상황을 염두에 둔다면, 변혁유형의 기독교 문화관이 가장 선호되고 있다고 할 수 있다. '변혁'의 유형이 성서적이며 기독교 신앙이 지니는 문화적 과제를 수행할 수 있는 범주라고 김영한은 주장한다. 김영한은 특히 변혁유형의 문화관 가운데 성서에서의 바울과 요한의 사상과 어거스틴의 사상, 나아가 칼뱅주의의 사상(카이퍼)의 계보를 지지하고 있다.[108] 이런 관점에서 니버의 변혁주의 문화관을 한국의 기독교 진영에서는 개혁주의 문화론으로 연결하고 있는데, 여기에는 이근삼, 손봉호, 서철원, 김영한, 이정석, 강영안, 신국원, 최태연 등이 이러한 전통에 서 있다.

변혁유형의 기독교 문화관에서 나타나는 문제 중의 하나는 니버의 그리스도와 문화의 관계 설정 부분이다. 그가 그리스도와 문화를 '영속적 문제'로 파악하는 것과 양자의 관계를 "와(and)"로 묶고 있는 방식이다. 물론 "와(and)"는 적대나 대립을 적극적으로 내포하지는 않는다. 하지만 그것은 은연중에 둘을 대조 혹은 변증법적으로 연결되어야 할 관계를 설정하는 면이 있다. 여기서

107 『그리스도와 문화』, 231쪽 참조.
108 김영한(1995), 135쪽 참조.

신국원은 변혁주의를 결코 신앙과 문화의 관계를 병립이나 대립이 암시될 수 있는 방식으로 생각하지 않는다. 그 대신 '문화'가 '신앙'에 기초한 것으로 본다. 이런 이유에서 신국원은 니버가 진정한 의미에서의 변혁이 아니라 네 번째 모델인 역설유형에 가까운 것이 아닌가 하는 의문을 제기한다.[109]

그런데 변혁유형의 기독교 문화관의 한 특징은 문화 내의 '대립(對立)'을 직시하는 데 있다. 신국원에 따르면, 대립은 이원론과는 다르다. 종교적 방향의 대립이지 실재의 어떤 부분들이 구조적으로 대립되는 이원성이 아니다. 이를 바로 파악하지 못하는 경우, '죄'와 '구속'의 대립으로 이해하는 대신 '기독교'와 '문화'의 대립으로 이해하는 경우가 있다는 것이다. 나아가 무지/교육, 원시/문명, 음/양, 질서/혼돈, 형상/질료, 통일성/다원성, 객관성/상대성, 남/녀, 노/소 등의 대립으로 이해하는 경우도 있다는 것이다. 신국원에 따르면, 잘못된 '대립'의 이해는 죄를 '구조'의 문제로 만드는 경향이 있다고 지적한다. 죄를 구조화한다는 것은 본래 창조에 문제가 있었거나 잠복해 있던 것이 발현된 것이다. 그리고 '구속'을 '구조의 변혁'으로 오해하게 된다. 타락 후에도 세상은 하나님과 대립을 이룰 수 없다. 죄와 자율에 빠지긴 했으되 피조물은 역시 통일성을 가지고 타락한 존재이다. 죄의 원리는 전적 부패요 전적 파괴의 원리이다.[110]

---

109 신국원, 『문화이야기』, 서울: IVP, 2002. 114-125쪽 참조.

110 신국원, 「변혁적 문화관의 의미」, 『기독교문화, 소통과 변혁을 향하여』, 문화선교연구원, 2005. 158-159쪽 참조.

:: 참고문헌

Aquinas, Thomas., *Summa Theologica*,

Atthaus, P., *Die Theologie Martin Luthers*, 1963.

Augustin, *City of God*, XII, 6.

Benedict, Ruth., *Patterns of Culture*, 1934.

Malinowski, *A Scientific Theory of Culture and Other Essays*, 1944.

_____, *A Scientific Theory of Culture and Other Essays*, 1944.

_____, *Encyclopedia of Social Science*, Vol. IV.

Works of Martin Luther, Philadelphia, 1915-1932, Vol. II,

Works of Martin Luther, Philadelphia, 1915-1932, Vol. IV.

Niebuhr, Helmut Richard, *Christ and Culture*, Harper & Row Publishers, New York, 1951.

Ritschl, A., *Rechtfertigung und Versoehnung*, 3rd ed., 1889.

_____, *The Christian Doctrine of Justification and Reconciliation: The Positive Development of the Doctrine*, 1900.

Troeltsch, Ernst., *Glaubenslehre*.

Weischedel, W., *Der Gott der Philosophen*, München, 1975.

김영한, 『한국기독교문화신학』, 성광문화사, 1995.

니버, 리차드., 『그리스도와 문화』(김재준 역), 대한기독교서회, 1986.

베네딕트, 루스., 『문화의 패턴』(김열규 역), 까치, 1993.

성경전서, 새영어흠정역판(개역한글판), 대한성서공회, 1985.

신국원, 『문화이야기』, 서울: IVP, 2002.

_____, 「변1혁적 문화관의 의미」, 『기독교문화, 소통과 변혁을 향하여』, 문화선교연구원, 2005.

7장

기독교 문화학과 문학비평

—수용미학과 성서 해석학—

1. '수용미학'의 개념

문학에서 수용미학(*Aesthetics of Reception*)이란 무엇인가? 이 물음에 대한 대답을 간단히 하자면, 문학작품을 읽고 그것을 수용(受容)하는 독자의 입장에서 문학 혹은 문학사에 관여하고 작용하는 기능을 살피고 그 가치를 연구하는 것[1]이라고 할 수 있다. 하나의 작품이 작가에 의해 창작되었을 때, 그 작품이 지니는 미(美)와 가치(價値)는 그 작가의 정신의 반영임에 틀림없다. 그렇지만 그 작품이 독자에 의해 어떻게 감상되고 어떠한 감동을 일으키고 어떻게 수용되는가는 반드시 그 작가의 의도와 일치한다고 할 수 없다. 더구나 작가는 독자를 의식하고 창작을 하는 경우가 많고, 그들의 수용과 반응에 따라서 다음 작품에 대한 자극을 받을 수

1 박찬기, 「문학의 독자와 수용미학」, 『文藝批評論』(신동욱편), 고려원, 1997, 104쪽 참조.

있는 것이다. 때문에 한 시대의 문학사는 작가와 독자의 공동 작업이라고까지 말할 수 있다.[2]

이 수용미학의 개념은, 넓은 의미에서 보면, '작가'와 '작품'으로부터 '텍스트'와 '독자'에게로의 일반적인 관심의 전이에 관련된 맥락에서 사용되는 수용이론(*reception theory*)에 속한다고 할 수 있다.[3] 엄밀하게 본다면, 수용미학의 개념은 독일의 문학 이론가 한스 로베르트 야우스(Hans Robert Jauβ, 1921~)의 초기의 이론적 저술, 즉 그가 1967년에 발표한 『문예학의 도전(挑戰)으로서의 문학사』[4]만을 가리키는 용어라고 할 수 있다.

한편, 수용이론은 '독자-반응 비평'(*reader-response criticism*)과도 유사한데, 독자-반응 비평은 노먼 홀런드(Norman Holland)의 '거래적 비평'(*transactive criticism*), 조나단 컬러(Jonathan Culler)의 '구조주의 시학', 스탠리 피쉬(Stanley Fish)의 '감정적 문체학'(*affective stylistics*) 등 여러 가지 이론체계를 망라하는 포괄적인 용어이다. 여기서 말하는 '독자-반응 비평' 역시 작품의 작가로부터 텍스트의 독자 쪽으로 주의를 돌리고 있다. 앞으로 다룰 이저(Wolfgang Iser) 같은 이는 '독자-반응 비평가'로도 불리는데, 여기에서 필자는 편의상 야우스의 이론을 이저가 계승하고 있다는 전제하에 두 사람 모두를 수용미학의 범주에서 논의할 것이다.

그런데 문예학적 인식론의 문제를 제기한 것은 사실 독일의 수

2 박찬기, 같은 글, 104쪽 참조.

3 Robert C. Holub, *Reception Theory: A Critical Introduction* (London and New York, 1984). 번역서로는 로버트 C. 홀럽, 『수용미학의 이론』(최상규역), 예림기획, 1999, 4쪽 참조.

4 한스 로베르트 야우스, 『도전으로서의 문학사』(장영태역), 문학과지성사, 1983.

용사(受容史) 학파이다.[5] 수용미학(*Rezeptionsästhetik*), 수용이론(*Rezeptionstheorie*), 수용사(*Rezeptionsgeschichte*) 등의 용어로 불리는 현대 문예학의 방법론적 인식론은 '수용'이라는 개념 하에 여러 상이한 방향을 포괄하고 있다. 여기에서는 작품과 수신자(독자)와의 만남에서 나타나는 여러 조건들, 방법들, 결과들을 연구함으로써 작품의 '영향'(*Wirkung*)과 '수용'(*Aufnahme*)에 관심을 갖는 수용미학의 개념 하에서 문제를 서술하고 있다. 수용미학은 경험적 수용연구나 단순한 영향사 연구와는 달리, 독자의 기대지평(야우스)이나 텍스트의 영향조건(이저)을 분석함으로써, "수용 과정을 텍스트 이론적으로 서술"하고자 하였다. 수용미학은 수용이라는 개념으로 작품의 예술성과 역사성 및 문학사와의 관련성을 규정하고 이를 통해 새로운 미학을 정립하려고 했던 것이다.

2. '독자(讀者)'를 어떻게 볼 것인가?

문학에 대한 연구에서 독자의 문제가 제기된 것은 야우스 이전에도 일찍이 프랑스의 띠보데가 『소설의 독자』(1925)에서 객관적 입장이 아닌 독자의 주관적 관점에서 소설을 관찰하였고, 사르트르도 『문학이란 무엇인가』(1948)에서 작가의 작품 활동 자체는 독자에 대한 호소이며, 독자에 의해서 비로소 작품 활동이 객관화된 존재가 될 수 있다고 주장한 바 있다.[6]

5 고위공, 『해석학과 문예학』, 도서출판 나남, 1989, 147쪽 이하 인용.

그밖에 1958년 『문학사회학』으로써 주목을 끈 에스까르삐(Robert Escarpit)의 독자에 관한 견해라든가, 작품 해석의 측면에서 지식층 혹은 독자의 기능을 관찰하고자 했던 에리히 아우에르바흐(E. Auerbach) 등의 이론도 문학사회학의 관점에서 독자와 수용의 문제를 다루고 있으며, 그리고 독자의 기능을 더욱 확대하여 작품 발생의 원동력으로서, 심지어는 문학사 형성의 주체로까지 생각하게 된 것은 1967년에 발표된 야우스의 『문예학의 도전으로서의 문학사』(*Literaturgeschichte als Provokation der Literaturwissenschaft*), 또는 그 해 11월에 나온 바인리히(H. Weinrich, 1927~)의 『독자의 문학사』 등에서 비롯된다고 하겠다. 바인리히는 문학작품을 작가의 관점에서가 아니라 독자의 관점에서 관찰할 것을 강조한다. 그는 야우스의 이론에 자극을 받아서 쓴 논문 「影響史의 영향사」에서 "사회학적 문학이론도 이제부터 수용적인 면을 고려해야 한다"고 말하였고, "독자들의 기대가 문학작품의 구성 요소이기 때문에, 그리고 문학은 독자와의 대화에서 존재하는 것이기 때문에 문학사는 바로 이 대화의 역사"가 되어야 한다고 주장했다.[7]

문학사회학에서 문학과 사회와의 관계는 대체로 세 가지로 구별된다. 첫째는 작가와 그가 속하는 사회의 관계이고, 둘째는 문학작품과 독자, 여기서는 작품을 매개로 한 작가와 독자와의 관계도 포함된다. 그리고 셋째는 작품 속에 반영된 사회현실의 제 관계들이다.

6 박찬기, 앞의 글, 105쪽 참조.

7 박찬기, 앞의 글, 106쪽 참조.

3. 수용미학의 전개 과정

홀럽의 견해에 따르면, 수용미학 이론은 러시아 형식주의, 프라그 구조주의, 로만 잉가르덴의 현상학, 가다머의 해석학, 그리고 문학사회학 이상 다섯 가지의 영향을 받고 있다고 한다.[8] 홀럽이 이 다섯 가지를 지적하고 있는 이유는, 수용미학 혹은 수용이론가들이 밝혀놓은 전거(典據) 혹은 각주(脚註)를 통해서 볼 때, 이 다섯 가지 이론들이 수용미학의 이론적 발전에 현저한 영향을 끼쳤음을 알 수 있고, 또한 이 이론들이 텍스트(작품)-독자 사이의 관계에 다시 관심을 집중함으로써 수용미학 이론에 기여했다는 것이다. 그리고 이 다섯 가지 이론들은 소위 콘스탄쯔 학파(Konstanzer Schule)에 속하는 이론가들(야우스와 이저)에게 직접적인 영향을 끼쳤다는 것이다.

필자는 여기에서 수용미학의 전개와 관련하여, 홀럽의 견해도 상당히 의미있는 것이긴 하지만 그의 견해는 개별적으로 차차 다루기로 하고, 문학 연구의 방법론적인 측면에서 수용미학이 나타나게 된 경위를 고찰해 보기로 하겠다.

사실, 야우스의 수용이론의 발단은 '독자의 기능'에 대한 재인식에서 비롯되었다고 할 수 있다. 야우스는 1960대까지 문학 연구가 대체로 독자의 미학을 소홀히 하였기 때문에 문학의 미적 기능과 사회적 기능을 제대로 해명할 수 없었다고 생각한 것이

8 로버트 C. 홀럽, 앞의 책, 28쪽 참조. 수용미학과 이들 다섯 가지 이론들과의 관계에 대한 자세한 설명은 29쪽-76쪽 참조바람.

다. 다시 말하면, 종래의 문학 연구의 방법이 마르크스주의 계열, 또는 형식주의(Formalismus) 계열이든 간에, 여기에서는 '문학(文學)과 역사(歷史)', '역사적 인식과 심미적 인식' 사이의 거리를 좁히는 기본적인 과제를 해결하지 못했다고 본 것이다.[9] 그래서 야우스는 "역사적 객관주의의 선입관을 제거하고, 전통적인 생산미학 및 서술미학을 수용미학 및 영향미학(Rezeptions-und Wirkungsästhetik)의 기초 위에서 정립하고자"[10] 한 것이다. 이제 야우스가 마르크스 계열의 이론과 형식주의 이론을 비판하는 요지를 잠깐 살펴보기로 하자.

먼저 야우스는 루카치(G. Lukács) 등의 "반영이론"(反映理論, Widerspiegelungstheorie)을 비판한다.[11] 야우스는 경제적 사회적 토대에 입각해야 할 상부구조인 문학이 그 변화 과정에서 하부구조와 일치하지 않는 경우가 허다하다는 것을 지적한다. 문학의 형태 및 구조는 시대에 따라 매우 민감하게 변하는 반면, 사회적 토대는 긴 시기를 거치면서 완만한 발전을 하고 있을 뿐이고, 그 양상도 기껏해야 '봉건주의', '시민사회의 형성', '귀족계급의 기능 해체', '초기 · 중기 · 후기자본주의' 등 몇 가지에 국한되어 있을 뿐이기 때문이다. 또한 야우스는 문학의 새로운 흐름은 위대한 작품이 나타난 다음에 뒤늦게 인정을 받게 되는데, 이 때 이 작품과

9 H.R. Jauβ, "Literaturgeschichte als Provokation der Literaturwissenschaft" In: R. Warning, *Rezeptionsästhetik*, S. 126. 그 외, 단행본으로는 Hans Robert Jauss, *Literaturgeschichte als Provokation* (Frankfurt: Suhrkamp, 1970.)이 있다. 『도전으로서의 문학사』, 178쪽 참조.

10 H.R. Jauβ, Ibid., S. 128.

11 야우스의 루카치 비판에 대한 핵심 내용은 박찬기, 앞의 글, 108-109쪽을 참조.

종래의 전통적 작품 사이의 변증법적 상관관계는 마르크스 문학이론인 '반영이론'으로서는 설명이 되지 않는다는 것이다.

야우스는 반영이론에 근거할 경우, '예술의 혁신적 기능', 즉 어떤 시대 상황에서 관습화된 이데올로기를 넘어서는 새로운 현실인식, 미래지향의 예술기능 등을 설명할 수 없다는 것이다. 그렇기 때문에 문학은 '현실의 표현' –훌럽의 표현을 빌자면, "문학은 다만 외적인 세계를 반영하는 수동적 거울"[12]– 일 뿐, '현실의 창조기능'이 무색해지는 결과를 초래하게 된다. 여기에서 야우스는 마르크스주의 문학관의 모순 내지 편파성을 벗어나기 위해서 문학의 '수용'과 '작용'을 강조하게 되는 것이다.

한편, 야우스는 '형식주의'에 대해서 그들의 예술적 측면에서의 업적을 인정하면서도 그 역사성의 괴리 내지 결핍 현상을 지적한다. 형식주의란, 방법론에서 여러 갈래의 계열이 있어서 1960년대 이후에 주로 문제시되는 학파만 보더라도, 러시아 형식주의, 프랑스 구조주의, 텍스트 언어학파, 프라그 구조주의 등을 들 수 있는데, 야우스는 쉬클로프스키(Viktor Shklovskii)와 티냐노프(J. Tynjanov)의 이론을 대표적으로 거론한다.[13] 어쨌든, 그들은 일단 문학 작품을 '역사에서 분리시켜 오직 작품 속에 적용된 예술성의 총화'로서 보려고 했다. 그러나 그들은 그 예술성을 근원적으로 규정하고 규명하는 단계에서 새로운 '연속성'과 '계승'의 문제에 부딪히게 되었다. 다시 말해서, 문학의 예술성이 공시적인 '형식

12 로버트 C. 홀럽, 앞의 책, 81쪽 참조.

13 로버트 C. 홀럽, 앞의 책, 29-39쪽 참조.

체계'에 의해서만 결정되는 것이 아니고, 통시적으로 다른 예술작품 또는 그 계열 속에서 판단되고 연관되어져야 한다는 것을 인식한 것이다. 그러나 이것은 종래의 단순한 직선적, 연속적 과정의 문학사로서의 인식이 아니라, 고전주의적 개념인 '전통'에 대해서 동적인 원리의 문학적 진화를 의미하는 것이었다.

야우스의 수용미학 이론은 형식주의의 이상과 같은 '통시적 역사성'을 일반 사회학적 역사성과 유기적으로 연결시켜서 문학작품을 낳게 된 역사적 배경, 그 사회적 기능, 예술적 본질 등을 포괄적으로 파악함으로써, 문학을 그 예술성의 희생 아래 단순한 모사와 해설의 기능에 머무르지 않도록 할 수 있는 것이 가능하지 않겠는가 하는 생각에서 발단되었다고 할 수 있다.[14] 결국 마르크스주의와 형식주의는 단순한 생산 및 서술미학으로서 문학작품이 일차적으로 목표하는 대상으로서의 독자(수신자)의 중요성을 인식하지 못했다고 할 수 있다. 문학작품은 항상 독자로부터의 수용을 전제로 한다는 생각이 수용미학과 작품의 역사성을 결부시키는 근거를 마련한다. 작가-작품-독자 이 삼각관계에서 야우스는 독자의 역할을 강조하면서, 작품-독자의 관계를 계속적인 대화(Dialog)의 관계로 규정한다.[15] 이런 측면에서 야우스의 입장은 『진리와 방법』에서 제시되고 있는 가다머의 나-너 관계에 대한 설명에 빚지고 있다고 필자는 생각한다.

14 박찬기, 앞의 글, 110쪽 참조.

15 고위공, 앞의 책, 148쪽 참조.

4. 야우스(H.R. Jauβ)의 수용미학 이론

마르크스주의와 형식주의 사이의 양분성을 극복하려는 야우스의 시도에는 문학을 '독자'나 '소비자'의 관점에서 본다는 태도가 포함되어 있다.[16] 1960년대 말과 1970년대 초에 야우스가 이름붙인 '수용미학'은 하나의 예술작품의 역사적 본질은 그 생산과정을 고찰하고 그것을 기술하는 것으로서는 설명될 수 없다는 주장을 가지고 있다. 오히려 문학은 생산 및 수용의 변증법적 과정으로 다루어져야 한다. "문학과 예술은 연속적인 작품들이 생산의 주체를 통해서뿐만 아니라 그것을 소비하는 주체를 통해서도, 작가와 독서 대중의 상호 작용을 통해서도 중재될 때에야 하나의 과정의 성격을 갖는 역사를 획득할 수가 있다."[17]

야우스에 따르면, 독자는 단순히 수동적 기능만 갖는 것이 아니라, 역사 형성의 에네르기가 되고 있는 점, 문학작품의 역사적 생명은 독자의 능동적 참여에 의해서 연속성과 재생산성으로 발전할 수 있다는 점, 따라서 문학의 역사는 작품의 전달적 기능과 마찬가지로 독자와의 대화적이며, 과정적 관계를 전제로 한다.

야우스에 의하면, 문학과 독자의 관계는 '심미적 연계성'일 뿐만 아니라, '역사적 의미'를 지닌다. 심미적 연계성은 독자에 의한 어떤 작품의 최초의 수용이 이미 읽은 작품들과의 비교를 통하여 미적 가치를 인식한다는 사실에 함축되어 있다. 또 수용의 역사

16 로버트 C. 홀럽, 앞의 책, 83쪽 참조.
17 로버트 C. 홀럽, 앞의 책, 83쪽 참조.

적 의미는 최초의 독자의 이해는 세대에서 세대로 이어지는 연쇄적인 수용에 의하여 지속될 뿐만 아니라 더욱 풍성해진다는 데에 있다. 이렇게 해서 한 작품의 역사적 의의는 결정되고, 그 심미적 가치는 명백해진다.[18]

1) 수용미학의 7가지 테제는 무엇인가?

야우스는 오늘날 문학사가 어떻게 방법적으로 근거를 갖추고 새롭게 씌어질 수 있을 것인가의 문제를 고민했으며, 유명한 7개의 테제를 통해 그 해답을 찾고 있다. 이것이 이른바 수용미학의 7가지 테제이다.

제1 테제에서 야우스는 '작품-독자와의 관계'를 문학사의 제1의 요건으로 설명한다. 말하자면, 문학의 역사성은 '독자에 의한 문학작품의 선행적 경험'을 구성하는 데 있다. 야우스에 의하면 독서란 독자 자신에 의해 형성된 독서 경험을 새로운 작품과 대결시키는 일이며, 이해란 이렇게 얻어진 관념을 종래의 독자들의 판단과 비교하는 일이다.[19]

제1 테제 — 문학사의 혁신은 역사적 객관주의 선입견을 헐어버리고 전통적인 생산미학과 서술미학을 하나의 수용미학 및 작용미학 안에 그 기초를 둘 것을 요구한다. 문학의 역사성은 사후적으로 밝혀진 문학적 사실들의 연관성에 입각하는 것이 아니라,

18 로버트 C. 홀럽, 앞의 책, 83쪽 참조.
19 고위공, 앞의 책, 148쪽 참조.

독자에 의한 선행적(vorgängig)인 문학체험에 입각한다. 이와 같은 대화적 관계는 문학사에 있어서 제1차적인 바탕이 되는 것이다. 왜냐하면 문학사가는 그가 작품을 판단하고 분석하기 전에 우선 일단은 스스로 독자가 되지 않을 수 없는 것이다. 다시 말하면, 그 자신의 현재적 판단의 기초를 '독자'의 역사적 연계 속에서 의식하게 되기 때문이다.[20]

제2의 테제에서 야우스는 독자의 '선행적 독서경험'을 정의하려고 노력한다. 독자의 문학적 경험의 분석은 작품의 수용과 영향을 객관화시킬 수 있는 '기대의 관련체계' 속에서 서술하는 일이며, 이것은 심리주의적 분석은 아니다. 이와 같은 독자의 '기대지평'(Erwartungshorizont)[21]을 구성하는 요소들은 '장르의 선이해', '이미 읽은 작품들의 형식과 주제', '시적 언어와 실용적 언어의 차이' 등이다.[22]

20 『도전으로서의 문학사』, 179-180쪽 참조. 박찬기, 앞의 글, 112쪽 참조.

21 야우스가 사용하는 '지평'이라는 용어는 독일 철학계에서는 매우 익숙한 단어다. 가다머는 "특수한 편리한 지점에서 보이는 모든 것을 포함하는 시각의 영역"을 가리키기 위해서 이 말을 사용하였고(Gadamer, *Wahrheit und Methode*, J.C.B. Mohr, Tübingen, 1986, S. 286 참조.), 똑같은 맥락에서 그의 선배인 후설과 하이데거도 이 개념을 도입했다. '기대'라는 단어와의 복합어의 사용도 사실 전혀 새로운 것은 아니다. 과학철학자 칼 포퍼(Karl Popper)와 사회학자인 칼 만하임(Karl Manheim)도 야우스보다 훨씬 전에 이 용어를 사용했다. 이 용어가 문화적인 문제와 관련된 뜻으로 사용된 전례도 하나 있다. 예술사가인 곰브리취는 『예술가 환상』에서 포퍼의 영향을 받아 '기대지평'을 "민감하게 확대된 감성으로 일탈과 수정을 기록하는 정신적 자세"라고 정의한 바 있다(E. H. Gombrich, *Art and Illusion*, Princeton: Princeton University Press, 1960, p. 66 참조). 때문에 '지평'과 '기대지평'은 독일의 현상학적 이론으로부터 예술사에까지 이르는 매우 광범위한 맥락에서 나타나는 용어들로서 야우스의 독창적 개념은 아니다. (로버트 C. 홀럽, 앞의 책, 84-85쪽 참조.)

제2 테제 — 독자의 문학적 경험의 분석은 자칫 심리주의에 빠지기 쉬운데, 그것을 벗어나려면 그 분석이 어떤 작품의 수용과 영향을 여러 가지 기대들의 객관화가 가능한 연관체계 속에서 서술해야 되는 것이다. 그와 같은 연관체계는 어떠한 작품에 있어서도 그것이 밟았던 역사적 순간에 있어서, 문학 장르의 예비지식이라든가, 예전에 읽었던 작품의 형식과 주제라든가, 또는 시적 언어와 일상 언어의 차이 등에서 얻어지는 것이다.[23]

제3의 테제에서 야우스는 '기대지평'을 재구성하는 일은 문학 작품의 의미와 형식을 작품 이해의 역사적 전개 속에서 파악하는 일이다. 야우스는 작품의 예술성과 영향을 동일시하기 때문에 과거의 기대지평과 새로운 작품 사이의 거리를 '심미적 거리'(ästhetische Distanz)라고 규정하고 이를 측정해야 한다고 말한다.

제3 테제 — 하나의 작품이 지니고 있는, 재구성할 수 있는 기대지평은 예상된 독자에게 미치는 영향 상태와 정도에 따라 그 작품의 예술성이 규정될 수 있다. 이미 가지고 있던 기대지평과 새로운 작품의 출현 사이의 거리를 심미적 거리라고 한다면, 그것은 독자층의 반응과 비평층의 판단이 교차되어 발산하는 스팩트럼에 의해서 역사적으로 구체화될 수 있는 것이다.[24]

22 고위공, 앞의 책, 149쪽 참조.
23 『도전으로서의 문학사』, 182쪽 참조. 박찬기, 앞의 글, 113쪽 참조.
24 『도전으로서의 문학사』, 186-187쪽 참조. 박찬기, 앞의 글, 113쪽 참조.

제4의 테제에서 야우스는 오래된 작품, 작가 미상의 작품, 작가의 의도가 불분명한 작품의 경우 수용사적 방식이 결정적인 도움을 준다고 지적하고 있다. 그 경우 텍스트가 정말로 무엇을 의미했을 것인가를 추구하기 위해서는 우리가 그 작품을 작품의 배경에서부터, 작가와 같은 시대의 독자에게 내포적 혹은 명시적으로 그 지식을 전제했던 그러한 배경에서부터 분리할 경우에 가장 먼저 해답이 가능해진다는 것이다.

제4 테제 — 과거에 창작되었고 수용되었던 작품의 기대지평을 다시 한번 재구성해 보는 일은 그 텍스트가 하나의 대답을 내놓았던 문제에 대해 다른 방향으로 문제 제기를 해보도록 하는 것이다. 그렇게 함으로써 과거의 독자가 그 작품을 어떻게 보았고 어떻게 이해할 수 있었는가를 밝혀낼 수 있는 것이다. 이러한 접근은 어떤 한 작품에 대한 과거와 현재의 이해 사이의 해석학적 차이(hermeneutische Differenz)를 드러내 주며, 그 작품의 수용사를 의식케 해 준다.[25]

제5의 테제에서 야우스는 문학사에 대해 언급한다. 종래의 문학사가 실증주의적으로 연대사적(年代史的) 순서를 결정하고 표면적 사실에만 입각하였는데, 어떻게 하면 개별작품의 문학사적 본

---

25 H.R. Jauß, "Literaturgeschichte als Provokation der Literaturwissenschaft" In: R. Warning, *Rezeptionsästhetik*, S. 136. 『도전으로서의 문학사』, 192-193쪽 참조. 박찬기, 앞의 글, 114쪽 참조.)

래의 선후 관계를 복원시키고 다시금 문학적 생성의 의미를 이해시킬 수 있겠는가? 라는 문제의식을 야우스는 가지고 있다.

제5 테제 — 수용미학의 이론은 문학작품의 의미와 형식이 작품 이해의 역사적 전개 속에서 파악된다는 것만을 허용하는 것이 아니다. 이 이론은 나아가서 개별 작품까지를 그 본래의 문학 계열 속에 귀속시킬 것을 요구하고, 그렇게 함으로써 작품의 역사적 위치와 의미를 문학 경험의 연관성 속에서 인식하게 하는 것이다. 문학작품의 수용사로부터 문학의 생기(生起)적 역사로 전진함에 있어 독자와 비평가의 수동적 수용이 '능동적 수용'이나 '작가의 새로운 창조' 작업으로 전환되거나, 또는 다른 관점에서 본다면, 다음 작품이 직전의 작품에서 남겨진 형식상 또는 윤리상의 문제점들을 해결하고, 또 다시 새로운 문제들을 제시할 수 있는 하나의 과정으로 나타난다.[26]

제6의 테제에서 야우스는 문학사 연구에서 통시성(通時性)과 공시성(共時性)에 대해 언급한다. 문학의 역사성은 통시성과 함께 공시성과의 교차점에서 밝혀지며, 따라서 어떤 하나의 역사적 순간의 문학적 지평은 그 시점의 공시 체계로서도 파악하는 것이 가능해야 한다는 것이다. 이는 기존의 통시성 우선의 관점을 비판하는 것이라 할 수 있다.

26 『도전으로서의 문학사』, 199쪽 참조. 박찬기, 앞의 글, 115쪽 참조.

제6 테제 — 언어학에 있어서 통시적 분석과 공시적 분석을 구분하고 그 양자를 방법론적으로 연결시킴으로써 달성된 성과들은 문학사에서도 지금까지 대체로 통시적이었을 뿐인 관찰 방법을 극복하게 될 계기를 마련해 주었다. 심미적인 입장이 바뀔 때마다 수용사적 관점은 새로운 작품 이해와 옛 작품의 의미 사이에 있는 기능적 유대에 직면하게 되는 것이기는 하지만, 역사 발전의 한 순간을 포착하여 공시적 단면을 마련해 놓고, 그 시점에 공존하는 각종 문학 작품의 이질적 다양성, 등가구조, 대립관계, 계급구조 등으로 분류하고, 그렇게 함으로써 역사적 어느 시점의 문학 전반에 걸친 하나의 기준 체계를 밝혀 낼 수 있을 것이다.[27]

제7의 테제에서 야우스는 문학사의 과제에 대해 언급한다. 문학사는 작품에 반영된 일반사의 과정을 계속 기술하는데 그치지 말고 문학적 진화의 흐름 속에서 사회 형성적인 본래의 기능을 발휘할 때, 문학과 역사, 미적 인식과 역사적 인식 사이에 가로놓인 장애물이 비로소 제거될 수 있는 것이다. 여기서 말하는 본래의 기능이란, 인간이 자연이나 종교나 사회의 속박으로부터 벗어나기 위하여 다른 예술이나 사회적 노력과 경합하는 문학에게 귀속시킨 문학 고유의 기능을 말한다.

제7 테제 — 문학사의 과제는 일차적으로 문학 생산이 공시 및 통시적으로 그 체계의 순서에 따라 서술되는 것에 그치지 않고

27 『도전으로서의 문학사』, 204쪽 참조. 박찬기, 앞의 글, 116쪽 참조.

일반 역사에 대한 특수사로서 그 독특한 연관관계가 고찰되어야 하는 것이다. 이러한 관계는 유토피아像 등에서 볼 수 있는 그런 류의 현실에서 발견되는 것이 아니다. 문학의 사회적 기능은, '독자의 문학경험'이 그 삶의 실천 속에서 우러나온 기대지평 속으로 파고들어 그의 세계 이해를 미리 형성하고, 그렇게 함으로써 그의 사회적 태도에도 되돌려 작용하게 될 때 그 진정한 가능성이 발현되는 것이다.[28]

문예학자로서 야우스의 성과를 높여준 그의 업적은 수용(1-2명제), 문학(3-4명제), 문학사(5-7)의 문제를 자기 목표 설정에 적합하도록 규정한 데 있다. 그는 문학과 독자와의 관계를 '기대지평'과 '작품' 사이의 거리, 즉 '과거의 이해'와 '현재의 이해' 사이의 거리로서 파악하고, 이 관계를 문학작품의 '의미'와 '형식'에 적용하고 있는 것이다. 문학작품의 예술성과 그 능동적 의미란 이 '심미적 거리'에 근거하게 되고, 문학사는 독자에 의해 의도된 경험의 전사(前史)로 재구성된다. 이렇게 됨으로써 문학과 역사 사이의 간격은 좁혀질 수 있다고 야우스는 주장한다.[29]

---

28 『도전으로서의 문학사』, 209쪽 참조. 박찬기, 앞의 글, 117쪽 참조.
29 고위공, 앞의 책, 149-150쪽 참조.

5. 이저(W. Iser)의 수용미학 이론

이저(Wolfgang Iser)는 야우스와 마찬가지로 콘스탄쯔 대학 교수 취임 강연문인 『텍스트의 호소구조. 문학적 산문의 영향조건으로서의 미규정성』(*Die Appellstruktur der Texte. Unbestimmtheit als Wirkungsbedingung literarischer Prosa*, 1970)에서 작품-독자의 관계를 규정함에 있어 구조적 추상체인 텍스트로부터 출발함으로써 수용미학을 구조주의의 발전된 형태로 소개하고 있다.[30] 그는 문학 텍스트의 구조와 의미를 서로 분리시키고, 텍스트에 '미규정성'(Unbestimmtheit) 개념을 부여함으로써 독자에게 호소한다. 그는 문학 텍스트가 나타내는 영향의 근원을 설명하기 위해 '독서과정'(Lesevorgang)의 문제에 접근한다.

맨 처음부터 이저의 관심을 끌었던 것은 어떻게 어떤 조건하에서 하나의 텍스트는 독자에게 의미를 갖는가 하는 문제였다. 텍스트의 숨은 의미를 찾아내려고 한 전통적인 해석자와는 달리, 그는 텍스트와 독자 사이의 상호작용의 결과로서의 의미, '정의되어야 할 대상'이 아니라 '경험되어야 할 효과'로서의 의미를 찾으려 했다.[31] 이러한 맥락에서 이저는 잉가르덴의 문학예술작품 개념을 받아들이고 있다. 왜냐하면 잉가르덴은 대상으로서의 '텍스트'로부터 과정으로서의 '독서 행위' 쪽으로 관심의 초점을 전

30 고위공, 앞의 책, 150쪽 참조.

31 W. Iser, *The Act of Reading: A Theory of Aesthetic Response*(Baltimore and London: Johns Hopkins University Press, 1978), p.10.

환시켜 놓았기 때문이다.

이저의 입장에서 보면, 문학작품은 완전히 텍스트라고 볼 수 없고, 완전히 독자의 주관성이라고도 볼 수 없다. 오히려 그 두 가지의 혼합물 내지 결합물이다. 따라서 이저는 세 가지 연구 영역을 명확히 구분해 놓고 있다.[32] 첫째 영역은 의미생산을 가능케 하거나 조종할 수 있는 잠재성에서 본 텍스트이다. 이 영역에서는 잉가르덴과 마찬가지로 이저는 텍스트를 독자에 의하여 현실화(actualize)되거나 구체화(concretize)되어야 하는 '도식화된 국면'(schematized aspects)의 하나의 뼈대로 본다. 둘째로 그는 독서에 있어서의 텍스트의 처리(processing)를 연구한다. 여기에서 가장 중요한 것은 일관성 있고 긴밀성 있는 하나의 미적 대상을 구성할 때에 형성되는 정신적 이미지다. 마지막으로 그는 텍스트-독자 사이의 상호작용을 발생시키고 지배하는 조건을 고찰하기 위하여 문학의 소통적 구조에 관심을 기울인다.

1) 내포 독자(Implizierter Leser)란 무엇인가?

이저는 1972년에 발표한 『내포(內包) 독자-소설의 전달 형식』에서 '구성적 텍스트 형태'에 관심을 집중한다. 구성적 텍스트 형태는 독자의 반응에 의해 비로소 작용을 일으킬 수 있고, 독자는 텍스트의 미규정성을 보완하는 과정에서 스스로 반응을 일으켜 '내포 독자'가 될 수 있다고 한다.[33]

---

32 로버트 C. 홀럽, 앞의 책, 116쪽 참조.

33 Wolfgang Iser, *Der implizite Leser. Kommunikationsformen des Romans von Bunyan bis Beckett.*

텍스트와 독자 사이의 상호관계를 기술하기 위하여 이저가 사용하고 있는 '내포 독자'라는 개념은, 텍스트의 조건인 동시에 의미 생산의 과정이기도 하다.[34] "이 용어(내포 독자)는 텍스트에 의한 잠재적 의미의 선구조 과정과 독자가 독서 과정을 통해 이 잠재성을 현실화하는 것을 합체시킨 용어다."[35] 때문에 이저가 말하는 '내포 독자'의 개념은 '다양한 독자의 유형'이나 '범주들'과는 구별된다. 이저는 현실적 혹은 경험적 독자들은 물론이고, 그 성격이 미리 정해져 있는 여러 종류의 추상적 독자들, 즉 리파트르르(Riffaterre)가 말하는 '최고 독자'(super reader), 피쉬(S. Fish)가 말하는 '비공식 독자'(informal reader) 등을 논하지 않고서도, 독자의 현존(現存)을 설명할 수 있게 하기 위해 이 용어를 사용하고 있다.[36] 이저는 야우스처럼 경험적 독서과정에도 관심이 없고, 또한 야우스가 주장하는 독자의 특수한 전제지식(일종의 기대지평)도 필요로 하지 않는다. 이저에게서 독자는 텍스트를 구조로서 관찰할 수 있는 능력만 소유하면 된다.

이저에게서 "문학 텍스트의 의미는 독서 과정에 의해 비로소 생산된다. 말하자면, 텍스트와 독자의 상호작용의 산물이다."[37]

München 1972. 영역본으로는, *The Implied Reader: Patteerns of Communication in Prose Fiction from Bunyan to Beckett* (Baltimore and London: Johns Hopkins University Press, 1974).가 있다.

34 로버트 C. 홀럽, 앞의 책, 117쪽 참조.

35 W. Iser, *The Implied Reader*, p.xii.

36 로버트 C. 홀럽, 앞의 책, 117쪽 참조. 피쉬의 관점에 대해서는 같은 책, 138-144쪽, 그리고 데이빗 호이, 『해석학과 문학비평』(이경순역), 문학과지성사, 1992. 193-213쪽 참조바람.

37 Wolfgang Iser, *Die Appellstruktur der Texte. Unbestimmtheit als Wirkungsbedingung literar-*

한 작품의 의미가 그 텍스트의 호소작용과 독자의 반응으로 생겨나는 것이라면, 이렇게 해서 생겨난 의미는 고정된 객관적인 의미가 아니고, 독자의 관점에 따라 현실화되는 주관성을 띠게 된다. 이처럼 현실화는 물론 독자의 독서를 통해서만 가능하며, 텍스트는 그러한 현실화 가능성의 유희 공간(Spielraum)이라고 할 수 있다.[38]

사실상, 독자에 의해서 탈은폐되는 텍스트의 의미는 독자 마음대로 일어나는 것이 아니라, 텍스트 자체의 구조와 본성과 암시적인 의미에 의해 이루어진다. 즉 텍스트는 그 자체 내에 독자의 반응을 일정한 방향으로 유도하는 구조를 함축하고 있다. 이저는 이를 텍스트 자체에 내재하는 '내포 독자'(implied reader)라고 명명하면서, 텍스트를 직접 읽는 경험적이고 구체적인 '실재 독자'(actual reader)와 구별하고 있다. 이저는 양자의 관계를 간략하게 설명한 바 있다.[39] 실재적 독자는 텍스트를 읽는 과정에서 내포된 독자의 이미지를 받는다. 그리고 내포 독자의 이미지는 실재 독자의 과거와 현재의 현존하는 경험에 의하여 채색되게 된다. 실재 독자는 텍스트에 내재하는 다양한 관점과 관점들 사이의 간격을 메우고, 텍스트를 자신의 의식 안으로 끌어들이며 텍스트와 자신의 경험 사이에 지평융합을 일으키면서 텍스트 의미를 자신의 경험으로 삼게 된다.

ischer Prosa, 1970, S. 229.

38 박찬기, 앞의 글, 118-119쪽 참조. 고위공, 앞의 책, 150쪽 참조.

39 이경재, 『현대 문학비평과 신학』, 도서출판 호산, 1996. 56쪽 참조.

때때로 독자의 경험은 텍스트의 경험과 불일치를 갖게되기도 한다. 그러나 텍스트의 상이한 경험이 독자의 경험과 마찰을 일으킬 때에 독자는 텍스트의 생소한 경험에 대하여 눈을 뜨고 자신의 이해의 지평을 넓히게 된다. 이런 측면에서 독자의 텍스트 이해는 결국 독자의 보다 깊은 자기 이해를 가능케 한다고 할 수 있다. 거꾸로 말하면, 텍스트는 독자의 자기 이해와 이해의 지평을 확대시키는 역할을 담당한다고 말할 수 있다.

2) 텍스트의 처리 과정

이저는 독서 과정을 서술할 때 배후에 있는 가설을 '일관성 형성'이라고 한다. 텍스트의 여러 가지 표지나 도식에 직면할 때마다 독자는 그 행동에 일관성을 주는 이들 사이의 관계를 설정하려고 한다. 이저는 독자들이 의미 생산에 참여하는 과정을 통해서 '형태'를 형성하게 된다고 생각한다. 만약에 상상된 '형태'와 모순되는 일이 일어난다면 독자는 일련의 수정을 통해서 일관성을 회복하려고 애쓸 것이다. 설사 텍스트의 의도가 일관성을 부정하는 것일 때에도 이 의미의 생산에 참여하고 있는 독자는 일관성 형성의 원리만 알고 있으면 이 결론에 도달할 수 있다는 것이다.[40]

이저가 독서 과정과 관련시켜 탐구하고 있는 또 다른 영역은 독자의 '이미지-형성' 행위다. 독서를 하는 동안 우리는 계속적으로 그리고 무의식적으로 '수동적 종합'의 과정을 통하여 이미지를

---

40 W. Iser, *The Act of Reading*, pp.127-128.

만들어낸다.[41] 이 이미지는 경험 세계의 현실에 부딪쳤을 때 우리가 하게되는 '지각'과는 구별된다고 이저는 말한다. 왜냐하면 이미지는 '감각'을 초월하기 때문이다. 이미지는 독서에 수반되는 것이며, "아직 완전히 개념화되지 않은" 것이다.[42] 여기에서 이저는 독일어의 '지각'(Wahrnehmung)과 '표상'(Vorstellung)의 차이를 설명한다. 전자는 어떤 대상이 지각할 수 있도록 현존할 때에 일어나고, 후자는 대상의 부재를 전제 조건으로 한다. 독서는 표상(관념 형성)을 수반한다. 왜냐하면 페이지 위에 인쇄된 부호들과는 별도로 독자는 보통 텍스트의 '도식화된 국면'에 의해 암시되는 세계에 의거하여 사고되어지는 대상을 상상하거나 관념으로 형성해야 되기 때문이다. 다른 말로 한다면, 관념 작용(ideation)이란 궁극적으로 미적 대상을 만들어 내는 상상 작용의 본질적 부분이다. 물론 이러한 과정은 직선적으로 이루어지지는 않는다. 그와 반대로 대부분의 진지한 작품에서 이미지는 복잡한 시간적 과정을 통해 수정도 되고 재형성도 되기 때문에 일단 만들어졌다가도 다시 사라진다. 그러므로 이 과정의 최종 결과로서의 의미는 다양한 국면의 종합으로 형성되며, 또 이미지는 정확하게 복제될 수가 없기 때문에 결코 동일할 수가 없다.[43]

---

41 W. Iser, Ibid., p.135.

42 W. Iser, Ibid., p.136.

43 로버트 C. 홀럽, 앞의 책, 125쪽 참조.

3) 텍스트와 독자와의 관계

이저는 텍스트와 독자와의 관계를 3단계로 나누어 설명한다. 처음 단계에서 그는 문학 텍스트의 특수성이 다른 텍스트들과 어떻게 다른가를 설명한다. 그에 의하면 문학 텍스트의 특수성은 불명료성이다. 두 번째 단계에서는 문학 텍스트의 근원적인 영향 조건들이 명시되고 분석된다. 여기에서 관심을 가져야 할 것은 여러 가지 불명료성의 정도와 그것이 나타나는 유희형식이다. 세 번째 단계에서는 18세기 이후 나타나는 문학 텍스트의 불명료성의 증가 현상을 설명한다. 이제 세 단계를 간략하게 살펴보도록 한다.[44]

제1 단계에서 이저는 문학 텍스트를 '대상에 대한 반응의 표현'으로 설명한다. 여기에서의 반응이란 불명료성이 영향을 미치게 하는 일련의 반응을 의미한다. 문학 텍스트의 현실이란 독자가 텍스트에 의해 제공된 반응을 함께 진행시켜 나감으로써 형성된다. 결국 '텍스트의 세계'란 실재 대상의 세계나 독자의 경험의 세계에 의해서도 완전하게 파악되지 않는다. 그 어떠한 정도의 불명성은 '독서 행위'에 의해 정상화된다. 문학 텍스트가 독자의 반응으로 도달하게 되는 영향이나 독자에 의해 생산되는 의미는 이저에 있어서도 야우스처럼 부정적으로 규정된다. 말하자면, 문학 텍스트는 독자의 주관적 관념들을 상대화시키고 그의 기대지평을 파괴시킴으로써 독자를 그 자신으로부터 해방시킨다.

---

44 박찬기, 앞의 글, 119-120쪽 참조. 고위공, 앞의 책, 151-153쪽 참조.

제2 단계에서 이저는 텍스트 자체에서 불명료성을 야기시키는 중요한 형식 조건들을 규정한다. 물론 그는 이와 같은 조건들을 독자의 역할에서 유도한다. 독자가 텍스트의 의미 구성에 사실상 참여하기 위해서는 소위 공허부분(Leerstelle)이 형성되어야 한다. 텍스트의 형식조건들이란 따라서 그 어떠한 의미로부터 공허화될 때 텍스트의 불명료성을 야기시킨다. 그리고 독자는 텍스트를 유희 공간으로 활용하고 각기 개별적인 형태로 의미를 생산하게 된다. 결국 문학 텍스트란 공허부분의 집합일 따름이고, 이러한 공허부분들은 독자의 반응에 의존하게 된다. 공허부분들을 해결함에 있어 독자는 자기에게 주어진 자유를 명백한 방법으로 확인하게 된다.

제3의 마지막 단계에서 이저는 18세기 이후 나타나는 불명료성 정도의 증가현상을 문학 텍스트에서 설명한다. 여기에서 관찰된 결과는 공허부분의 증가, 불명료성의 성장, 문학사의 발전이다. 이저가 그의 논문집『내포된 독자』에서 상세히 소개하고 있는 문학사 서술방법은 18, 19, 20세기 영국 소설에 국한되어 있다.

0. 수용미학의 성서 해석학적 의의

야우스와 이저에 의하면 수용이론은 결국 '독자의 자유'를 텍스트의 심미성(Ästhetizität)으로 간주한다.[45] 전자가 기대지평을 텍스트 설명의 기준으로 삼는 문학사가로서의 독자 설명에 의미를 부여한다면, 후자는 작품의 내용을 구성하는 독자의 반응력을 중시하고 있다. 문학사적 관찰에 있어서 이저는 야우스처럼 과거의 작품을 현재의 사회적 목표 설정과 관련하여 설명할 뿐만 아니라 문학의 기능을 문학 텍스트의 특수성에서부터 유도한다. 이 특수성이란 문학사(文學史)가 발전하여 오는 동안에 불명료성 정도의 증가현상으로 인식되는 공허부분인 것이다.

야우스와 이저는 후기의 논문들에서 그들의 이론을 더욱 발전시키고 있다. 야우스가 작품의 독서에 선행되는 '선행적 경험'을 '심미적 경험'으로 재구성하려고 노력하고 있다면[46], 이저는 구체화 과정의 전제가 되는 텍스트의 조건을 '내포 독자'의 개념에 의해서 정의하려고 시도하고 있다. 수용미학이 야우스에서처럼 문학과 문학사를 수용의 구조화에 의해 정의하건, 혹은 이저에서처럼 독서행위를 텍스트의 구조화를 통해 규정하건, 결국은 수용에 의해 독자를 해방시키는 목적을 추구한다는 점에서 문학사적 의의를 찾을 수 있다.

어쨌든 수용미학이 작품의 의미 해석을 보다 활성적이고 역학적인 독자의 독서 행위나 심미적 경험에서 찾으려 하는데는 충분한 의미가 있으나, 전체적으로 보아 이 학파의 약점은 넓은 의미에서 텍스트 자체보다는 '텍스트의 수용과정'을 지나치게 강조한

45 고위공, 앞의 책, 152쪽 참조.

46 H.R. Jauß, *Ästhetische Erfahrung und literarische Hermeneutik* Ⅰ, München 1977. 고위공, 앞의 책, 153쪽 참조.

데 있다. 때문에 수용미학의 이론을 실제 작품이나 문학사에 비추어 관찰할 때 몇 가지 난제에 부딪히게 된다.[47]

먼저, 야우스의 이론대로 문학사를 새로이 서술한다면, 지나간 날의 작품들의 독자가 시대에 따라 수용하는 '정도'와 '방향'이 모두 달라져서 우선 그 분량을 감당키 어렵다는 점이다. 더구나 개개의 작품과 거기에 대한 독자의 기대지평을 토대로 그 심미적 간격을 일일이 검토하고, 거기서 발생하는 작품 수용 과정을 어떻게 일률적으로 밝혀낼 수 있겠는가 하는 문제, 둘째로, 자료면에서 볼 때, 지나간 시대의 기대지평을 재구성하는데 있어서, 한 작품이 여러 세기를 경유하는 동안 객관적인 독자 반응의 변화 과정을 보여 줄 만한 그 무엇이 존재하는지의 여부, 셋째로, 기대지평은 객관화가 가능한가라는 문제, 마지막으로 독자도 여러 수준이 있는데 어디에 초점을 두고 어떻게 판단해야 하는가의 문제 등이 생겨난다.

그렇지만 필자는 수용미학의 이러한 한계에도 불구하고 성서 해석학의 측면에서 볼 때 상당한 영향력과 나름의 의의를 충분히 지니고 있다고 생각하기 때문에 성서 해석학적 측면에서 언급해 보고자 한다.

첫째, 수용미학에 직접적인 영향을 미치고 있는 가다머적인 해석학의 신학적 의미는 텍스트에 대한 초월적이고 도그마적인 해석학의 종언이라고 할 수 있다. 도그마적 해석학은 텍스트를 해석하는데 있어서 도그마를 강압적으로 투입 또는 투사하여 텍스

47 박찬기, 앞의 글, 121-123쪽 참조.

트를 도그마와 신념 체계로 구성하고 합리화하는 강압적 해석학을 말한다. 도그마적 해석학은 텍스트를 도그마를 위한 의미로 고착시키고 텍스트의 역사성과 이해의 역사성을 제거시켜 버림으로써 도그마의 진리성을 주장한다. 그런데 가다머의 대화의 해석학 혹은 지평융합의 해석학은 다음과 같은 사실을 담지하고 있다. 말하자면, 성서 해석의 유일회적 의미는 존재하지 않는다는 주장이다. 가다머에게서 모든 해석은 선이해를 바탕으로 하는 지평융합에 의한 해석일 뿐이요, 그런 측면에서 볼 때 성서는 역사적 지평과 상황적 지평에 따라서 그 이해와 해석이 달라질 수 있는 '열려진 텍스트'가 된다.

둘째, 야우스의 수용론은 저자-텍스트-독자라는 삼중의 구조에 있어서 저자의 의도를 파악하는 것이 아니고, 텍스트 자체의 의미를 확정하는 것도 아니며, 오히려 '독자의 기대지평'이 시대를 따라 어떻게 변화하고 어떻게 편집되었는지에 관심을 기울이고 있다. 때문에 야우스의 이론은 성서 해석학에서 대단히 중요한 의미를 지닌다고 할 수 있다. 말하자면, 성서가 한 번에 쓰여진 것이 아니라, 수세기에 걸쳐 쓰여 지고 편집된 것이라면, 편집에는 편집자의 기대지평에 의한 시대적 가치와 신학적 해석이 담겨져 있게 된다. 성서의 욥기의 경우, 고대 중동에 있던 이야기를 신학적 관점에서 재해석하고 편집하는 과정에서 첨부되고 증보된 이야기라는 것을 생각하면 편집자의 기대지평이 욥기에 나타나고 있음을 알 수 있다. 그리고 신약성서 복음서의 경우에 있어서도 마태, 마가, 누가, 요한이 동시대를 살았다하더라도 그들은 각기 다른 기대지평 속에서 그리스도의 복음 사건을 편집하고 재해석하는 신학적 작업을 수행하였다. 이와 같은 관점에서 본다면, 성서는 그 자체가 편집 신학의 모음이고, 성서사는 성서 해석의 역사이며, 더욱 정확히 말해 편집사(redaction history)라는 주장이 가능해진다.

이제 성서 자체는 일회적인 의미를 지니는 것이 아니라 시대와 상황과 독자의 기대지평에 따라서 계속적으로 재해석되어 온 '열려진 책'이 된다. 그렇다면 성서의 의미가 일회적이 아닌, 다의적이라면 성서의 권위는 어떻게 되는가? 이 난제에 대해서 해석학과 수용이론은 어떤 대답을 할 수 있을까? 성서의미의 다의성은 성서의 '결함'을 말하는 것이 아니라 오히려 '충만성', '풍요로움', '생명성'을 반증하는 것이라고 필자는 생각한다. 성서 속에 무진장한 의미가 들어있다는 것은 독자의 기대지평에 따라 텍스트가 다의성의 공간으로 확대되는 것을 말한다. 이와 함께 우리는 도그마적 성서 이해의 한계를 넘어서서 해석은 언제나 '재편집사'요, '재해석사'라고 말할 수 있게 되는 것이다.

셋째, 성서 해석이 야우스처럼 편집사의 과정이라면, 이저에게서는 '독자에 의해 능동적으로 일어나는 과정'이라 할 수 있다. 동일한 사람도 슬픔과 기쁨 등의 서로 다른 정신적 상황에 따라 성서의 감동과 의미가 다르게 나타난다는 것은 자명한 사실이다. 설교를 예로 들어보면, 구체적인 실재독자는 기대지평 속에서 설교의 내용을 때로는 부정하기도 긍정하기도 하면서 내포독자를 향한 메시지와 역동적인 관계를 맺게 되고, 마침내는 자나며적인 지평융합에 이르게 된다. 이와 함께 설교의 메시지는 '독자를 통하여' 완성되게 된다. 다른 관점에서 보면, 설교를 이해한다는 것은, 곧 청중(독자)의 '자기 이해'를 말하는 것이라 할 수 있다.

이상의 사실을 요약하면, 수용미학에서는 텍스트에 대한 보편적이고 궁극적인 의미라는 것이 결코 존재할 수 없고, 시대적인 가치를 따르는 독자의 변화하는 기대지평에 의한 '이해의 역사'만이 존재할 뿐이다. 이것을 다른 말로 표현하면, 텍스트에는 시간을 초월하여 모든 독자에게 동일한 의미를 주는 절대적 의미가 존재할 수 없다는 말이다. 이것은 전통적인 신학적 의미론에 대한 전면적인 부정이 된다. 성서의 의미는 이해되고 해석된 의미만이 존재할 뿐이고 편집된 역사적 의미만이 존재할 뿐이지 결코 일의적이고 초월적인 의미가 존재할 수 없다. 텍스트의 의미는 언제나 기대지평이라는 역사적 한계 속에서 독자에 의하여 탈은폐되는 의미의 지평에 개방되어 있는 것이다. 그와 같은 관점에서, 수용미학은 인간의 '실존'에 대한 인식의 가능성, 그리고 그러한 인식의 한계를 밑받침으로 한 문예해석 혹은 문예비평 사조라고 결론 내릴 수 있겠다.

:: 참고문헌

고위공, 『해석학과 문예학』, 도서출판 나남, 1989.

김용권외, 『현대 문학 비평론』, 한신문화사, 1994.

메클렌부르크, 로버트, 『변증법적 문예비평』(허창운역), 예림기획, 1999.

신동욱(편), 『文藝批評論』, 고려원, 1997.

이경재, 『현대 문예비평과 신학』, 도서출판 호산, 1996.

야우스, H.R., 『도전으로서의 문학사』(장영태역), 문학과 지성사, 1983.

지마, 페터 V., 『문예 미학』(허창운역), 을유문화사, 1993.

한국문학평론가협회, 『文藝批評論』, 백문사, 1993.

호이, 데이빗., 『해석학과 문학비평』(이경순역), 문학과지성사, 1992.

홀럽, 로버트 C., 『수용미학의 이론』(최상규역), 예림기획, 1999,

Gadamer, H.G., *Wahrheit und Methode*, J.C.B. Mohr, Tübingen, 1986.

Gombrich, E.H., *Art and Illusion*, Princeton: Princeton University Press, 1960.

Holub, R.C., *Reception Theory: A Critical Introduction*, London and New York, 1984.

Iser, W., *The Act of Reading: A Theory of Aesthetic Response*, Baltimore and London: Johns Hopkins University Press, 1978.

______, *Der implizite Leser. Kommunikationsformen des Romans von Bunyan bis Beckett*. München 1972.

______, *The Implied Reader: Patteerns of Communication in Prose Fiction from Bunyan to Beckett*, Baltimore and London: Johns Hopkins University Press, 1974.

______, *Die Appellstruktur der Texte. Unbestimmtheit als Wirkungsbedingung literarischer Prosa*, 1970.

Jauβ, H.R., *Literaturgeschichte als Provokation*, Frankfurt: Suhrkamp, 1970.

______, *Ästhetische Erfahrung und literarische Hermeneutik* Ⅰ, München 1977.

______, *Aesthetic Experience and Literary Hermeneutics*, trans. Michael Shaw, Minneapolis: University of Minnesota Press, 1982.

______, *Toward an Aesthetic of Reception*, trans. Timothy Bahti, Minneapolis: University of Minnesota Press, 1982.

찾아보기

ㄱ

ㄴ

ㄷ

ㄹ

ㅂ

ㅅ

ㅇ

저자

신응철 shin0308@hotmail.com

대한예수교 장로회 통합측 기독학교인 안동 경안고등학교를 졸업하였다.
안동교회에서 신앙의 훈련을 받고, 신학과 학문의 길을 걷고자 1988년 숭실대학교 철학과에 입학하였다. 숭실대학에서의 철학 공부와 안병욱, 조요한, 최명관, 이삼열, 곽신환, 김광명, 한석환 선생님으로부터의 강의는 신앙과 학문의 길에 많은 영향을 주었다. 그래서 신학의 길을 잠시 미룬 채, 철학과 대학원에서 가다머의 해석학을 전공하여 1994년에 석사학위를 받았다. 그리고 국내에서는 처음으로 카시러 문화철학을 연구하여 2000년에 철학박사학위를 받았다.
박사학위 취득 후, "문화철학과 문화비평의 상관성 연구"의 주제로 한국학술진흥재단의 학술연구교수로 선정되어 2003년부터 현재까지 전남대학교 철학과에 재직 중이다. 그간 『카시러의 문화철학』(2000), 『해석학과 문예비평』(2001), 『문화철학과 문화비평』(2003), 『철학으로 보는 문화』(2004), 『카시러: 사회철학과 역사철학』(2004)의 단행본을 출간하였고, 문화이론과 문화비평 분야에 관계되는 다수의 논문을 발표하였다.
최근에는 문화학 전반에 대한 연구를 진행하고 있으며, 특히 기독교 문화학과 문화비평에 관심을 기울이고 있다. 이러한 연구의 관심사는 그간 한국칸트학회 총무이사, 한국해석학회 연구위원 등의 학회 연구 활동을 통해서 얻은 통찰의 결과라 할 수 있다. 무엇보다도 현재 맡고 있는 한국기독교철학회 총무이사로서의 봉사는 기독교 문화학 연구에 매진하게 된 결정적인 촉매 역할을 했다고 할 수 있다.
이제 앞으로, 한국에서 적극적으로 통용될 수 있는 '문화철학', '기독교 문화학'의 학문적 토대를 제시하는 일에 미력하나마 일조하고 싶은 열망을 가지고 있다.